民航运输类专业"十三五"规划教材

航空运输导论

何锋　赵晓硕　主编

国防工业出版社

·北京·

内容简介

本书紧密围绕民航行业发展，依据航空业对于人才的要求设置教材内容。第一章介绍了中国民航的基础知识，包括民航发展现状、航线网络构成等；第二章详细讲解了航空公司的组织架构及运营管理；第三章介绍了民航机场的基本构成、生产运营及相关统计指标；第四章介绍了民航销售代理基本概念、资质管理及BSP代理人业务方面的知识；第五章从世界航空运输发展趋势开始，逐步讲解了航空运输自由化的发展、放松管制、天空开放、航空公司战略联盟及航空公司之间的兼并重组。

本书不仅可作为普通高等院校、高等职业院校民航运输、机场运营、空中乘务等专业相关课程的教学用书，也可作为民航一线工作人员及民航知识爱好者的学习用书。

图书在版编目(CIP)数据

航空运输导论/何锋，赵晓硕主编. —北京：国防工业出版社，2017.3

民航运输类专业"十三五"规划教材

ISBN 978-7-118-11096-8

Ⅰ.①航… Ⅱ.①何… ②赵… Ⅲ.①航空运输—高等学校—教材 Ⅳ.①F56

中国版本图书馆CIP数据核字(2016)第224468号

※

国防工业出版社 出版发行

（北京市海淀区紫竹院南路23号　邮政编码100048）
天利华印刷装订有限公司印刷
新华书店经售

开本 787×1092　1/16　印张 15¼　字数 316千字
2017年3月第1版第1次印刷　印数 1—4257册　定价 39.00元

（本书如有印装错误，我社负责调换）

国防书店：(010)88540777　　　发行邮购：(010)88540776
发行传真：(010)88540755　　　发行业务：(010)88540717

《航空运输导论》编委会

主　编　何　锋　赵晓硕
副主编　李　超　陈飞龙
参　编　李小慧　宋欣明　于丽燕　林智毫
　　　　　李玉厅　魏　铨　刘彦君　胡宝丹

前言

随着全球经济一体化的发展,世界各国之间的联系越来越紧密,跨区域合作的形式逐渐增多,航空运输作为高效的运输方式为世界经济的发展做出了重要贡献。为了合理地、优化地配置全球的航线网络资源,航空公司之间的合作竞争也日益加强,航空运输市场内的竞争不仅仅局限在本国航空公司之间,也体现在与国外航空公司的竞争上。如何在国际航空运输自由化的前提下,占据竞争的优势地位,是航空公司需要深入考虑的问题。

本书从民航的发展开始讲解,逐步深入地阐述了我国航线网络的构成及规律、机场和航空公司的运营及航空运输的发展趋势等内容,使学生充分了解民航实体之间的关系,了解世界民航的发展趋势,掌握航空业未来的发展方向。本书内容涉及广泛,具有系统性和规范性,应用性很强,有利于提高学生的理解能力和逻辑思维能力。

本书紧密围绕高等院校教育教学改革的指导思想,针对民航运输专业群对知识的要求,在课程改革的基础上,进行教材内容的改革;注重学生知识的运用和问题的解决,注重与民航生产实际的有效融合,强调教材内容的实用性。

本书所使用的地图均为示意图,使用时应以中国地图出版社出版的地图为准。在学习时配合专业地图使用,有助于建立良好的地理空间感知。

本书第一章由陈飞龙编写,第二章的第一节至第四节由宋欣明编写,第二章的第五节由李小慧编写,第三章和第五章由赵晓硕编写,第四章由李超编写,第一章的第三节、第二章的第四节与第五节、第三章的第三节及第四章的第三节由何锋编写;全书由赵晓硕统稿。参加编写工作的还有三亚航空旅游职业学院的胡宝丹、于丽燕及来自三亚凤凰国际机场的林智毫、李玉厅、魏铨、刘彦君等。

在编写过程中,三亚航空旅游职业学院等院校的领导给予了高度重视和帮助,同时海南航空、南方航空、首都航空、三亚凤凰国际机场、海口美兰机场等给予了大力支持,在此表示衷心的感谢!

由于编者学识有限,书中难免不足之处,敬请专家和广大读者批评指正。

编 者

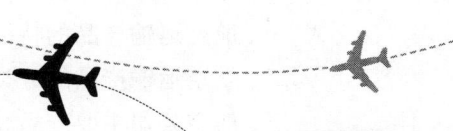

目录

第一章　中国民航基础知识 ································· 1

　第一节　中国民航发展阶段简介 ································· 1
　　一、起步阶段(1949—1978) ································· 1
　　二、成长阶段(1979—1990) ································· 3
　　三、起飞阶段(1991—2004) ································· 4
　　四、高速发展阶段(2005 年至今) ································· 6
　第二节　中国民航行政区划与管理 ································· 9
　　一、中国民航行政区划 ································· 9
　　二、中国民航行政管理体制 ································· 10
　第三节　中国民航航线网络构成与规律 ································· 13
　　一、航线网络构成 ································· 13
　　二、航线网络分布规律 ································· 15

第二章　航空公司 ································· 22

　第一节　航空公司的基本概念 ································· 22
　　一、航空公司的概念 ································· 22
　　二、我国主要航空公司 ································· 23
　第二节　航空公司的组织构架与运行 ································· 23
　　一、机构设计与部门职能 ································· 23
　　二、航空公司生产运行程序 ································· 27
　第三节　航空公司运输组织与管理 ································· 28
　　一、客运生产组织与管理 ································· 28
　　二、货运生产组织与管理 ································· 29
　　三、包机生产组织与管理 ································· 32
　　四、航班生产计划 ································· 32
　　五、运输生产调度 ································· 34
　第四节　航空公司主要经济指标与统计 ································· 34
　　一、主要经济指标 ································· 34
　　二、主要统计指标 ································· 35

Ⅶ

第五节　航空公司主要产品形式 …………………………………… 37
　　一、航空运输产品的特征和层次 ………………………………… 37
　　二、航空运输产品的分类 ………………………………………… 38
　　三、航空公司主要产品介绍 ……………………………………… 39

第三章　民航机场 …………………………………………………… 69

第一节　民航机场概述 ……………………………………………… 69
　　一、民航机场的概念及我国机场的规划布局 …………………… 69
　　二、机场的分类 …………………………………………………… 71
　　三、民航机场的系统构成 ………………………………………… 77
　　四、民航机场的主要设施 ………………………………………… 87
第二节　民航机场的组织结构与生产运行 ………………………… 93
　　一、组织结构设计 ………………………………………………… 93
　　二、主要生产部门与职能 ………………………………………… 106
　　三、运输生产组织 ………………………………………………… 114
　　四、机场运行管理 ………………………………………………… 121
第三节　民航机场的主要指标 ……………………………………… 121
　　一、主要经济指标 ………………………………………………… 121
　　二、主要统计指标 ………………………………………………… 125

第四章　民航销售代理 ……………………………………………… 133

第一节　民航销售代理基本概念 …………………………………… 133
　　一、民航销售代理的含义 ………………………………………… 133
　　二、民航销售代理管理沿革 ……………………………………… 133
第二节　民航销售代理管理模式 …………………………………… 134
　　一、民航销售代理资质管理 ……………………………………… 134
　　二、民航销售代理分销管理 ……………………………………… 138
　　三、民航销售代理运营管理 ……………………………………… 139
第三节　BSP代理人业务 …………………………………………… 142
　　一、BSP代理人申报程序 ………………………………………… 142
　　二、BSP代理人的业务流程 ……………………………………… 144
　　三、BSP代理人的结算业务 ……………………………………… 144

第五章　世界航空运输发展现状及趋势 …………………………… 149

第一节　世界航空运输发展概况 …………………………………… 150
　　一、航空运输自由化进程 ………………………………………… 150

二、国际航空运输自由化的发展……………………………………………154
　　三、天空开放与航权……………………………………………………………159
　　四、"自由天空"下的航空运输业………………………………………………164
第二节　航空联盟………………………………………………………………………166
　　一、战略联盟和航空公司战略联盟定义………………………………………166
　　二、航空联盟的发展现状………………………………………………………167
　　三、世界主要航空联盟…………………………………………………………168
　　四、航空联盟产生的原因………………………………………………………174
　　五、航空公司联盟的种类………………………………………………………175
　　六、航空联盟的运作方式………………………………………………………176
　　七、航空联盟的合作方式………………………………………………………177
第三节　航空公司的兼并与重组………………………………………………………178
　　一、航空公司兼并与重组的概念………………………………………………178
　　二、航空公司兼并重组的主要形式……………………………………………179
　　三、企业兼并重组的发展………………………………………………………179
　　四、航空公司企业兼并重组的历史轨迹………………………………………181
　　五、航空公司兼并与重组的典型案例…………………………………………182

附录……………………………………………………………………………………193
　　附录一　中国民用航空旅客、行李国内运输规则（部分章节）………………193
　　附录二　中国航空运输协会章程………………………………………………203
　　附录三　中华人民共和国政府和美利坚合众国政府民用航空运输协定……208
　　附录四　中国国内航空运输企业名录…………………………………………220
　　附录五　世界民用飞机机型一览表……………………………………………230

参考文献………………………………………………………………………………233

第一章
中国民航基础知识

学习目标

中国民航从中华人民共和国成立至今经历了几个不同的发展阶段,飞机数量从十几架增加到几千架,航线网络结构也不断完善。通过本章的学习,使学生了解中国民航发展历史及发展概况;熟悉中国主要航空公司;了解中国民航行政区划;掌握中国民航航线网络规律、航线的分类及航线网络结构。

第一节 中国民航发展阶段简介

1949年11月2日,中国民用航空局成立,揭开了中国民航事业发展的新篇章。从这一天开始,中国民航迎着朝阳起飞,从无到有,由弱到强,经历了不平凡的发展历程。特别是十一届三中全会以来,中国民航业在航空运输、通用航空、机群更新、机场建设、航线布局、航行保障、飞行安全、人才培训等方面持续快速发展,取得了举世瞩目的成就。

中国民航业的发展起步于1949年,建立起发展的基本框架是在20世界80年代改革开放之后,而真正的起飞则是在20世纪90年代。中国民航的发展历程主要分为四个阶段,即起步阶段、成长阶段、起飞阶段和高速发展阶段。

一、起步阶段(1949—1978)

(一)背景介绍

中华人民共和国成立,拉开了中国民航事业发展的序幕。1949年以前,我国大陆用于航空运输的主要机场仅有30余个,包括上海龙华、南京大校场、重庆珊瑚坝、重庆九龙坡等机场,大都设备简陋。除了上海龙华和南京大校场机场可起降DC-4型运输机,一般只适用于当时的DC-2、DC-3型运输机。这些机场历经多年的战乱破坏,急需改造和建设。从1949年到1978年,中国民航业的发展在曲折、反复和艰难

探索中前进，从无到有，从小到大，为20世纪80年代以后的改革发展和90年代的起飞奠定了基础，积累了经验，培养了队伍。

(二) 发展情况简介

1. 中国民航事业经历了从无到有的发展历程

1949年11月9日，中国航空公司、中央航空公司两公司员工在香港起义，史称"两航起义"。"两航起义"为中国民航建设提供了一定的物质基础和技术力量。

航线网络、机场网络初步建立，航空运输服务范围不断扩大。建国之初，我国只有12条短程航线。1950年7月开辟三条从国内飞苏联的国际航线。1950年，中国民航初创时，年旅客运输量仅1万人，运输总周转量仅157万吨公里。到1965年，国内航线增加到46条，国内航线布局重点也从东南沿海及腹地转向西南和西北的边远地区，新建和改建了南宁、昆明、贵阳等机场，并相应改善了飞行条件和服务设施，特别是完成了上海虹桥机场和广州白云机场的扩建工程。至1978年底，用于航班飞行的机场达78个，初步形成了能适应当时运输需求的机场网络。到1978年，共开辟了162条航线，航空旅客运输量仅为231万人，运输总周转量3亿吨公里。航空业务从邮局收寄航空邮件、喷洒药剂消灭蚊蝇到开创航空护林、森林资源普查和航空磁测探矿，航空服务范围有所扩大，通用航空的发展在这个时期稳步上升。

运力方面，飞机数量和种类不断增加。建国初只有12架小型飞机以及向苏联订购的飞机，1965年末，中国民航拥有各类飞机355架。1959年，中国民航购买了伊尔-18型飞机(图1-1)，标志着从使用活塞式螺旋桨飞机，开始过渡到使用涡轮螺旋桨飞机。后来中国民航又购买了英国的"子爵"号飞机，从苏联订购伊尔-62型(图1-2)和安-24型飞机(图1-3)，从美国订购波音B707型飞机(图1-4)。

图1-1 涡轮螺旋桨飞机伊尔-18型飞机

图1-2 1971年引进苏联伊尔-62型飞机

图1-3 1973年引进苏联安-24型飞机

图1-4 1973年引进美国波音B707型飞机

2. 民航体制随着社会发展不断变革

1949年至1978年期间,我国民航体制频繁变动。1949年11月,中央政治局会议决定,在人民革命军事委员会下设民用航空局,受空军指导。1952年5月,中央军委、政务院决定将民航归空军建制,并将民航行政管理和业务经营分开,改设民航局作为行政领导机构,设民航公司为经营业务的机构。1958年,全国人大常委会第95次会议批准国务院将中国民用航空局改为交通部的部属局。1961年开始,民航系统认真贯彻执行"调整、巩固、充实、提高"的方针,使民航事业取得较大的发展。1962年4月又恢复为国务院直属局。1969年11月,国务院、中央军委批准并转发民航总局委员会《关于进一步改革民航体制和制度的报告》,决定把民航划归中国人民解放军,成为空军组成部分,各项制度按军队执行。

3. 国际航空运输逐步展开

中国民航起步阶段,以不断扩大双边和多边交往为主要内容的国际交往逐步展开。1958年7月20日,中国正式加入1929年在华沙签订的《统一国际航空运输某些规则的公约》。1974年2月15日,中国政府决定承认1944年《国际民航公约》,9月,中文被国际民航组织作为工作语言,中国当选国际民航组织理事国。1975年8月20日正式加入《海牙议定书》。1978年,中国有保留地加入《关于航空器内的犯罪和其他某些行为的公约》。在此期间,我国陆续与法国、日本、联邦德国等国家签订了双边航空运输协定。

二、成长阶段(1979—1990)

(一)背景介绍

1972年,我国在恢复联合国席位后,民航事业得到了发展机遇,在起步阶段的基础和经验之上,有了一定的发展。而真正的大转变则开始于1978年,这一年召开了十一届三中全会,国家的工作重点放到了国民经济的建设和发展上,提出了改革和开放的政策。从此,中国民航开始了从计划经济到市场经济的根本性的转变。之后,中国民航事业加快了前进步伐,并取得了非常大的成绩。

(二)发展情况简介

1. 管理体制变革,中国民航开始走企业化发展的道路

1980年之后,中国民航在管理体制方面进行了改革,包括:为改变独家经营的局面,以原有6个管理局为基础,分别组建了6家国家骨干航空公司;积极支持各地、各部门创办航空公司;将机场和航务管理分开,机场成立独立的企业单位;航务管理归属政府部门,受地区管理局领导。民航总局作为国务院管理民航事业的部门,不再直接经营航空业务,主要行使政府职能,进行行政管理。

2. 引进大中型飞机,大量建设机场

1980年,中国民航购买了波音B747SP型宽体客机(图1-5),标志着飞机使用已部分达到了国际先进水平。1983年后,通过贷款、国际租赁和自筹资金相结合的方

式,购买了一批波音和麦道多种型号的先进飞机,使中国民航使用的运输飞机达到国际先进水平。与此同时,淘汰了一批老型号的飞机,加快了机型更新速度。到1990年末,中国民航已拥有各型飞机421架,其中运输飞机206架,通用航空和教学校验飞机215架。

图1-5 波音B747SP型宽体客机

大中型客机的引进,客观上要求民航机场有一个与之相适应的发展水平和配套设施。民航机场出现了前所未有的兴旺局面。截至1990年底,有民航航班运营的机场总数达到110个,其中可起降波音B747型飞机的机场有7个。

3. 航线网络不断完善

改革开放期间,我国民航的航线网络又得到了完善。1978年10月,广州至香港有了包机飞行。1980年,正式开辟了从北京、上海、广州、杭州至香港地区的航线。1981年以后,又增开了天津、昆明到香港的航线。到1987年,每周共有59个定期航班往返于内地与香港。1981年1月7日,中国民航北京—上海—旧金山—纽约航线正式开航(图1-6)。这一阶段,中国民航的航空运输网络逐渐完善,到1990年底,中国民用航空航线达到437条,其中国际航线44条,地区航线8条,连接世界24个国家的97个城市,中国的航空运输网络初步形成。

1980—1990年,民航总周转量年均增长率18%,其中旅客周转量年均增长率19%,民航客运量年均增长率17%,绝对量年均增加130多万人。1980年,全民航只有140架运输飞机,机场只有79个。1980年,我国民航全年旅客运输量仅343万人;全年运输总周转量4.29亿吨公里,居新加坡、印度、菲律宾、印尼等国之后,列世界民航第35位。1990年,民航总周转量达到24.99亿吨公里,旅客周转量230亿人公里,旅客运输量1660万人。民航在综合运输体系中的地位有所上升,民航客运量占社会总客运量的比例由1980年的0.09%上升到1990年的0.18%,旅客周转量由1.51%上升到3.41%。

图1-6 1981年北京—上海—旧金山—纽约航线正式开航

三、起飞阶段(1991—2004)

(一)背景介绍

在20世纪80年代国民经济持续、快速增长和民航业以企业为中心的全面改革

的基础上,进入20世纪90年代后改革进一步深化,对外开放有了新的进展,中国民航客货运输和各项基础设施建设获得飞速发展。

(二)发展情况简介

1. 管理体制新变革

2002年10月11日,中国航空集团公司、中国东方航空集团公司、中国南方航空集团公司三大航空运输集团和中国民航信息集团公司、中国航空油料集团公司、中国航空器材进出口集团公司三大航空服务保障集团在北京宣告成立,标志着中国民航企业联合重组和行政管理体制改革进入新阶段。

2. 飞机、机场、配套设施建设成效显著

1991—1995年是我国第八个五年计划时期。"八五"时期是我国民用飞机数量增长最快的时期。1995年末,我国民用飞机总架数达到852架,其中运输飞机416架,通用航空和教学校验飞机436架,运输飞机商载总吨位7900吨,飞机座位数6.05万个。到1995年末,有航班运营的机场139个,其中能起降波音B747型飞机的14个,起降波音B737型飞机的81个。到2004年底,民航运输飞机达到754架,比1995年增加约1倍,而且增加的都是技术先进、性能优良的新机型。全国通航机场由1978年的78个增加到2004年的142个,机场等级也普遍提高,其中能起降波音B747型飞机的机场25个,能起降波音B737型飞机的机场111个。一大批小型支线机场得到迅速建设和完善,提高了航空运输通达能力。

3. 航线网络迅速扩展

到2004年底,我国28家航空公司(其中全货运航空公司4家),经营着定期航班航线1200条,境内民航定期航班通航机场133个(不含香港、澳门),形成了以北京、上海、广州(简称北上广)机场为中心,以省会、旅游城市机场为枢纽,其他城市机场为支干,联结国内127个城市,联结38个国家80个城市的航空运输网络。

4. 民航运输规模快速增长,国际地位大大提高

这一阶段,中国民航运输总周转量、旅客运输量和货物运输量年均增长分别达到18%、16%和16%,高出世界平均水平2倍多,通用航空年均增长也在10%以上。

2004年,民航行业完成运输总周转量230亿吨公里、旅客运输量1.2亿人次、货邮运输量273万吨、通用航空作业7.7万小时。民航机队规模不断扩大,截止到2004年底,中国民航拥有运输飞机754架,其中大中型飞机680架,均为世界上最先进的飞机。在综合运输体系中,航空运输增长最快,地位不断上升,在国家整个交通运输总量中航空的比例逐步加大,其中旅客周转量"八五"时期占6.27%,"九五"时期占8.2%,到2004年,民航旅客周转量占交通客运总量的10.9%,民航运输已经成为中国旅客运输方式的重要力量,特别是长途客运和国际客运的主力。

2004年,中国民航的整体实力和国际地位显著提升。中国的航空运输总周转量和旅客周转量均上升到全世界第3位,货运周转量则提高到第6位。中国有4家航

空公司旅客运输量进入全世界航空公司排名前25名,2家机场旅客吞吐量进入全世界排名前50名。同年10月,我国以高票首次当选国际民航组织一类理事国。

四、高速发展阶段(2005年至今)

(一)背景介绍

随着民航体制改革的进一步深化,从2004年开始,民营资本进入航空业渐成风起云涌之势。2005年1月和8月,民航总局颁布了两步民航规章《公共航空运输企业经营许可规定》《国内投资民用航空业规定(试行)》,规定放宽了民航业的投资准入及投资范围,激发了民营资本投资民航业的热情,民营航空公司如雨后春笋般不断涌现。从2004年到2005年底的两年期间,中国共注册了14家民营航空公司,促进中国民航航空运输总周转量由1978年的世界排名第37位上升至2005年的第2位,并持续保持到2014年,中国民航发展成为全球第二大航空运输系统。

(二)发展情况简介

1. 民航客货运输规模快速增长

从2005年到2014年,中国民航业持续快速增长。几年间,中国民航飞机的数量由2004年底的754架增加到2014年底的2370架,净增1616架,相当于1995—2004年10年间的飞机净增数量的4倍多。2014年,全行业完成运输总周转量约748.1亿吨公里(图1-7),比上年增加约76.4亿吨公里,增长11.4%,其中旅客周转量560.34亿吨公里,比上年增加58.91亿吨公里,增长11.7%,民航旅客运输量3.92亿人次,同比增长10.7%(图1-8);货邮周转量187.77亿吨公里,比上年增加17.48亿吨公里,增长10.3%。

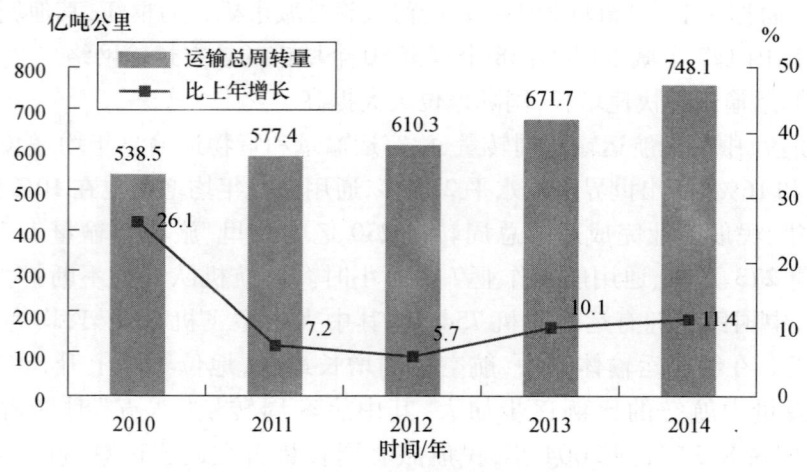

图1-7 2010—2014年民航运输总周转量
(数据来源:中国民航网)

截至2014年底,我国共有运输航空公司51家,按不同所有制类别划分:国有控股公司38家,民营和民营控股公司13家。全部运输航空公司中:全货运航空公司6

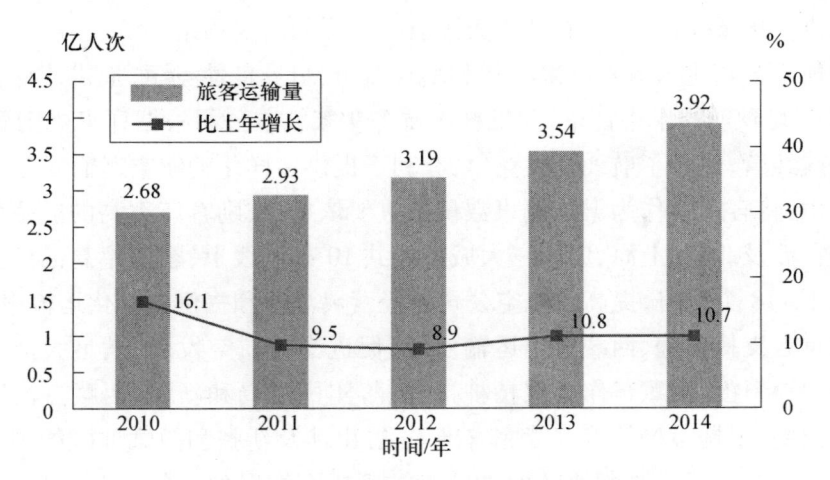

图 1-8 2010—2014 年民航旅客运输量
(数据来源:中国民航网)

家,中外合资航空公司 11 家,上市公司 5 家。开辟的定期航线总数 3142 条,其中,国内航线 2449 条(港澳台航线 107 条),定期航班国内通航城市 198 个(不含香港、澳门、台湾),我国航空公司国际定期航班通航 48 个国家的 123 个城市,形成了国内四通八达、国际联结世界主要国家和地区的航空运输网络。

2014 年,中航集团完成运输总周转量 208.4 亿吨公里,东航集团完成运输总周转量 161.0 亿吨公里,南航集团完成运输总周转量 197.6 亿吨公里,海航集团完成运输总周转量 99.9 亿吨公里,其他航空公司共完成运输总周转量 81.1 亿吨公里。

2015 年 12 月,中国民航完成运输总周转量 73.2 亿吨公里,同比增长 13.6%;旅客周转量 607.7 亿人公里,同比增长 14.9%;旅客运输量 3525.1 万人,同比增长 10.3%;货邮周转量 19.3 亿吨公里,同比增长 11.2%;完成货邮运输量 58.8 万吨,同比增长 14.6%。在过去的 10 年间,在国际金融危机、欧债危机和油价波动的冲击下,中国民航顺应社会经济发展,主动转变发展方式,调整经济结构,多方发力,航空运输三大指标保持了持续较快的增长。中国民航年运输总周转量、旅客运输量连续 10 年排名世界第二位,成为仅次于美国的全球第二大航空运输系统。中国民航再一次以"中国速度"引领全球航空运输业发展。

2. 简政放权,激活国内航空运输市场活力

进一步扩大了登记航线的范围。从 2014 年夏秋航季起,除了省会(含直辖市、自治区首府)和部分重点城市(深圳、厦门、青岛、大连、三亚)机场与北京、上海、广州三大城市机场间的航线经营许可仍保留核准和登记并行的管理方式,其他航线已全部改为登记方式的许可管理。

取消了国内航线航班代码共享审批。《关于取消国内航线航班代码共享审批事项后加强市场监管工作的通知》(民航发〔2014〕14 号)下发后,在明确取消代码共享审批后航空公司的权利、义务和责任及民航主管部门的监管责任的前提下,国内航线

60%的航班实现了代码共享,有效扩大了航空公司的航线网络。

鼓励航空公司进入既有核准航线和增加航班,引导良性竞争,提供多样化运输服务。2014年夏秋航季季中评审,共批准南航等9家航空公司根据评审规则新进入27条核准航线经营,促进了航线良性竞争,有利于提供多样化的航空运输服务。2014年夏秋航季中,将客座率作为增加航班数量的重要依据,鼓励客座率高的航空公司多增加航班。在涉及北京、上海、广州三大城市的共10条航线上,客座率高的航空公司每周多增加了118个航班,提高了航空公司的经营灵活性和提供多样化运输服务。

继续重点支持新疆、西藏航空运输发展,促进支线航空发展,满足大众出行的需求。贯彻中央新疆、西藏工作会议精神,积极落实民航局和新疆、西藏自治区政府签署的会谈纪要,根据市场特点继续完善准入、退出涉及新疆和西藏地区的国内航线航班管理办法,加强新疆、西藏地区独飞航线航班执行情况的监管。截止目前,乌鲁木齐机场与30个省会(含直辖市、省会、自治区首府)城市通航,与全部21个千万级城市机场通航。拉萨机场与17个省会(含直辖市、省会、自治区首府)城市通航,与12个千万级城市机场通航(长沙、三亚、海口、沈阳、武汉、大连、青岛、郑州、乌鲁木齐9个机场未通航)。积极协调航空公司开辟中部、西部、东北地区及老少边穷、红色旅游地区至大三角地区航线。上半年共协调国航、东航和南航新辟涉及神农架、吕梁、抚远、通化4个新机场与北京上海广州的8条航线。

3. 科学合理的做好航线规划、提高航权使用效率

为便于我国航空公司了解我国国际航权安排及使用情况,更加科学合理地做好航线规划、提高航权使用效率,对外发布了我国航空公司的国际航权使用评估概要。其中涉及我国与国内航空公司所通航的44个国家间的有关指定、运力额度等主要双边航权安排及实际使用情况。此举旨在推进行政审批公开、透明,提高服务意识,方便各地区管理局及时了解国际航权使用情况,加强航权使用监管。同时要求各公司可以根据国际航权空余额度申请新开航线及增加班次,提高航权资源使用效率。

4. 积极打造空中丝绸之路

落实国家关于"丝绸之路经济带""向西开放"的战略部署,鼓励航空公司开辟我国中西部地区的国际航线航班。2014年6—8月,新办中方航空公司获得中西部地区国际航线经营许可文件20份,新开14条中西部地区的国际航班,包括东航新开的西安—釜山,以及上海浦东—西安—莫斯科、海航新开杭州—西安—巴黎等洲际航线。此外,南航加大乌鲁木齐国际航线运力投入,开辟了兰州—乌鲁木齐—迪拜、兰州—乌鲁木齐—第比利斯以及乌鲁木齐—齐姆肯特等3条中西亚航线。

中国民航近70年的发展历程证明:发展是硬道理。不断深化改革,扩大开放,是加快民航发展的必由之路。当前,民航业在经济社会发展中战略作用更加显现,民航业需要为我国实现从民航大国到民航强国的历史性跨越而努力奋斗。

第二节　中国民航行政区划与管理

一、中国民航行政区划

（一）背景介绍

1949年11月2日，中华人民共和国成立不久，中国民用航空局随之成立，开启了中国民航事业发展的新篇章。从这一天开始，经过近70年奋斗，尤其是经过30多年改革开放，中国民用航空业从无到有，由小到大，由弱到强，经历了不平凡的发展历程，取得了举世瞩目的巨大成就，为国家改革开放和现代化建设做出了重要贡献。

改革开放30多年来，中国民用航空局（简称民航局，CAAC），作为中国政府管理和协调中国民用航空运输业务的职能部门，对中国民用航空事业实施行业管理，做出了突出的贡献。民航局是中华人民共和国国务院主管民用航空事业的部委管理的国家局，归交通运输部管理。其前身为中国民用航空总局，于2008年3月改为中国民用航空局。中国民航在这段时期内经历了三次大的体制改革，形成了目前"民航局—民航地区管理局—民航省（区、市）安全监督管理局"三级政府监管体制。

（二）行政区划分类

民航局将我国航空区划分为7大地区，由民航局下设的7个民航地区管理局负责管理本地区所属航空公司、机场、航站、导航台等企事业单位的行政与航空事物。我国航空行政区划分的7大地区管理局分别是：

（1）华北地区管理局。下辖北京市、天津市、河北省、山西省、内蒙古自治区安全监督管理办公室。

（2）西北地区管理局。下辖甘肃省、陕西省、青海省、宁夏回族自治区安全监督管理办公室。

（3）中南地区管理局。下辖河南省、湖北省、湖南省、海南省、广西壮族自治区、广东省、深圳市安全监督管理办公室。

（4）西南地区管理局。下辖重庆市、四川省、贵州省、云南省、西藏自治区安全监督管理办公室。

（5）华东地区管理局。下辖江苏省、浙江省、安徽省、福建省、江西省、山东省、上海市安全监督管理办公室。

（6）东北地区管理局。下辖辽宁省、吉林省、黑龙江省安全监督管理办公室。

（7）新疆管理局。下辖新疆维吾尔自治区安全监督管理办公室。

（三）组织结构

中国民用航空局管理机构设置分为民航局内设置机构、民航地区管理局和民航局直属机构。民航局内设机构中有17个业务司局（办公室），主要负责相关民航业务

的管理。中国民用航空行政管理机构设置如表1-1、表1-2所列。

表1-1　中国民用航空局内设机构一览表

综合司	航空安全办公室	政策法规司
发展计划司	财务司	人事科教司
国际司（港澳台办公室）	运输司	飞行标准司
航空器适航审计司	机场司	空管行业管理办公室
公安局	直属机关党委	党组纪检组、驻民航局监察局
全国民航工会		离退休干部局

表1-2　中国民用航空局地区管理局和局直属机构一览表

中国民用航空华北地区管理局	中国民用航空东北地区管理局
中国民用航空华东地区管理局	中国民用航空中南地区管理局
中国民用航空西南地区管理局	中国民用航空西北地区管理局
中国民用航空新疆空管局	中国民用航空局空中交通管理局
中国民用航空机关服务局	中国民航大学
中国民航飞行学院	中国民航管理干部学院
中国民航科学技术研究院	中国民航局第二研究所
中国民航报社出版社	民航医学中心（民航总医院）
中国民用航空局清算中心	中国民航飞行校验中心
中国民用航空局信息中心	民航专业工程质量监督总站
首都机场集团	审计中心
国际合作中心	中国民航机场建设集团公司
中国民用航空发动机适航审定中心	

二、中国民航行政管理体制

中国民航行政管理体制改革历程始终伴随着改革开放的伟大历史进程。改革开放30多年来，中国民航通过三个阶段系统性的体制改革，使原来军民合一、政企不分的民航管理体制，逐渐转变为政企分离、机场属地化管理、多种所有制企业平等竞争的民航管理体制。

1. 中央人民政府人民革命军事委员会民用航空局

中华人民共和国成立后，民用航空局（简称军委民航局）为中央人民政府人民革命军事委员会下设机构，其组织机构有局长室、办公室、政治部、人事处、业务处、机航处、场站处、材料处、太原工程处、会计室、编译室、俄文训练班、天津训练队，以及华北（天津）、华东（上海）、中南（广州）、西南（重庆）民航办事处（亦称民航管理处）。1951年10月27日，经政务院批准，民航局组织机构调整为办公厅、航务处、机务处、电讯处、场务处、供应处、编译室。

1952年5月7日，中央军委、政务院决定将军委民航局改为空军建制，进行整编，

设政治部、办公室、人事处、计划研究室、机航处、场站处、电信处、财务处。1954年10月10日,中央军委颁发《中央人民政府革命军事委员会民用航空局组织机构编制表》([54]军编令字第240号),军委民航局组织机构编制设局长、副局长,机关编制设办公室、政治部、人事处、计划处、航行处、通信处、机务处、商务处、场务处、供应处、财务处、飞行大队、飞机修理厂、医院,以及直辖西南民航管理处、华北民航管理处、中南民航管理处、华东民航管理处。

2. 中国民用航空局

1954年11月10日,国务院决定中国民用航空局直属国务院领导,中央人民政府革命军事委员会民用航空局更名为中国民用航空局。1954年12月21日启用"中国民用航空局"圆形印章。1955年3月18日启用有国徽的"中国民用航空局"圆形印章。

1956年6月20日,经国务院批准,民航局机构做了调整,设政治部、办公室、人事处、计划处、航行处、机务处、通信处、场建处、运输处、器材供应处、财务处、会计室、国际航线管理处、专业航空处、卫生处、训练处、劳动工资处。直辖民航北京管理处、西南管理处、西北管理处、华东管理处、中南管理处。办公地址在北京市东城区东四西大街155号。

1958年2月27日,国务院决定中国民航局归交通部领导。同年7月7日,交通部批准民航局机构设置方案,设政治部、顾问室、办公室、人事处、计划财务处、航行处、专业航空处、机务处、通讯导航处、商务处、国际处、训练处、卫生处、场建处、供应处、设计处、科学研究所、劳动工资科。直辖民航北京管理局、民航上海管理局、民航广州管理局、民航成都管理局、民航乌鲁木齐管理局。

3. 中国民用航空总局

1960年11月17日,中国民用航空局改称中华人民共和国交通部民用航空总局。1962年4月15日,民航总局由交通部部属局改为国务院直属局,业务工作、党政工作、干部人事工作等由空军负责管理,其他工作由国务院有关部委分别管理。

1962年6月20日,空军批准民航总局下设6个二级业务局:一局设生产计划处、劳动工资处和基建计划处;二局设航行处、气象处、通讯导航处和专业处;三局设外场处、修理处和特设处;四局设国内业务处、宣传服务处、国际业务处和外事处;五局设业务技术处和学校训练处;六局设财务处、航空器材、油料物资保证处、修建处和卫生处。办公室设秘书处、档案处、管理处,政治部设组织部、宣传部等,另有直属的科委办公室、科学研究所、电讯修配厂。

1969年11月20日,国务院、中央军委决定把民航划归中国人民解放军建制,成为空军的组成部分,各项制度按军队执行,民航对外名称不变,仍为国务院直属局。民航总局机关组织机构按照部队组织形式建立了指挥部、政治部、后勤部。三大部下设26个部、局、处、室。1978年,民航总局机关增设航空工程部。

1980年3月5日，民航总局根据国务院、中央军委《关于民航总局不再由空军代管的通知》(国发60号)再次改为国务院直属局，行业迈上了企业化的道路。机关机构编制设有政治部、办公室、计划局、财务局、科教局、国际局、航行局、航空工程局、运输服务局、专业航空局、物资供应局和修建局。

4. 中国民用航空局

1982年6月，国务院常务会议决定中国民用航空总局改称中国民用航空局。7月17日，国务院批准民航局下设政治部、办公室、计划司、财务司、科教司、国际司、航行司、航空工程司、运输服务司等。

1984年中央《关于改革经济体制的决定》，从1987年开始实施政企分离。现代民航管理体制架构基本形成。

1988年10月，全国人大七届一次会议批准国务院机构改革方案，保留中国民用航空局。1989年11月30日，民航局机关完成机构改革，正式运转的民航局机关行政机构设办公室、政策法规司、财务司、计划司、人事劳动司、国际司、飞行标准安全监察司、航空器适航司、企业管理司、科技教育司、基本建设机场管理司、航行司、公安局。办公室及各司、局下设59个业务处。

5. 中国民用航空总局

1993年4月，经国务院批准，中国民用航空局改称中国民用航空总局(简称民航总局)。同年12月20日，国务院决定民航总局的机构规格由副部级调整为正部级。1993年12月，陈光毅任中国民航总局局长。1994年，民航总局机关机构设置办公厅、航空安全办公室、体改法规司、计划司、财务司、人事劳动司、科技教育司、国际合作司、运输管理司、飞行标准司、航空器适航司、基本建设机场管理司、公安局(公安部十五局)等13个职能司局和政治部、机关党委等。

2002年3月3日，国务院印发《民航体制改革方案》。民航总局根据国发〔2002〕6号文件精神，至2004年7月8日完成民航体制改革的各项任务，民航总局直属的9家航空公司和4家服务保障企业联合重组为6家集团公司。对除首都机场和西藏自治区内机场外，属民航总局直接管理的90个民用机场实行属地化管理。建立民航总局—7个地区管理局—26个省(区、市)航空安全监督管理办公室的政企分开、垂直领导的民航行政管理体制。构建集民航总局空管局—地区空管局—机场空管中心(站)于一体的民航空中交通管理体系。机场公安机构随机场移交地方政府管理。空中警察队伍组建完成。

2004年4月，民航总局内设机构为办公厅、航空安全办公室、政策法规司、规划发展司、财务司、人事科教司、国际合作司、运输司、飞行标准司、航空器适航审定司、机场司、空管行业管理办公室、公安局、党委办公室(机关党委)、民航局纪委、全国民航工会、离退休干部局；下辖7个地区管理局，分别是华北地区管理局、东北地区管理局、华东地区管理局、中南地区管理局、西南地区管理局、西北地区管理局、新疆管理局。

6. 中国民用航空局

2008年3月,全国人大十一届一次会议通过《国务院机构改革方案》。根据《国务院关于部委管理的国家局设置的通知》(国发〔2008〕12号),设立中国民用航空局,为交通运输部管理的国家局。

民航局行政机关设综合司、航空安全办公室、政策法规司、发展计划司、财务司、人事科教司、国际司、运输司、飞行标准司、航空器适航审定司、机场司、空管行业管理办公室、公安局、直属机关党委(思想政治工作办公室)、党组纪检组(驻民航局监察局合署办公)、全国民航工会、离退休干部局;下辖7个地区管理局,分别是华北地区管理局、东北地区管理局、华东地区管理局、中南地区管理局、西南地区管理局、西北地区管理局、新疆管理局。

第三节 中国民航航线网络构成与规律

一、航线网络构成

(一) 航线的定义

民航运输飞机的飞行路线称为航线,它由起飞的起点、经停点、终点、航路等要素组成,是航空公司授权经营航空运输业务的地理范围,是航空公司的客货运输市场,也是航空公司赖以生存的必要条件。

飞机的航线不仅确定了飞机飞行的具体方向、起讫点和经停点,而且根据空中交通管制的需要,规定了航线的宽度和飞行高度,以维护空中交通秩序,保证飞行安全。

飞机航线的确定除了安全因素,还取决于经济效益和社会效益的大小。一般情况下,航线安排以大城市为中心,在大城市之间建立干线航线,同时辅以支线航线,由大城市辐射至周围小城市。

旅客航段(Segment,通常称为航段)是指能够构成旅客航程的航段,例如:北京—上海—旧金山航线,旅客航程有三种可能,北京—上海、上海—旧金山和北京—旧金山。

(二) 航线的分类

按照航线起讫点及经停点地理位置的不同,可将航线分类如下:

(1) 国内航线:连接国内航空运输中心的航线。航线的起讫点、经停点均在一国国境之内。可分为干线、支线和地方航线。

① 国内干线:这些航线的起止点都是重要的交通中心城市;这些航线航班数量大、密度高、客流量大,如北京—上海航线、北京—广州航线等。

② 国内支线:把各中小城市和干线上的交通中心连接起来的航线。支线的客流密度远小于干线;支线上的起至点中有一方是较小的机场,因而支线上使用的飞机都

是 150 座以下的中小型飞机。

③ 地方航线：把中小城市连接起来的航线。客流量很小，和支线界限很明确，也可称为省内航线或地方航线。

（2）地区航线：在一国之内各地区与有特殊地位地区间的航线，如内地与香港、澳门、台湾地区的航线。

（3）国际航线：飞行路线连接两个或两个以上国家的航线。在国际航线进行的运输是国际运输。一个航班如果在它的始发站、经停站、终点站有一点在外国的领土上都称为国际运输。

（三）航线网络的概念和分类

航线网络是指某一地域内的航线按一定的方式连接而成的系统，是航空公司航班计划和机组安排等运行计划的先决条件，对航空公司的运行效率和客户服务质量有着重要的影响，是航空公司生存和发展的基础。

航线网络是否合理是衡量一个国家民航运输发达程度的重要因素，同时也是判断一个航空公司运营效率的重要依据。每个航空公司都希望自己拥有最有效率的航线网络。当今全球主流的航线网络结构划分如下。

1. 城市对式

城市对式是最简单的网络结构，对于旅客而言这种结构是最省时方便的形式。旅客只需要以此登机就可以到达目的地，但是这种结构需要航空公司提供更多的飞机来执行任务，而且在一些中小城市之间对飞没有办法保障有充足的客源，这给航空公司的经营带来压力。城市对式结构是民航航线网络结构的初级阶段，我国大部分航线属于此类。

2. 城市串式

城市串式的特点是一条航线由若干航段组成，航班在途中经停获得补充的客源，以弥补起止航站之间的运量不足。城市串式结构可以简单理解为由两个或多个城市对式构成，可以在某种程度上弥补简单航线网络形式的不足。

3. 中枢辐射式

中枢辐射式航线网络结构是目前最先进的结构，它以大城市为中心，大城市之间建立点对点的干线航线，用大型宽体民航机来执行，以达到汇集和疏散旅客与货物的目的。这种结构既可以使大城市之间旅客人数增加，从而提高航班密度，方便旅客出行，又可以提高中小城市的飞机上座率从而降低运营成本。这种航线网络结构的优点是能够节省大量资金，将有限的资金集中于大型中心骨干机场的建设，促使现有运力发展最大效率，提高航班密度和客座利用率。然而，这种网络势必增加旅客中转次数，给旅客旅行带来一些不便，但从航空公司成本和旅客出行方便的双重角度来看，中枢辐射式是目前最好的解决方案。目前，全球旅客运输量最大的空港——亚特兰大哈兹菲尔德—杰克逊国际机场就是全美东部地区的中枢机场。广州白云国际机场是我国第一个以中枢机场理念设计并建造的机场，我国民航管理部门和各航空公司也在逐步整合各自资源,建设自己的中枢辐射式航线网络结构。

二、航线网络分布规律

（一）国内航线的分布规律

1. 总体规律

（1）我国国内航线集中分布于哈尔滨—北京—西安—成都—昆明一线以东的地区。其中又以北京、上海、广州的三角地带最为密集。整体上看,航线密度由东向西逐渐减小。

（2）航线多以城市对为主,以大中城市为辐射中心。

（3）国内主要航线多呈南北向分布,在此基础上,又有部分航线从沿海向内陆延伸,呈东西向分布。

2. 国内干线的分布规律

国内干线的起止点基本都是重要的交通中心城市；这些航线航班数量大、密度高、客流量大,如北京—上海航线、北京—广州航线等。

3. 国内支线的分布规律

国内支线是把各中小城市和干线上的交通中心连接起来的航线。支线的客流密度远小于干线；支线上的起至点中有一方是较小的机场,因而支线上使用的飞机都是150座以下的中小型飞机。

（二）国际航线分部规律

1. 中国洲际航线

中国洲际航线是指：中国前往欧洲、非洲、美洲、大洋洲的城市航点,按地理位置划分,如檀香山虽属于美国,但地理位置属于大洋洲,则归类为大洋洲的航点。

中国洲际航线主要集中在一线城市,如北京、上海、广州等。

1) 北京洲际航线（北京机场三字代码 PEK）

北京是我国的政治中心,众多跨国企业的总部所在地,公商务往来频繁,也是国航的总部所在地,加上北京对于欧洲、北美具优势的地理位置,因此 CA 开辟了众多欧美航点。虽然航班总数不如香港机场（HKG）,但航点总数却超过香港,成为大中华地区航点数的冠军。近年,海南航空在北京也开辟了多条前往欧美的洲际航线,让 PEK 的优势更进一步。由 T1 到 T2 到 T3,历经扩建的首都机场已日渐饱和,第二机场的建设已经开展。

2) 上海洲际航线（主要指上海浦东机场洲际航线,上海浦东机场三字代码 PVG）

上海 PVG 的洲际航线虽然航班量和航点数都不如 HKG 和 PEK,但作为我国的经济中心、"东方明珠",商务来往频繁。在国家政策的倾斜、上海自贸区的落地等大背景下,机场仍有巨大的发展空间。中国东方航空作为基地航空在上海洲际航线的发展上也不遗余力。

3）广州洲际航线（广州机场三字代码 CAN）

广州是我国（大陆地区）的第三大城市，被誉为中国的南大门。广州由于距离香港较近，受到 HKG 的辐射影响较大，加上并无如北京、上海等具有的政治中心或经济中心优势，因此在洲际航线的发展上与北京、上海、香港尚有一定的差距。在作为基地航空的中国南方航空的耕耘下开辟了具有一定知名度的"广州之路"战略，并取得了一定的成效，澳新地区成为南航的优势航线。

4）除了三大城市，其他开通洲际航线的二三线城市

国内二三线城市由于经济发展、需求大小等原因的限制，多数只开通了一至两个洲际航点，并维持在每周三班左右的水平。其中成都在洲际航线建设方面表现比较突出，但无论是航点数量还是航班总数与一线城市的差距仍然十分巨大。不过，参照美国民航的发展历程，往往处于版图的边缘位置及经济实力强劲的城市，都有很大机会成为枢纽。所以，我国除了一线城市外，将来还会在二三线城市机场中出现国际航空枢纽。

根据中国民航局发布的信息，2015 年以来，国际航空运输继续保持快速增长的态势，有关专家表示，由于北上广等一线城市的机场十分繁忙，其机场起降时刻已经很难获得，越来越多的国内外航空公司选择进入中国的二线城市，开通国际航线。二线城市也将成为各航空公司争取客源、提升业绩新的增长点。二线城市国际航线的发展迅速：一方面与当前我国经济持续稳定增长、"一带一路"战略部署以及国家外交和经贸的发展密不可分；另一方面与国内很多二线城市的城市规模、经济发展、旅游资源等因素有关。

根据民航"十二五"规划及《国务院关于促进民航业发展的若干意见》，提出沈阳、杭州、郑州、武汉、长沙、成都、重庆、西安等二线城市将增强打造区域性枢纽功能，重点开辟和发展中远程国际航线，加密欧美地区航线航班，增设连接南美、非洲的国际航线，巩固与周边国家的航空运输联系，推进与东盟国家航空一体化进程等要求。

国内航空公司正在加快在二线城市的布局。除了武汉，南航还有长沙—法兰克福航线、深圳—毛里求斯航线，乌鲁木齐飞圣彼得堡、新西伯利亚、莫斯科、伊斯坦布尔以及多条中西亚航线。东航、海航等也在二线城市开辟了多条洲际航线，如东航的南京—悉尼航线、海航的大连—西雅图航线。此外，地方航空公司也在相继加入，如四川航空的成都—温哥华航线、厦门航空的厦门—阿姆斯特丹航线等。

除了国内航空公司青睐二线城市，国外航空公司也开始在二线城市布局，如法航的武汉—巴黎航线、汉莎航空的南京—法兰克福航线、荷兰航空的成都—阿姆斯特丹航线、芬兰航空的重庆—赫尔辛基航线等。

从表 1-3 中可以看出，成都、武汉、西安、乌鲁木齐等越来越多的国内二线城市也新增了多条国际航线。二线城市的洲际航线正渐入佳境。

表1-3 2016年夏秋季部分二线城市始发的"直飞洲际航线"一览表

(资料来源：民航资源网)

区域	城市	三字代码	航班频率	执飞航司	备注说明
成都 (8个)	巴黎	GDG	4	CA(4)	
	伦敦	LHR	3	BA(3)	
	法兰克福	FRA	3	CA(3)	
	阿姆斯特丹	AMS	3	KL(3)	第4班已取消
	莫斯科	SVO	3	3U(3)	季节性航班，仅夏秋季有
	旧金山	SFO	4	UA(4)	夏秋季增至4班/周
	墨尔本	MEL	3	3U(3)	夏秋季增至3班/周
	毛里求斯	MRU	1	MK(1)	
	成都小计		24		悉尼未开放订座不列入
乌鲁木齐 (3个)	伊斯坦布尔	IST	7	CZ(7)	
	莫斯科	SVO	4	CZ(4)	
	圣彼得堡	LED	4	CZ(4)	
	乌鲁木齐小计		15		
武汉 (4个)	巴黎	CDG	3	AF(3)	
	旧金山	SFO	3	CZ(3)	国内段延伸至广州
	罗马	FCO	3	CZ(3)	国内段延伸至广州
	莫斯科	SVO	3	CZ(3)	国内段延伸至广州
	武汉小计		12		黄金海岸季节性，夏秋季无
西安 (4个)	巴黎	CDG	3	HU(3)	
	罗马	FCO	3	HU(3)	
	赫尔辛基	HEL	3	AY(3)	季节性航班，仅夏秋季有
	旧金山	SFO	3	UA(3)	2010年5月起开航
	西安小计		12		悉尼是季节性，仅冬春季有
南京 (3个)	法兰克福	FRA	5	LH(5)	夏秋季增至5班/周
	悉尼	SYD	3	MU(3)	
	洛杉矶	LAX	3	MU(3)	
	南京小计		11		
重庆 (3个)	罗马	FCO	2	HU(2)	
	悉尼	SYD	2	3U(2)	
	赫尔辛基	HEL	4	AY(4)	
	重庆小计		8		

17

(续)

区域	城市	三字代码	航班频率	执飞航司		备注说明
厦门 (2个)	阿姆斯特丹	AMS	6	MF(3)	KL(3)	
	悉尼	SYD	2	MF(2)		夏秋季减至2班/周
	厦门小计					墨尔本/温哥华未开放订座
沈阳 (2个)	法兰克福	FRA	3	LH(3)		
	温哥华	YVR	3	3U(3)		夏秋季增至3班/周
	沈阳小计					
长沙 (2个)	法兰克福	FRA	3	CZ(3)		国内段延伸到广州
	洛杉矶	LAX	2	HU(2)		
	长沙小计		5			
杭州 (1个)	阿姆斯特丹	AMS	3	KL(3)		
	杭州小计		3			MAD/CPH属包机,已停航
昆明 (1个)	巴黎	CDG	3	MU(3)		
	昆明小计		3			
青岛 (1个)	法兰克福	FRA	3	LH(3)		
	青岛小计		3			温哥华、墨尔本未开放订座
深圳 (1个)	悉尼	SYD	3	CZ(3)		
	深圳小计		3			深圳—毛里求斯停航
福州 (1个)	悉尼	SYD	3	MF(3)		
	福州小计		3			
温州 (1个)	罗马	FCO	2	MU(2)		
	温州小计		2			

说明:以上所有城市的洲际航线均以夏秋季时刻为准,为统一标准,凡是中转/经停第三地航线均不计入

2. 中国地区航线的分布规律

地区航线是指在一国之内各地区与有特殊地位地区间的航线,如内地与香港、澳门、台湾地区的航线。

1) 香港洲际航线(主要指香港机场洲际航线,香港机场三字代码HKG)

香港是世界级的金融中心,加上较为良好的地理位置,成为沟通各大洲的重要枢纽之一。因历史的原因,香港与英国关系密切,因此HKG-LHR航班数成为各大城市洲际航线的冠军,达每周56班,即每日8班,并且以空客A380、空客A320和波音B777等中大型客机为主。另外,HKG到悉尼、纽约(JFK+EWR)分别达每周35班。这成为HKG分别到达欧洲、大洋洲、北美洲的三大黄金线路。

2) 台北洲际航线(主要指桃园机场洲际航线,桃园机场三字代码TPE)

我国台湾是亚洲四小龙之一,不过因为航权原因,TPE的航点数量和航班总数较少,直飞欧洲的航班也较少。开通直飞的洲际航线的外航也只有荷兰皇家航空公司(两字代码KL)和美国联合航空公司(两字代码UA)两家。TPE也没有非洲航线,但

台北飞北美的航线较多,例如台北至洛杉矶(TPE – LAX)达到每周35班。

【知识链接】

1. 国际民航组织

国际民航组织(ICAO, International Civil Aviation Organizition)是联合国属下专责管理和发展国际民航事务的机构,是协调各国有关民航经济和法律义务,并制定各种民航技术标准和航行规则的国际组织。

国际民航组织前身是根据1919年巴黎公约成立的空中航行国际委员会(ICAN),由于第二次世界大战之后航空业的快速发展,产生了一系列的政治上和技术上的问题需要一个国际间的组织来协调。因此,1944年11月1日至12月7日在美国芝加哥召开了有52个国家参加的国际民航会议,签订了《国际民用航空公约》(通称《芝加哥公约》),按照公约规定成立了临时国际民航组织(PICAO),也因此每年的12月7日是国际民航日。1947年4月4日,《芝加哥公约》正式生效,国际民航组织也因之正式成立,并于5月6日召开了第一次大会。同年5月13日,国际民航组织正式成为联合国的一个专门机构。1947年12月31日,"空中航行国际委员会"终止,并将其资产转移给"国际民用航空组织"。

根据《芝加哥公约》第四十四条规定,国际民航组织的宗旨和目的主要有以下几点:

(1) 保证全世界国际民用航空安全地、有秩序地发展。

(2) 鼓励为和平用途的航空器的设计和操作艺术。

(3) 鼓励国际民用航空应用的航路、机场和航行设施。

(4) 满足世界人民对安全、正常、有效和经济的航空运输的需要;防止因不合理的竞争而造成经济上的浪费。

(5) 保证缔约国的权利充分受到尊重,每一个缔约国均有经营国际空运企业的公平机会。

(6) 避免缔约各国之间的差别待遇。

(7) 促进国际航行的飞行安全。

大会是国际民航组织的最高权力机构,每三年至少召开一次。理事会是向大会负责的常设机构,由33个理事国组成,由每届大会选举产生。理事会的主席由理事会选举产生,任期三年。理事会每年召开三次会议,下设航空技术、航空运输、法律、联营导航设备、财务和防止非法干扰国际民航等6个委员会。

国际民航组织的日常办事机构,设有航空技术局、航空运输局、法律局、技术援助局、行政服务局和对外关系办公室,这些机构统一在秘书长领导下工作。国际民航组织的总部设在加拿大的蒙特利尔。此外,还有7个地区办事处:西非和中非区(塞内加尔达喀尔)、欧洲和北大西洋地区(法国巴黎)、亚洲和太平洋区(泰国曼谷)、中东及北部非洲区(埃及开罗)、东非和南非区(肯尼亚内罗毕)、北美、中美和加勒比区(墨西哥墨西哥城)、南美洲区(秘鲁利马)。

该组织的主要活动:通过制定《国际民用航空公约》的18个技术业务附件和多种技术文件以及召开各种技术会议,逐步统一国际民航的技术业务标准和管理国际航路的工作制度。通过双边通航协定的登记、运力运价等方针政策的研讨、机场联检手续的简化、统计的汇编等方法以促进国际航空运输的发展;通过派遣专家、顾问,建立训练中心,举办训练班等方法促进国际航行的飞行安全。

2. 国际航空运输协会

国际航空运输协会(简称国际航协)(IATA, International Air Transport Association)是世界航空运输企业自愿联合组织的非政府性的国际组织。其宗旨是"为了世界人民的利益,促进安全、正常而经济的航空运输""为直接或间接从事国际航空运输工作的各空运企业提供合作的途径""与国际民航组织以及其他国际组织通力合作"。

凡国际民航组织成员国的任一经营定期航班的空运企业,经其政府许可都可成为该协会的会员。经营国际航班的航空运输企业为正式会员,只经营国内航班的航空运输企业为准会员。

协会总部设在加拿大的蒙特利尔。在蒙特利尔和瑞士的日内瓦设有总办事处。在纽约、巴黎、新加坡、曼谷、内罗毕、北京设有分支机构或办事处。在瑞士的日内瓦还设有清算所。协会的最高权力机构为全体会议,另有4个常务委员会分管法律、业务、财务和技术。

协会的主要活动如下:

(1) 协商制定国际航空客货运价。
(2) 统一国际航空运输规章制度。
(3) 通过清算所,统一结算各会员间以及会员与非会员间联运业务账目。
(4) 开展业务代理。
(5) 进行技术合作。
(6) 协助各会员公司改善机场布局和程序、标准,以提高机场运营效率等。

应该指出:国际航协从组织形式上是一个航空企业的行业联盟,属非官方性质组织,但是由于世界上的大多数国家的航空公司是国家所有,即使非国有的航空公司也受到所属国政府的强力参预或控制,因此国际航协实际上是一个半官方组织。它制定运价的活动,也必须在各国政府授权下进行,它的清算所对全世界联运票价的结算是一项有助于世界空运发展的公益事业,因而国际航协发挥着通过航空运输企业来协调和沟通政府间政策,解决实际运作困难的重要作用。

目前,中国大陆共有十余家航空公司成为国际航空运输协会成员公司,分别是中国国际航空、中国东方航空、中国南方航空、中国货运航空、海南航空、天津航空、深圳航空、上海航空、厦门航空、四川航空、青岛航空、吉祥航空。

目前,港、澳、台共有8家航空公司成为国际航空运输协会成员公司,分别是国泰航空、港龙航空、香港航空、香港快运航空、澳门航空、中华航空、复兴航空、长荣航空。

【本章小结】

本章主要讲解民航的基础知识,通过对民航发展阶段、民航行政区划及管理体制介绍,让学生初步了解民航的历史及构成,了解民航体制构成及管理现状。航线由起飞的起点、经停点、终点、航路等要素组成,是航空公司授权经营航空运输业务的地理范围,是航空公司的客货运输市场,也是航空公司赖以生存的必要条件。因此,本章还重点介绍了航线及航线网络的构成。

【自我检测】

(1)中国民航发展分为几个阶段?
(2)我国7大管理局分别是哪几个?
(3)按照航线起讫点及经停点地理位置的不同,可将航线分为几类?
(4)我国航线网络分布有哪些规律?

第二章 航空公司

学习目标

航空公司是民航运输的重要组成部分。通过本章的学习,让学生了解航空公司基本概念;了解航空公司的组织架构,熟悉各部门的主要职责及航空公司生产运行程序;掌握客、货运进出港流程;掌握航空公司生产指标;了解航空运输产品的特征、层次及分类,熟悉我国主要航空公司运输产品。

第一节 航空公司的基本概念

航空公司作为民航企业,是民航系统的重要组成部分。目前,我国的航空公司主要有中国国际航空、中国南方航空、中国东方航空、海南航空、厦门航空、四川航空、山东航空、首都航空、天津航空等。

一、航空公司的概念

1. 法人概念

航空公司是指在国家工商管理部门注册,经过行业许可,有着严格的行业标准、国家标准和国际标准的民航企业。

2. 航空公司概念

航空公司(Airlines)是指以各种航空飞行器为运输工具,以空中运输的方式运载人员或货物的企业。

3. 国际声誉概念

航空公司是进行航空运输飞行、向社会提供航空运输服务的企业组织,是航空运输系统的核心环节之一。航空公司国际声誉概念指航空公司与国际上的竞争者相比,其过去行为和将来展望对于其利益相关者的吸引力。

二、我国主要航空公司

截至 2014 年底,我国共有运输航空公司 51 家,比上年底净增 5 家,按不同所有制类别划分:国有控股公司 38 家,民营和民营控股公司 13 家。全部运输航空公司中:全货运航空公司 6 家,中外合资航空公司 11 家,上市公司 5 家。2013 年和 2014 年中航集团、南航集团、东航集团、海航集团的运输总周转量均占据我国民航运输总周转量的 90% 左右,详见图 2-1 和图 2-2。

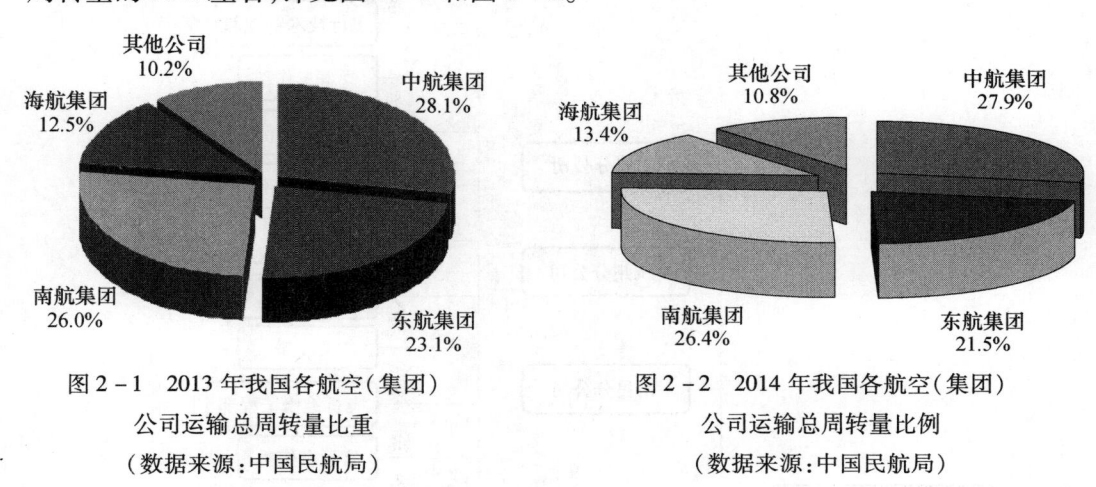

图 2-1　2013 年我国各航空(集团)
公司运输总周转量比重
(数据来源:中国民航局)

图 2-2　2014 年我国各航空(集团)
公司运输总周转量比例
(数据来源:中国民航局)

第二节　航空公司的组织构架与运行

一、机构设计与部门职能

航空公司的主要运营活动是航班飞行、机务维修保障、市场销售与管理、地面运输服务等。航空公司的部门机构通常由四大体系构成:飞行运行管理体系、机务维修保障体系、市场销售与管理体系、地面运输服务保障体系。根据航空公司体系的构成,一般划分为市场销售部、网络收益部、航空安全监察部、机务工程部、运行控制中心、飞行部、地面服务部、客舱服务部等(例如,厦门航空公司的组织结构如图 2-3 所示)。这些部门的主要职责如下。

1. 市场销售部

(1) 研究、制定销售战略和实施销售战略的方式、客运市场发展战略和经营策略。

(2) 统一管理、组织和领导客运销售工作;制定、实施销售渠道发展规划和大客户发展计划。

(3) 分析目标客户群的特征,组织实施跨部门、全流程的产品设计、开发和改进。

(4) 分解、调整生产指标,对指标完成情况实施监督与考核。

(5) 制定销售政策,参与制定销售价格,跟踪、验证使用效果。

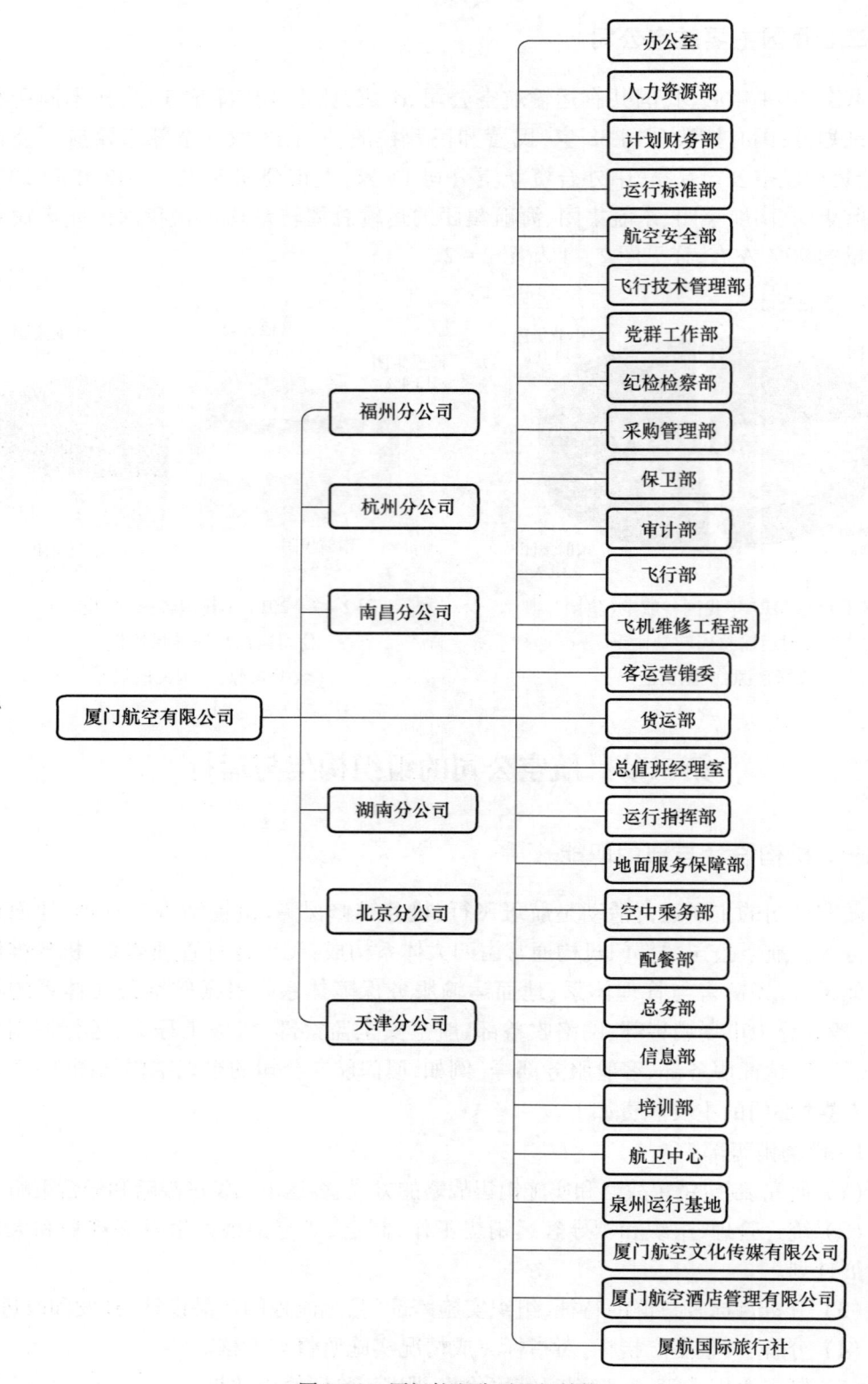

图 2-3 厦门航空公司组织结构

(6) 提出编排航班计划、收益控制的意见和建议。
(7) 负责航空公司销售人员管理。
(8) 配合有关部门做好枢纽、网络建设。
(9) 制定、实施常旅客发展计划和服务规范,监督、检查和指导常旅客服务工作。
(10) 参与市场推广活动。

2. 网络收益部

(1) 制定航线网络规划和枢纽规划,统一调配管理公司运力资源。
(2) 编制、落实中长期航班计划,调整并实施中短期航班计划,对外发布航班信息。
(3) 申请、协调航班时刻,申请国际航班落地许可和国际加班、包机的国内航路。
(4) 负责包机业务、承包航线的洽谈及合同的签订、实施;参加 AOC 值班,协调处理生产运营中商务系统与 AOC 等部门的相关工作;利用收益管理系统调配舱位和座位实现航班收益最大化。
(5) 分析收益管理系统各项数据,评估系统的使用情况,预测航线经营效益;根据公司统一的信息管理规划,具体负责商务系统各计算机系统及网络的运行维护,以及信息平台、应用软件的开发及推广使用。
(6) 负责与运价有关协议的谈判、签署、发布,评估运价和协议使用效果。

3. 航空安全监察部

(1) 制定公司航空安全管理的各项标准及规章制度,并督促检查落实。
(2) 组织公司或参加政府组织的航空安全评估和检查工作。
(3) 负责事故征候、飞行、客舱、航空地面严重差错等安全事故的调查和处理工作,参与重大飞行事故的调查。
(4) 负责公司航空安全教育工作。
(5) 制定公司航空安全奖惩办法;参与承办专机安全工作。

4. 机务工程部

(1) 主要负责公司机务维修管理工作,制定公司关于机务维修的方针、政策、标准和程序。
(2) 制定公司各型航空器及机载设备的维修方案,对适航指令和服务参赞等进行筛选,制定航空器加改装方案。
(3) 负责制定航空器年度、月度维修计划,以及公司航空器及机载设备的技术选型工作。
(4) 对公司所有航空器及其机载设备的各类维修工作进行监督、审核和验收工作。
(5) 参与重大、疑难故障研究和事故调查工作。

(6) 对公司机务维修代理、送修厂家及航材供应商的评估和选择工作。

(7) 航空器单机技术档案的管理和控制工作。

5. 运行控制中心

(1) 负责公司航行事务管理、飞机性能管理工作,负责掌握公司和分公司航班飞行动态,以及日常飞行和生产运行中的现场计划、组织、指挥、控制、协调和基地签派业务工作。

(2) 负责公司新辟航线和不定期航班的申报工作,参加新型机引进的审查、新航线试飞验收,办理公司飞机试航、开航、转场、进出境等有关事宜。

(3) 负责组织制定和实施公司飞行签派、航行情报、通信、气象、性能等方面的发展规划,制定和完善航务方面的规章制度。

(4) 检查落实公司进出港航班各项保障工作的执行情况,及时协调解决影响航班安全、正常的有关问题,组织对地面事故的调查处理工作。

(5) 组织检查公司专机任务的组织及检查督促有关部门的保障工作。

(6) 负责公司航空器载重平衡数据的计算和审定以及公司飞行性能管理工作,制定公司燃油政策。

6. 飞行部

(1) 负责飞行总队航空安全和飞行技术训练管理工作;落实公司下达的生产计划和航班计划及经济责任指标。

(2) 落实公司年度飞行训练、模拟机训练计划;负责飞行改装和复飞的审批手续,监督检查飞行人员复训计划落实情况;负责与相关部门协调落实飞行员的培训计划、机队的引进及飞行员与机队的匹配工作;负责公司国内外航线的开航、新进和翻修飞机及验收试飞中的飞行技术训练工作。

(3) 参与事故征候、飞行差错等不安全事故的调查和处理工作,以及重大飞行事故的调查。

(4) 负责公司航空安全教育工作以及公司飞行安全技术资料的信息管理。

(5) 指导相关部门制定处置劫机、炸机预案,负责空中安全员的业务、技术管理工作;负责专机安全工作。

(6) 负责制定公司飞行技术管理的各项标准及规章制度,并督促检查落实。

(7) 负责制定公司各机型、飞行程序、技术标准和训练大纲,检查、监督训练工作和技术把关落实情况。

(8) 对飞行操作进行监控。

7. 地面服务部

(1) 负责运输系统内航班生产的调度、协调、指挥,提供地面服务。

(2) 负责办理出港旅客的乘机手续,引导旅客登机。

(3) 负责进出港行李的分拣、装卸、查询、赔偿,以及货物、邮件外场运输押运及装卸。

（4）负责各航空公司的航班载重平衡。

（5）负责营运系统的电报和航班动态传递。

（6）负责制定公司运输服务业务规章制度和运输业务手册。

（7）根据公司业务划分权限和管理范围，负责与其他相关企业之间具体运输服务业务的谈判。

（8）负责协调公司各国内营业部、驻外办事处与总部之间的业务关系。

（9）负责新飞机投产前商务资料的准备工作，以及有关业务资料订购、分发和保管工作。

（10）为进出港飞机提供各种车辆服务及客舱清洁服务。

8. 客舱服务部

（1）制定公司客舱服务标准、管理规章，并组织监督、检查、考核工作。

（2）负责公司客舱服务管理工作和部分分公司客舱服务执行工作。

（3）负责公司正常、加班、专包机航班空中服务的组织与实施以及客舱服务工作。

（4）负责制定乘务员、客舱服务人员的培训计划，检查、督促培训计划的落实；公司乘务检查员的管理。

（5）负责专机服务工作的组织和本部专机服务的执行。

（6）负责飞机客舱的空防安全具体管理工作，制订实施空防预案。

二、航空公司生产运行程序

航空公司生产运行程序是按照旅客服务链展开的，详见图 2-4。

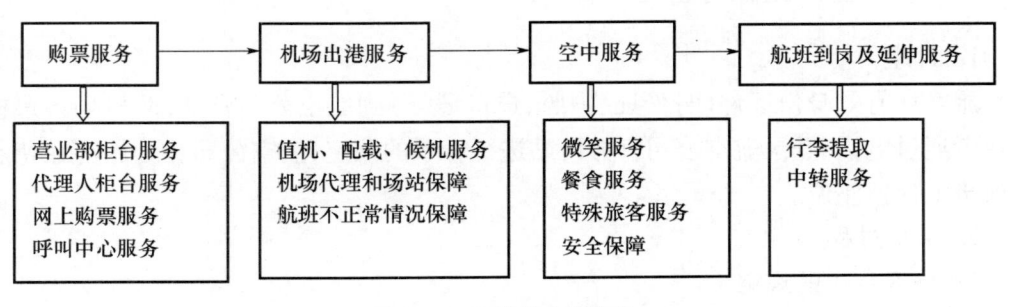

购票服务	机场出港服务	空中服务	航班到岗及延伸服务
营业部柜台服务 代理人柜台服务 网上购票服务 呼叫中心服务	值机、配载、候机服务 机场代理和场站保障 航班不正常情况保障	微笑服务 餐食服务 特殊旅客服务 安全保障	行李提取 中转服务

图 2-4 民航旅客服务链

1. 购票服务

旅客购票主要来自两个渠道：一是航空公司售票部门；二是机票代理人。无论哪种方式，航空公司都应该尽可能地为旅客提供购票的便利条件，包括售票网点尽可能的多和方便，售票员服务态度、服务水平能让旅客满意等。这方面，航空公司可以提供送票、网上订票等不同服务，以体现航空公司的产品特色。

2. 机场出港服务

机场出港服务包括机场送机、值机、行李、安检、候机、登机等服务,这方面业务大部分情况下由机场公司进行代理,因此,机场要和航空公司签订地面服务代理协议,航空公司授权机场代理此类服务,并付费给机场。在这个环节中,航空公司可以向机场方面提出服务的要求和标准,由机场具体执行。在某些机场,如航空公司的主基地机场,此类业务如值机、行李、登机等服务由航空公司自行处理。

3. 空中服务

首先是机型和客舱布局,这是决定民航产品品质的硬件部分。可以根据不同的需求安排不同的机型和客舱。相同的机型有不同的座位布局,差异主要有三个方面:座位间距离、座位宽度和走道空间。经济舱座位一般间距:81~83厘米;头等舱间距:102~107厘米;空中客车A330可躺式间距:140~152厘米。不同的座位布局,体现出座位和机舱舒适度的高低,从而满足不同的顾客需求。

其次是餐食、空乘服务,这方面各航空公司根据自身的市场定位,有不同做法。例如,大部分航空公司都提供餐食,但也有一部分航空公司不提供。

4. 机场到港及延伸服务

机场到港及延伸服务主要有行李提取、旅客中转、旅客接送、酒店预订、旅游预订等服务。航空公司或代理人可以提供有特色的到港及延伸服务,在这方面,可以根据旅客的不同需求设计出各种不同的产品。

第三节 航空公司运输组织与管理

一、客运生产组织与管理

1. 订座

旅客凭有效身份证件(身份证、护照、户口簿等)到航空公司营业部、机场售票柜台或者通过电话、登录航空公司官方网站进行客票的预定,航空公司将为旅客在特定的航班上保留座位。

2. 乘机过程

1)旅客乘机的规定

凭客票及本人有效身份证件按时办理客票查验、托运行李、领取登机牌等乘机手续。未能按时到达乘机登记柜台或登机门,航空公司为不延误航班可取消旅客定妥的座位。

按规定的时间开放、关闭柜台,按规定接受旅客出具的客票,快速、准确地为旅客办理乘机手续。乘机前,旅客及其行李和免费随身物品必须经过安全检查。

2)办理乘机手续的时间规定

办理乘机手续的时间根据航空公司、机场、航班的不同情况,有所差异。

3. 退票

1）退票的一般规定

退票一般分为自愿退票和非自愿退票。旅客退票费的收取根据旅客类型、退票时间、购买票价等级等方面来确定。

2）自愿退票

自愿退票根据航空公司的规定来收取相应的退票费。

3）非自愿退票

非自愿退票票款全退，不收取退票费。

4. 客票变更

客票变更指旅客购票后，要求改变航班日期、舱位等级、承运人等。

（1）自愿变更是指由于旅客原因提出的改变航班、日期等要求。航班规定离港时间72小时前提出，免费办理；航班规定离港时间72小时内提出，免费办理1次，再次变更收客票价的5%作为变更手续费。

（2）非自愿变更是指由承运人原因或因旅客身体原因造成的客票变更。非自愿变更要为旅客安排后续航班，改变舱位等级应多退少补，并经旅客及有关承运人同意后，办理签转。

5. 误机、漏乘、错乘旅客的处理

误机指旅客未按规定时间办妥乘机手续或因旅行证件不符合规定而未能乘机。

漏乘指旅客在始发站办理乘机手续后或在经停站过站时未搭乘上指定航班。

错乘指旅客乘坐了不是客票上列明的航班。

6. 不正常航班的处理

不正常航班是指由于承运人原因或非承运人原因，航班未能按照公布的时刻、航线、目的站、机型等正常执行，致使旅客受阻、滞留的航班。承运人的原因包括机务维护、航班调配、商务、机组等方面的原因；非承运人的原因包括天气、自然灾害、突发事件、空中交通管制、安全盘查以及旅客等方面的原因。

一旦发生了航班不正常情况，应努力为旅客提供热情周到的服务，尽量满足旅客的合理要求，把给旅客造成的损失减小到最低限度，同时尽量挽回承运人的经济损失和信誉损失。

二、货运生产组织与管理

1. 国内出港货物流程

国内出港货物流程详见图2-5。

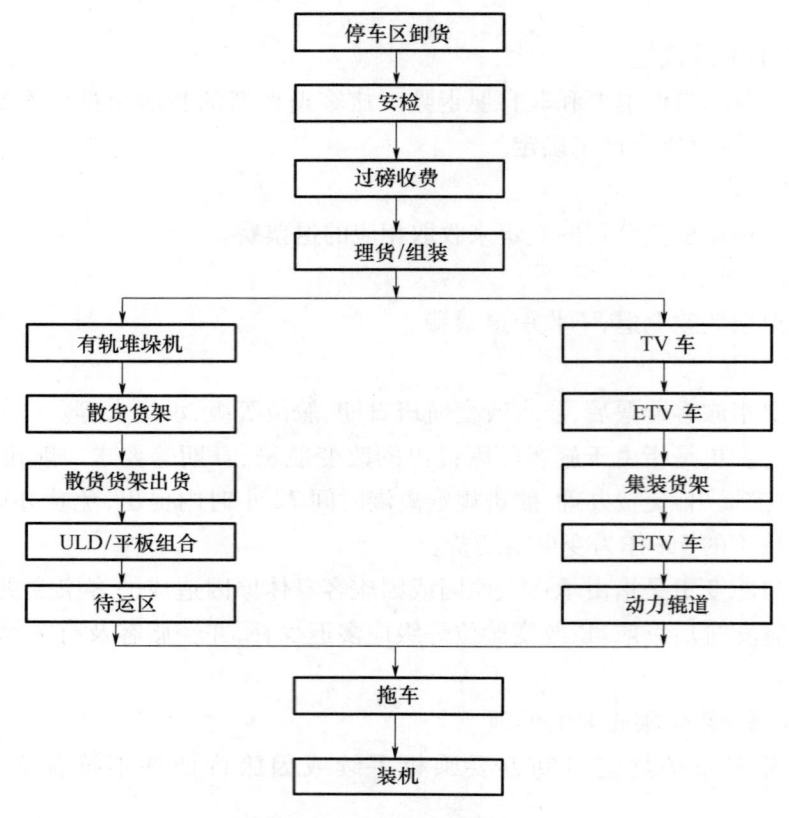

```
        ┌──────────────┐
        │  停车区卸货  │
        └──────┬───────┘
               │
        ┌──────▼───────┐
        │    安检      │
        └──────┬───────┘
               │
        ┌──────▼───────┐
        │   过磅收费   │
        └──────┬───────┘
               │
        ┌──────▼───────┐
        │  理货/组装   │
        └──────┬───────┘
         ┌─────┴─────┐
┌────────▼─────┐  ┌──▼──────┐
│  有轨堆垛机  │  │  TV 车  │
└──────┬───────┘  └────┬────┘
┌──────▼───────┐  ┌────▼────┐
│   散货货架   │  │ ETV 车  │
└──────┬───────┘  └────┬────┘
┌──────▼───────┐  ┌────▼────┐
│  散货货架出货│  │ 集装货架│
└──────┬───────┘  └────┬────┘
┌──────▼───────┐  ┌────▼────┐
│ ULD/平板组合 │  │ ETV 车  │
└──────┬───────┘  └────┬────┘
┌──────▼───────┐  ┌────▼────┐
│    待运区    │  │ 动力辊道│
└──────┬───────┘  └────┬────┘
         └─────┬─────┘
        ┌──────▼───────┐
        │    拖车      │
        └──────┬───────┘
        ┌──────▼───────┐
        │    装机      │
        └──────────────┘
```

图 2-5　国内出港货物流程

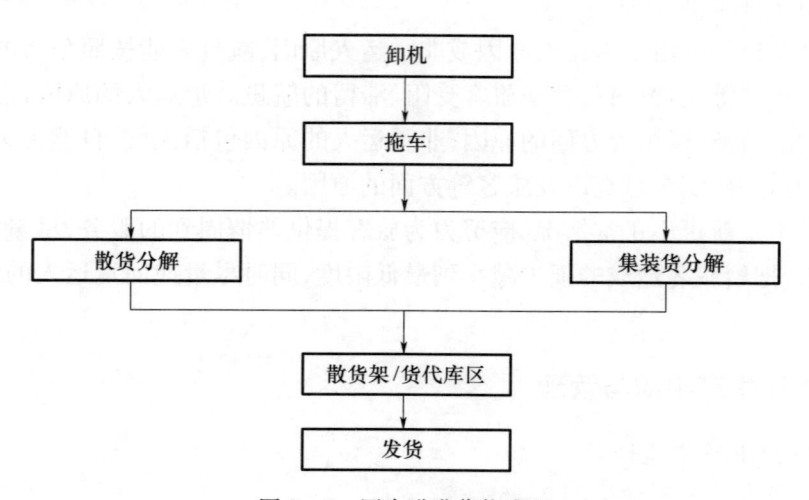

2. 国内进港货物流程

国内进港货物流程详见图 2-6。

```
        ┌──────────────┐
        │    卸机      │
        └──────┬───────┘
        ┌──────▼───────┐
        │    拖车      │
        └──────┬───────┘
         ┌─────┴─────┐
┌────────▼─────┐  ┌──▼──────────┐
│  散货分解    │  │  集装货分解 │
└────────┬─────┘  └──┬──────────┘
         └─────┬─────┘
        ┌──────▼───────────┐
        │ 散货架/货代库区  │
        └──────┬───────────┘
        ┌──────▼───────┐
        │    发货      │
        └──────────────┘
```

图 2-6　国内进港货物流程

3. 货站集装货处理

货站集装货处理流程详见图 2-7。

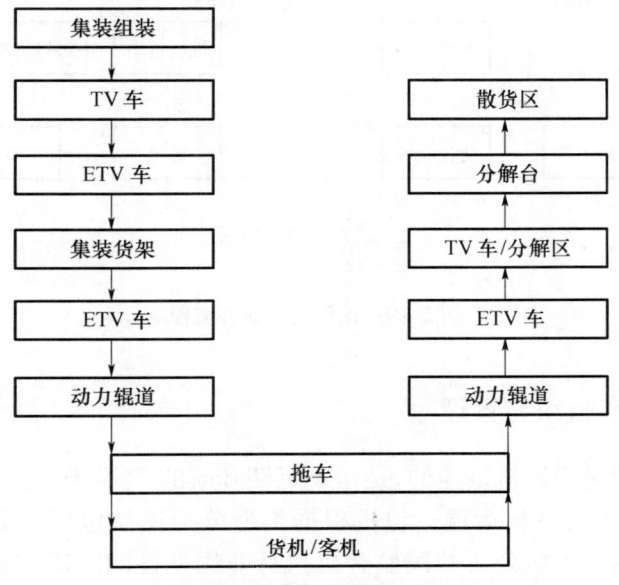

```
集装组装                   散货区
   ↓                        ↑
  TV 车                    分解台
   ↓                        ↑
 ETV 车                 TV 车/分解区
   ↓                        ↑
 集装货架                  ETV 车
   ↓                        ↑
 ETV 车                   动力辊道
   ↓                        ↑
 动力辊道 ──→ 拖车 ←── 
         ↓       ↑
        货机/客机
```

图 2-7 货站集装货处理流程

4. 货站散货处理

货站散货处理流程详见图 2-8。

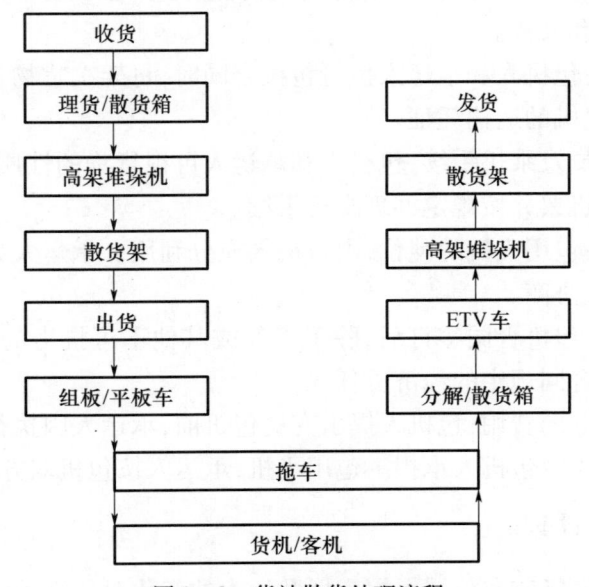

```
  收货                      发货
   ↓                        ↑
理货/散货箱                 散货架
   ↓                        ↑
高架堆垛机               高架堆垛机
   ↓                        ↑
 散货架                    ETV 车
   ↓                        ↑
  出货                  分解/散货箱
   ↓                        ↑
组板/平板车 ──→ 拖车 ←──
            ↓      ↑
           货机/客机
```

图 2-8 货站散货处理流程

5. 国际货运业务流程

国际货运业务流程详见图 2-9。

31

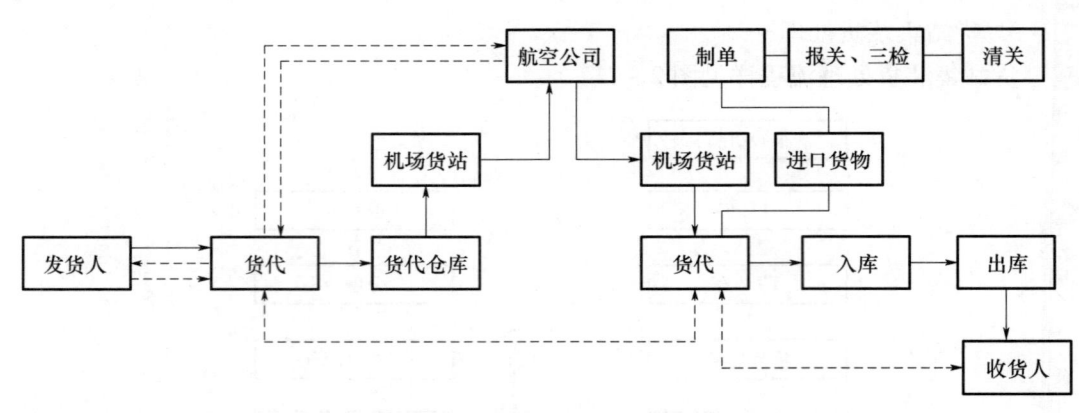

图 2-9 国际货运业务流程

三、包机生产组织与管理

包机运输是相对于班机运输的,是指不定期开航的、不定航线、不定始发站、不定目的港、不定途经站的飞机运输。包机根据类型分为民航包机和公务包机两大类。民航包机主要指租用民航公司的民航客机执行非周期性的非固定航线的飞行任务;公务包机主要指租用公务机公司的公务机执行非固定航线。包机运输主要涉及以下几个方面的工作内容:

(1) 签订合同:申请包机,凭单位介绍信或个人有效身份证件与承运人联系协商包机运输条件,双方同意后签订包机合同。包机人与承运人应当履行包机合同规定的各自承担的责任和义务。

(2) 运输凭证:包机人和承运人执行包机合同时,每架次货物包机应当填制托运书和货运单,作为包机的运输凭证。

(3) 确定押运员及乘机手续:包机人和承运人可视货物的性质确定押运员,押运员凭包机合同办理机票并按规定办理乘机手续。

(4) 吨位利用:包用飞机的吨位,由包机人充分利用。承运人如需利用包机剩余吨位,应当与包机人协商。

(5) 经济责任:包机合同签订后,除了天气或其他不可抗力的原因,托运人和承运人均应承担包机合同规定的经济责任。

(6) 包机变更后的费用:包机人提出变更包机前,承运人因执行包机任务已发生调机的有关费用应当由包机人承担。包用飞机,承运人按包机双方协议收取费用。

四、航班生产计划

航班生产计划是指航空公司根据市场及运力的变化对所飞航线以及运力在航线上的投放所做出的系统安排,它是航空公司组织运输生产的依据。

(一)航班计划的要素

航班计划的要素包括航线、班次、班期、机型、航班号和航班时刻。

（1）班次：航空公司在某条航线上每天飞几个航班，它表示航空公司在各条航线上的运力投放情况。例如：西南航空公司星期二在成都—北京航线有5个航班，即班次为5。

（2）班期：该航班每周具体的执行日期。例如：西南航空公司成都—北京的航班SZ4107/8的班期为1、2、3、5、7，意思是该航班每周一、周二、周三、周五、周日执行。

（3）机型：正班飞行计划使用的飞机型号。

（4）航班号：航班的代号，是由公司代码和航班编号两部分组成。例如：SZ4107/8表示西南航空公司成都—北京的航班，其中SZ为西南航空公司的两字代码，4107代表去程航班（成都—北京），4108为回程航班（北京—成都）。

（5）航班时刻：每个航班的出发时刻和到达时刻，也即每个航班的关舱门时刻和开舱门时刻。例如：SZ4107航班的航班时刻为09:35—12:50，表示该航班09:35关舱门停止上客，12:50开舱门旅客下飞机。

（二）航班计划的制定

航班计划的制定，是航线和航线网络的具体执行表现。从大的方面来看，分为冬春与夏秋两季航班计划。夏秋计划为每年三月份最后一个星期日至十月份最后一个星期六；冬春计划为每年十月份最后一个星期日至第二年三月份最后一个星期六。之所以要分为这两个航季，主要是因为这两个时间段市场情况有较大的不同。除此之外，三大黄金周、旅游淡旺季也要对航班计划进行微调。除了考虑市场因素，航班编排还要考虑将飞机利用率控制在合理水平等因素。

表2-1是某航空公司以飞机过夜基地为单位，对每架飞机进行航班编排所制定的春运航班计划。

表2-1　航空公司过夜基地春运航班计划

日期	星期	飞机/架	机型	航班性质	航班号	航站1	起飞1	落地1	航站2
2006-01-29	星期日	1	76A	正	7803	北京	0900	1150	广州
2006-01-29	星期日	1	76A	正	7804	广州	1250	1530	北京
2006-01-29	星期日	1	76A	正	7111	北京	1620	1930	昆明
2006-01-29	星期日	1	76A	正	7112	昆明	2020	2330	北京
2006-01-29	星期日	1							
2006-01-29	星期日	2	76A	正	7181	海口	0800	1130	北京
2006-01-29	星期日	2	76A	正	7182	北京	1230	1600	海口
2006-01-29	星期日	2	76A	G		海口	1700	1800	广州
2006-01-29	星期日	2	76A	G		广州	1900	2250	北京
2006-01-29	星期日	2							
2006-01-29	星期日	3	76A	正	7165	北京	0855	1150	昆明
2006-01-29	星期日	3	76A	正	7166	昆明	1255	1600	北京
2006-01-29	星期日	3	76A	G		北京	1700	2000	昆明
2006-01-29	星期日	3	76A	G		昆明	2050	2220	海口

五、运输生产调度

作为地面服务体系中的中枢部门,生产调度室在航空公司地面运输服务体系中的指挥作用就愈发凸显出来。生产调度室是航空公司地面运输服务的指挥中心,负责组织航班上客、信息传递、地面服务过程中不正常情况处置等各方面事宜,对航空公司地面的安全生产运行起着重要的作用。航班运行过程中旅客、车辆、组织、信息等方面的问题和矛盾层出不穷,生产调度部门的权威指挥保障地面运输生产顺利进行。

由于航空事业的发展,生产管理的范围越来越宽,地服部涉及客运、服务、行李分拣、车辆、配载、监装监卸等业务。对调度员的素质与能力也就提出了更高的要求。其中包括身体素质、思想素质、业务技术素质、心理素质和组织协调能力、指挥判断能力、人际交往能力、思维能力决策能力、创新能力、应变能力等许多方面。

第四节 航空公司主要经济指标与统计

一、主要经济指标

1. 运价与费率

航空公司国内客运价格从大范围划分,主要分成两大类:①普通运价(NORMAL FARE),即民航局批准的正常公布运价和公布折扣运价;②特殊运价(SPECIAL FARE),主要是特价、中转联程、团队、产品等价格,航空公司需要视市场情况制定具体特殊运价并按流程审批后,对外发布。

国内航线客运公布运价按照政府规定执行,是在考虑成本和利润水平的基础上,限定一条航线的最高限价。根据国家发展和改革委员会及民用航空总局[2004]第18、51号文件规定,平均每客公里费率在0.75元,个别独飞航线可视情况申请每客公里费率在0.75以上。这是中国政府规定的民航客运基准运价。

$$客公里费率 \times 航距 = 基准运价 \qquad (2-1)$$
$$基准运价 \times 1.25 = 正常公布运价 \qquad (2-2)$$

正常公布运价也即航空公司所称的全价,也称 Y 舱价格。

2. 飞机小时收入

飞机小时收入指航班每飞行1小时的平均收入。这一指标随机型的不同而不同。

3. 飞机客公里收入

飞机客公里收入反映航空公司单位客公里的收入水平。计算公式为

$$飞机客公里收入 = 收入 \div 座公里 \ 或 \ 座公里收入 \div 客座率 \qquad (2-3)$$

4. 飞机座公里收入

飞机座公里收入反映航空公司单位座公里的收入水平。计算公式为

飞机座公里收入 = 收入 ÷ 座公里 　　　　　　　　(2-4)

5. 飞机吨公里收入

飞机吨公里收入即运输收入总额与完成的总周转量之比。吨公里收入是考核运输收入的综合性指标。计算公式为

吨公里收入 =（国内航线运输收入 + 国际航线运输收入）/总周转量　(2-5)

6. 飞机航线里程

飞机航线里程指飞行的航线长度。航线长度按机场之间的距离计算。

7. 销售指数

销售指数是衡量一个航空公司的销售量是否与投入量成正比的指标,如果销售指数低于1,说明该航空公司销售比竞争公司相对较弱,大于1则相反。

销售指数 = 本公司市场份额/本公司运力份额　　　　(2-6)

二、主要统计指标

（一）运输总周转量

运输总周转量是反映运输量和运输距离即旅客、货物、邮件在空中实现位移的综合性生产指标,综合体现航空运输工作量。计算单位为吨公里。计算公式为

运输总周转量 = 旅客周转量 + 货物周转量 + 邮件周转量 或　　(2-7)

$= \sum$（航段运载之和(吨) × 航段距离(公里)）

（二）旅客周转量

旅客周转量是反映旅客在空中实现位移的综合性生产指标,体现航空运输企业所完成的旅客运输工作量。计算单位为人公里(或称客公里)和吨公里。计算公式为

旅客周转量(人公里) = $\sum$（航段旅客运输量(人) × 航段距离(公里)）

(2-8)

旅客周转量(吨公里) = $\sum$（航段旅客运输量 × 旅客重量 × 航段距离）

(2-9)

成人旅客重量按0.09吨计算(含行李),儿童、婴儿分别按成人重量的1/2和1/10计算。

（三）旅客运输量

旅客运输量:运输飞行所载运的旅客人数。成人和儿童各按一人计算,婴儿因不占座位不计人数。原始数据以人为计算单位。汇总时,以万人为计算单位填报,保留两位小数。

一个航班的旅客运量表现为飞机沿途各机场旅客的始发运量之和。其中,机场旅客始发运量是指客票确定的以本机场为起点始发乘机的旅客。统计时每一特定航班(同一航班)的每一旅客只应计算一次,不能按航段重复计算,唯一例外的是,对既

有国内航段又有国际航段的同一航班上的旅客,应同时统计为一个国内旅客和一个国际旅客。

不定期航班运送的旅客则每一特定航班(同一航班)只计算一次,即使是既有国内航段又有国际航段飞行的也只计算一次。

(四) 货邮周转量

货物周转量是反映航空货物在空中实现位移的综合性生产指标,体现航空运输企业所完成的货物运输工作量。计算单位为吨公里。计算公式为

$$货物周转量(吨公里) = \sum (航段货物运输量(吨) \times 航段距离(公里)) \tag{2-10}$$

汇总时以万吨公里为计算单位填报,保留两位小数。

邮件周转量是反映航空邮件在空中实现位移的综合性生产指标,体现航空运输企业所完成的邮件运输工作量。计算单位为吨公里。计算公式为

$$邮件周转量(吨公里) = \sum (航段邮件运输量(吨) \times 航段距离(公里)) \tag{2-11}$$

汇总时以万吨公里为计算单位填报,保留两位小数。

(五) 货邮运输量

货物运输量:运输飞行所载运的货物重量,货物包括外交信袋和快件。原始数据以千克为计算单位。汇总时,以吨为计算单位,保留一位小数。统计方法与旅客运输量一致,即每一特定航班(同一航班)的货物只应计算一次,不能按航段重复计算,但对既有国际航段又有国内航段的航班货物,则同时统计为国内货物和国际货物。不定期航班运送的货物则每一特定航班(同一航班)只计算一次,即使是既有国内航段又有国际航段飞行的也只计算一次。

邮件运输量:运输飞行所载运的邮件重量。原始数据以千克为计算单位。汇总时以吨为计算单位填报,保留一位小数。统计方法与货物运输量一致,即每一特定航班(同一航班)的邮件只应计算一次,不能按航段重复计算,但对既有国际航段又有国内航段的航班邮件,则同时统计为国内邮件和国际邮件。不定期航班运送的邮件则每一特定航班(同一航班)只计算一次,即使是既有国内航段又有国际航段飞行的也只计算一次。

(六) 飞机客座率

飞机客座率也称客座利用率,是指飞机承运的旅客数量与飞机可提供的座位数之比,它反映飞机的利用程度,是航班效益的重要指标。其计算公式为

$$飞机客座率 = (航班旅客数/航班座位数) \times 100\% \tag{2-12}$$

(七) 飞机载运率

飞机载运率是指航空器执行航班飞行任务时的实际业务载量与可提供的最大业务

（商务）载运能力（简称最大业载或最大商载）之比。它反映飞机载运能力的利用程度，是航班效益的重要指标，也是合理安排航、调整航班密度的重要依据。其计算公式为

$$航班载运率 = 航班实际业载/航班最大业载 \times 100\% \quad (2-13)$$

或

$$航班载运率 = 总周转量/最大周转量 \times 100\% \quad (2-14)$$

（八）飞机日利用率

飞机日利用率指飞机平均每天飞行小时，由于安全原因，民航局规定一般不超过 12 小时/天。中国民航 2015 年 8 月及 9 月飞机日利用率如表 2-2 所列。

表 2-2　中国民航 2015 年 8 月及 9 月飞机日利用率

（数据来源：中国民航网）

统计指标	计算单位	本月 实际完成数	比上年同月增长%	当年累计 实际完成数	比上年同期增长%
二、飞机日利用率				(2015 年 8 月)	
合计		10.0	-0.2	9.6	0.0
大中型飞机	小时/日	10.2	-0.3	9.8	-0.1
小型飞机	小时/日	7.1	-0.1	6.4	0.1
二、飞机日利用率				(2015 年 9 月)	
合计		9.4	-0.2	9.5	-0.1
大中型飞机	小时/日	9.6	-0.2	9.7	-0.2
小型飞机	小时/日	6.7	0.0	6.5	0.2

（九）航班正常率

航班正常率又称正点率、准点率，是指航空旅客运输部门在执行运输计划时，航班实际出发时间与计划出发时间的较为一致的航班数量（即正常航班）与全部航班数量的比率，表征承运人运输效率和运输质量。航班正常率经常用于衡量航空公司的运行效率和服务质量。

航班正常率具体计算公式为

$$航班正常率 = 100\% - 延误率$$

在最近 30 天内，航班降落时间比计划降落时间（航班时刻表表定时间）延迟 30 分钟以上或航班取消的情况称为延误，将出现延误情况的航班数除以 30 天内实际执行的航班数量得出延误率。

第五节　航空公司主要产品形式

一、航空运输产品的特征和层次

航空运输产品属于交通运输类产品，与其他有形产品相比，具有以下特征：

（1）不能储存。航空运输产品不能像其他消费品那样储存起来，以适应需求的波动。如果在飞机起飞时还有空余座位，那么这些座位本应给航空公司带来的收益将永远消失。这一点和酒店的客房住宿等产品有类似之处。

（2）生产消费同时性。旅客参与了航空公司生产的全过程，航空运输所生产的产品是一种特殊形态的产品——"空间位移"，其产品形态是改变航空运输对象在空间上的位移，航空运输产品的商品属性是通过产品使用人在航空运输市场的购买行为最后实现的。旅客乘坐航空公司航班的过程就是航空公司产品生产过程，也是旅客消费过程。

（3）固定成本高、边际成本低。由航空运输的资金、技术、风险密集的特性决定，航空公司的运营成本是非常高的。一般可以认为，当航班时刻表被确定和公布之后，其运营成本的绝大部分已经确定，旅客的增加或减少对运营成本的影响是微乎其微的。

（4）可细分性。航空公司的舱位可分为经济舱、商务舱、头等舱，每种舱位的票价不一样，并且同一种舱位之间的票价也不一样。航空市场中旅客也可根据出行目的进行细分。

（5）需求变动大。在节假日或旅游旺季时，航空市场需求量非常大，而普通工作日或旅游淡季航空市场需求量非常小。

（6）可提前销售或预定。旅客可以在飞机起飞之前提前购买机票，预订舱位。航空运输产品是先销售再生产。

（7）派生性。顾客对航空运输产品需求是一种派生的需求，而大部分旅客使用航空运输作为达到其他目的手段，如公务、旅游或探亲访友。

航空运输产品的四个层次具有自身独特的内容：

（1）核心层。指旅客和货物的位移。不同的航线形成了不同的位移，构成了不同的民航基本产品系列。

（2）形式层。例如，机上服务、机场服务等和核心层密切相关的服务。各种形式层构成了不同服务的产品系列。

（3）期望层。指旅客在购买产品时期望得到的与产品密切相关的一整套属性和条件，如航空旅客期望得到的舒适的座位和良好的机上服务等。

（4）延伸层。例如，送票服务、退改签服务、常旅客积分等。

二、航空运输产品的分类

航空运输产品从产品的层次上来分，可以分为两类，即航线类产品和服务等级类产品。

1. 航线类产品

航线类产品着眼于产品核心层，不同的航线构成了不同的产品，可以满足旅客不同位移的需求，如三亚—广州、三亚—北京航线等，一个航空公司需要有多条航线，形成该公司的最基本产品,才能确保航空公司在市场上的主要竞争力并获取一定的市场份额。

2. 服务等级类产品

服务等级类产品着眼于产品形式层和延伸层,根据不同的服务类型和等级来确定不同的产品,如头等舱产品、特价产品、机票加酒店产品等。此类产品比较丰富,也是航空公司和民航客货销售代理人能很大程度上自行掌控和加以运用的产品。

在航空运输产品中,位移的服务是最主要的,也是不可更改的,而形式层、延伸层的不同的服务可以以各种不同的形式出现,使民航产品呈现多样化,可以说,此类服务是航空公司根据顾客不同需求设计产品中运用最频繁的部分,也是体现航空公司特色和市场定位的主要方面。

服务等级类产品即利用服务等级的不同,根据不同旅客的需求,设计出不同的产品,在同样航线条件下,航空公司在产品上的竞争更多表现为此类产品的竞争。

三、航空公司主要产品介绍

(一)中国国际航空股份有限公司

中国国际航空股份有限公司简称国航。国航承担着中国国家领导人出国访问的专机任务,也承担着许多外国元首和政府首脑在国内的专机、包机任务,这是国航独有的国家载旗航的尊贵地位。国航总部设在北京,辖有西南、浙江、重庆、内蒙古、天津、上海、湖北和贵州、西藏分公司,华南基地以及工程技术分公司等。国航主要控股子公司有中国国际货运航空有限公司、澳门航空有限公司、深圳航空有限责任公司、大连航空有限责任公司、北京航空有限责任公司等;合营公司主要有北京飞机维修工程有限公司(Ameco),另外,国航还参股国泰航空、山东航空等公司,是山东航空集团有限公司的最大股东。

国航以国内航线对国际航线形成有效连接,国内支撑国际、国际辐射国内的航线网络布局,可以为旅客提供方便的直飞及转机服务。国航先后投巨资对波音-747、空中客车A340等宽体远程飞机头等舱、公务舱座椅等硬件和软件服务设施陆续进行改造,改造后的新头等舱、公务舱包厢式和可放平的座椅以及娱乐服务,提高了品质服务。

截至2014年9月底,国航共拥有以波音、空客为主的各型客货飞机523架;2015年,国航机队规模达到581架左右。通航国家32个,通航城市166个,其中国内110个、国际53个、地区3个,通过星空联盟,旅客可以便捷顺畅地到达195个国家的1328座机场。截至2015年6月30日,公司经营的客运航线达到341条,其中国内航线239条,国际航线86条,地区航线16条,如图2-10及图2-11所示。

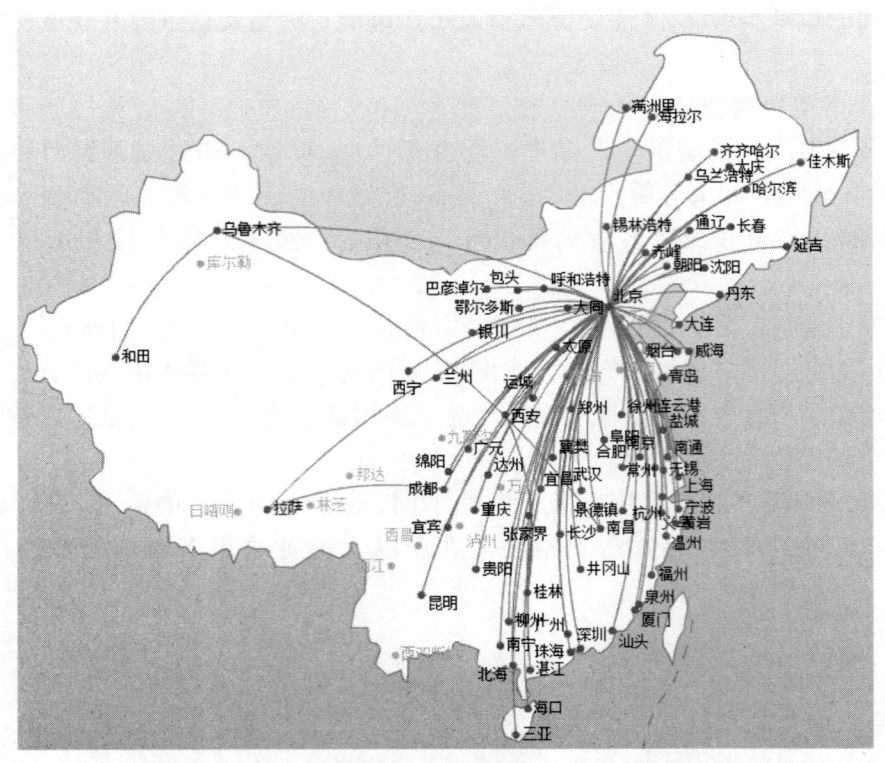

图 2-10 中国国际航空股份有限公司以北京为始发站的国内航线（不含中国港、澳、台地区）示意图

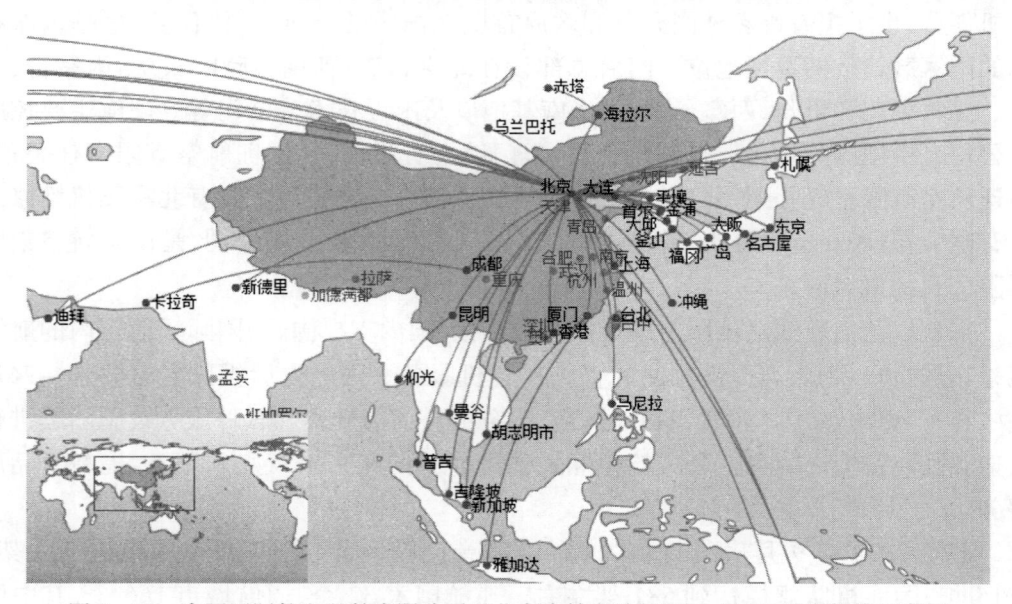

图 2-11 中国国际航空股份有限公司以北京为始发站的国际、地区、两岸航线示意图

国航于1994年3月推出了国内第一个常旅客计划——国航知音奖励计划。又通过整合控股、参股公司多品牌常旅客会员，统一纳入"凤凰知音"品牌，截止至2013年底，"凤凰知音"会员已达到2891万人。国航在中国民航业内首家推出了以"平躺

式座椅"和"全流程尊贵服务"为核心内容的中远程国际航线两舱服务,为旅客提供尊贵、舒适、便捷的出行空间和全程服务。

国航在北京首都机场为国内外航空公司提供包括旅客进出港、中转服务,特殊旅客服务,要客、"两舱"旅客服务,旅客行李服务,航班载重平衡服务,航班离港系统服务,站坪装卸服务,客舱清洁服务,特种设备维修等方面的地面服务业务,同时是国内首家使用旅客自助办理乘机手续、旅客自助办理托运行李手续及自主分配航站楼部分机位的航空公司。现已在国内100个航站开通了国航中心配载业务,使国航成为国内第一家采用中心配载工作模式的航空公司。

从2014到2015年,国航相继推出"飞机+德国境内铁路联运"产品,选乘国航实际承运,以法兰克福为始发/到达站航班的旅客,在预订航空段客票的同时,可预订德国境内法兰克福机场火车站至汉诺威火车站、科隆火车站双向铁路客票。该产品作为国航"畅行地空"产品理念的延伸,成功实现了飞机与境外铁路运输间的衔接转运,拓展了国航的运输网络,以一票通达的优势,为旅客出行提供更为便捷无忧、多元化的选择;"惠聚无线、有限旅程、无线惊喜",注册送30元代金券及"购买机票送额外里程积分"等一系列促销活动;"添次良积",购国航实际承运的国内机票(港澳台航线除外)赠里程活动;"国航伴你游世界"活动,此活动为旅客提供了更多新开航线及新增班航线的开航促销价格。

(二)中国南方航空股份有限公司

中国南方航空股份有限公司简称南航。南航是中国运输飞机最多、航线网络最发达、年客运量最大的航空公司。

南航围绕广州、北京、乌鲁木齐、重庆核心枢纽,打造国际化规模网络型航空公司,形成密集覆盖国内,全面辐射亚洲,有效链接欧、美、澳、非洲的发达航线网络。南航每天有2000多个航班飞至全球近40个国家和地区,190多个目的地,投入市场的座位数可达30万个。通过与天合联盟成员密切合作,南航航线网络通达全球1052个目的地,连接177个国家和地区。南航致力于搭建"广州之路"国际航空枢纽,将广州打造成综合型全球长途航空枢纽,提升广州枢纽对旅客的吸引力,如图2-12及图2-13所示。

目前,南航经营客货运输机600多架(具体机队规模如图2-14所示),机队规模居亚洲第一,世界第五,是全球第一家同时运营空客A380和波音-787的航空公司。

南航从2014年至2015年8月主要航线产品营销活动有"轻松南下,减负出行"产品服务,考虑旅客南下的便利与舒心,方便未按期返程或选乘其他交通工具返程的旅客,同时提供便携式衣物袋,方便旅客随身打包换季衣物。五个机场(北京、大连、沈阳、新疆、吉林)的服务对象、服务的航线范围以及取衣方式略有不同,具体如表2-3所列;提供国内首个无成人陪伴儿童(以下简称"无陪儿童")乘机可视化记录产品"木棉童飞",选用该产品后,南航的工作人员将为搭乘南航航班的无陪儿童拍下独自乘机时的精彩瞬间，家长可以通过中国南方航空官方微信服务号下载孩子照片作为珍贵回忆留存，充分彰显了南航"一切从顾客角度出发，珍惜每一次服务机会"的服务理念；春运"说走就走"的旅行促销，为春运旅客出行提供丰富选择。另外，南航还推出"南航会员日""浓情母亲节"等节日促销活动。

表 2-3 南航"轻松南下，减负出行"活动服务方案

特色服务点	服务对象	服务的航线范围	取衣方式
北京	两舱旅客（包括 VIP/明珠头等舱/头等舱/公务舱旅客）	南航从北京始发前往广州、深圳、珠海、海口、三亚等五条航线	旅客返回航站楼自取或者致电北京休息室邮寄
大连	高端旅客（包括 VIP/明珠头等舱/头等舱/公务舱旅客/金银卡员）	无航线限制	旅客告知回程具体航班，服务人员接机交还
沈阳	两舱旅客（包括 VIP/明珠头等舱/头等舱/公务舱旅客）	无航线限制	旅客告知回程具体航班，服务人员接机交还
新疆	两舱旅客（包括 VIP/明珠头等舱/头等舱/公务舱旅客）	无航线限制	旅客告知回程具体航班，服务人员接机交还
吉林	所有南航旅客	无航线限制	旅客返回航站楼自取

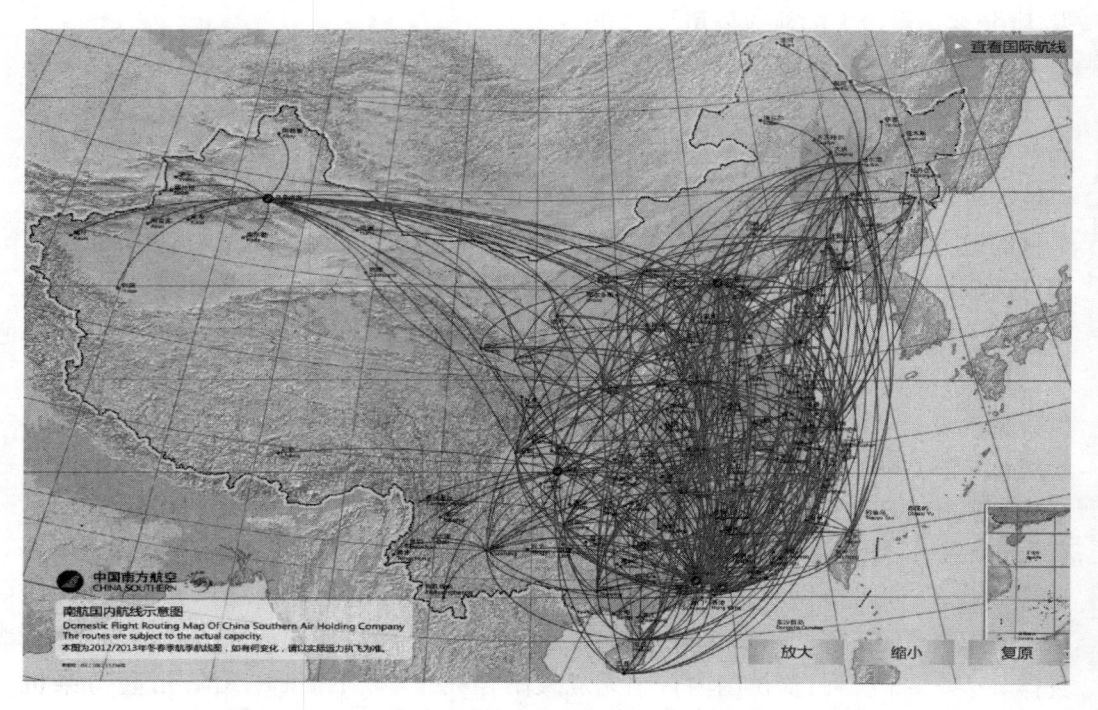

图 2-12 2014 年中国南方航空股份有限公司国内航线示意图

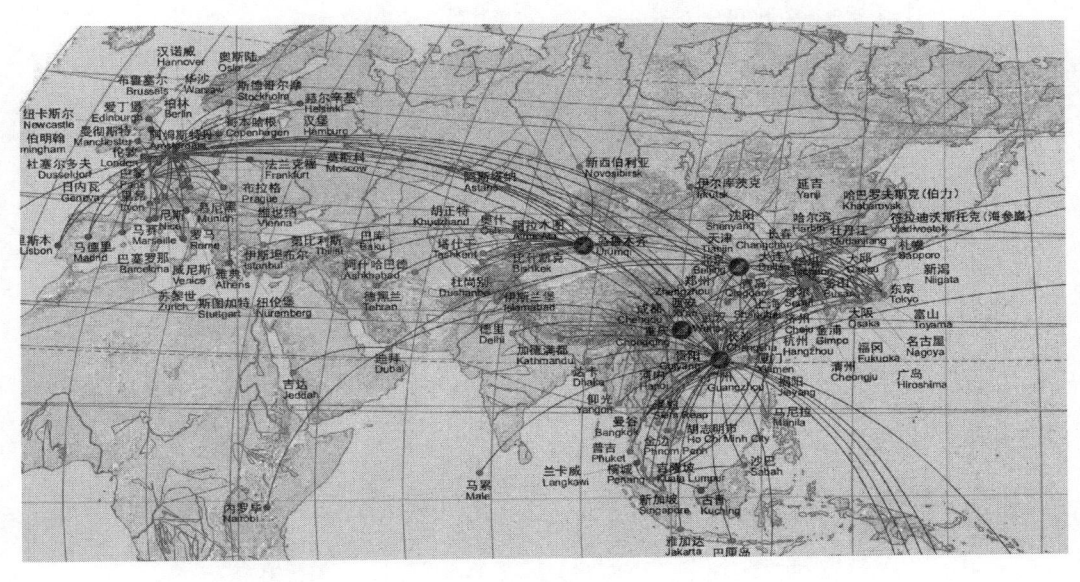

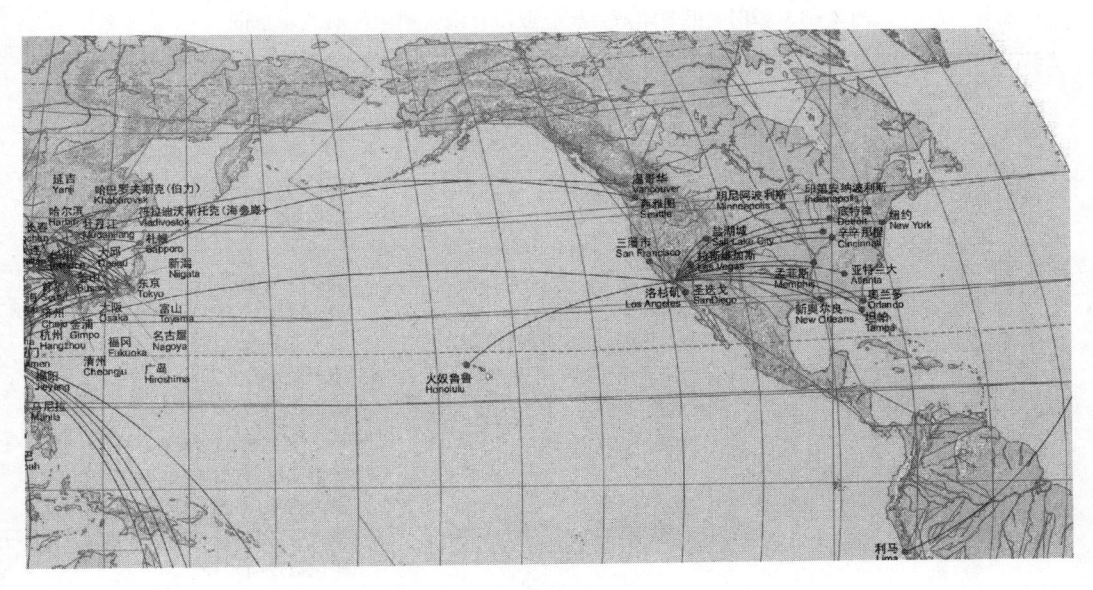

(a)

(b)

(c)

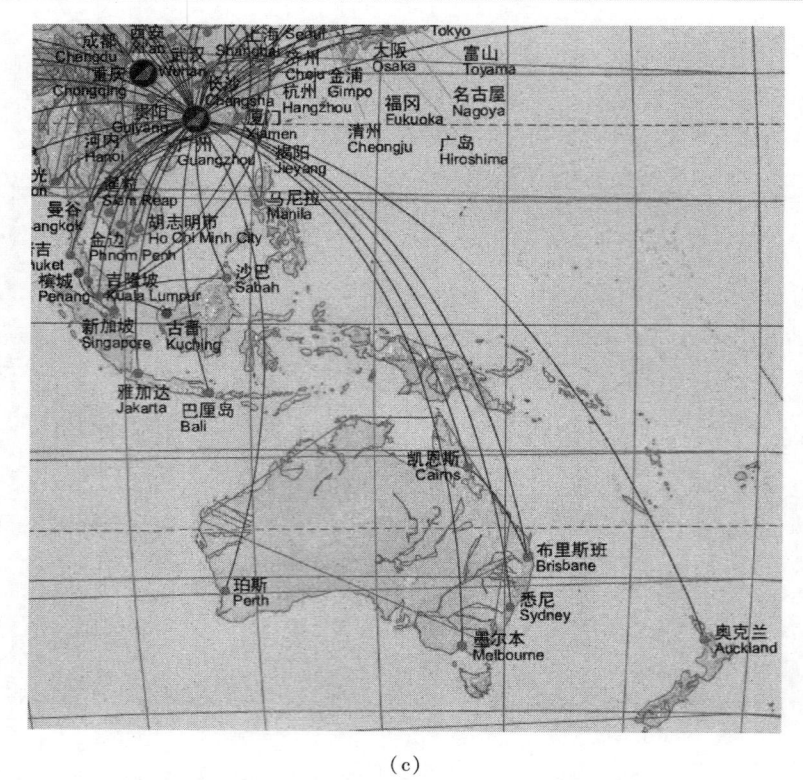

图 2-13 2014 年中国南方航空股份有限公司国际航线示意图

	空客 A380(5 架)	经济巡航速度(千米/时)：900 最大航程(千米)：14816 最大业务载重(千克)：90800 座位数(座)：506 长度(米)：73.0
	空客 A330 系列(32 架)	经济巡航速度(千米/时)：860 最大航程(千米)：13400 最大业务载重(千克)：48000 座位数(座)：258 长度(米)：59.0
	空客 A320 系列(241 架)	经济巡航速度(千米/时)：820 最大航程(千米)：5900 最大业务载重(千克)：17850 座位数(座)：152 长度(米)：37.6
	波音 B777(9 架)	经济巡航速度(千米/时)：900 最大航程(千米)：14300 最大业务载重(千克)：50271 座位数(座)：284 长度(米)：63.7

波音 B777 全货机(9架)	经济巡航速度(千米/时)：900 最大航程(千米)：9070 最大业务载重(千克)：100115 长度(米)：63.7
波音 B787(12架)	经济巡航速度(千米/时)：900 最大航程(千米)：15200 最大业务载重(千克)：N.A. 座位数(座)：228 长度(米)：57.0
波音 B757(19架)	经济巡航速度(千米/时)：850 最大航程(千米)：8760 最大业务载重(千克)：24500 座位数(座)：197 长度(米)：39.5
波音 B737 系列(263架)	经济巡航速度(千米/时)：820 最大航程(千米)：6100 最大业务载重(千克)：14500 座位数(座)：164 长度(米)：39.5
E190(25架)	经济巡航速度(千米/时)：840 最大航程(千米)：4260 最大业务载重(千克)：13080 座位数(座)：98~114 长度(米)：36.24

图 2-14　2014 年中国南方航空股份有限公司机队规模

(三) 中国东方航空股份有限公司

中国东方航空股份有限公司简称东航。东航总部位于上海，是我国三大国有骨干航空运输集团之一。东航超过 550 架的机队构建了以上海为核心枢纽，通达世界 187 个国家和地区、1052 个目的地的航空运输网络，年服务旅客 8000 余万人，机队规模、旅客运输量等多项运营指标跨入全球航空公司 10 强。

空客 A330 是东航拓展中远程航线的主力机型。东航还运营着近 230 架单通道的空客 A320 型系列飞机，空客机队总数达 282 架，是拥有最大空客机队的中国航空公司。近年来，东航致力于打造世界一流的航空运输企业，十分注重对现有机型结构的优化升级。随着国际化进程的加快，东航面向欧美市场启动"太平洋计划"和"欧洲计划"，落实"一带一路"国家战略，以上海、北京、西安、昆明为节点，进一步优化航线网络，打造空中丝绸之路。上海作为东航空中丝绸之路的核心节点，3 小时内的飞行半径可以覆盖国内主要城市和整个日韩地区，6 小时飞行半径可以有效覆盖整个东南亚地区。东航持续引进空客 330 型飞机,在上海虹桥国际机场和浦东国际机场、北京首都国际机场、昆明长水国际机场等地布局空客 330 运营基地,发挥该机型可以执行从 30 分钟至 14 小时各类航线的特点,重点发力国内主要干线和飞向欧洲、大洋洲、中东地区、东南亚等国际中远程航线,为更多旅客提供彰显"世界品位,东方魅力"的航空服务。具体航线点如图 2-15 及图 2-16 所示。

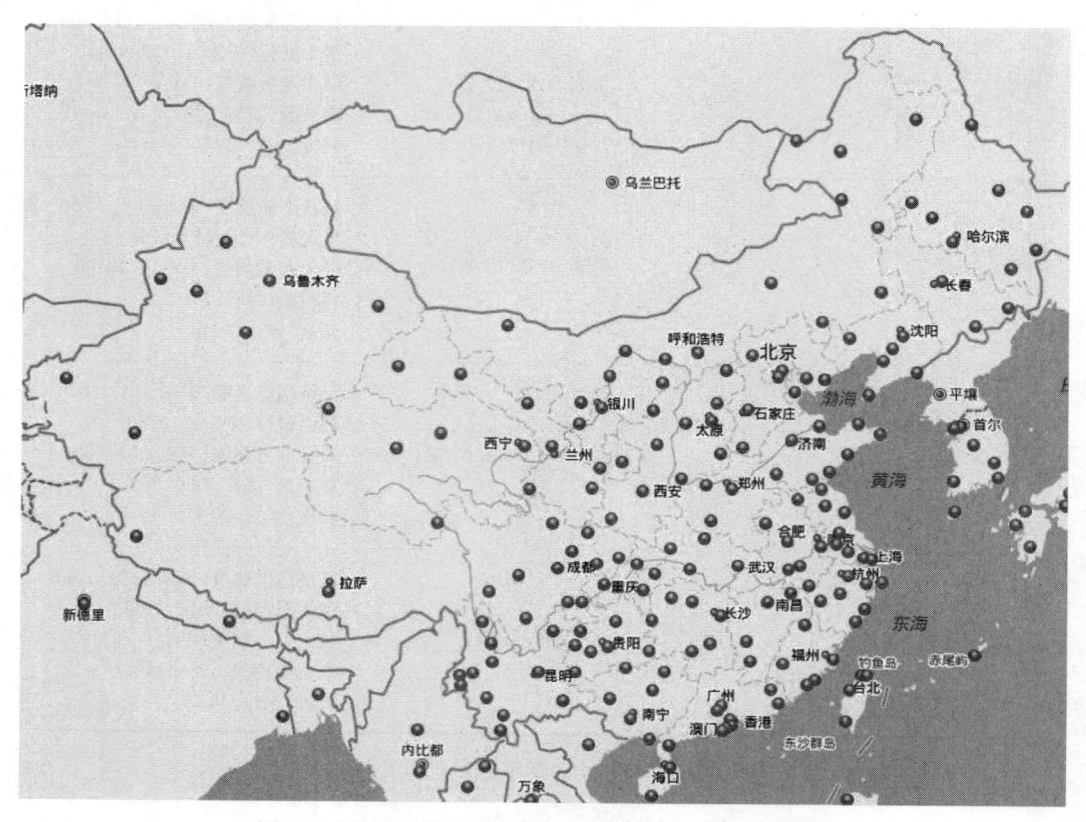

图 2-15 中国东方航空股份有限公司部分航点示意图

2009 年以来,东航集团以全新姿态迎来新的发展,荣膺"中国民航飞行安全五星奖"、荣登《财富》杂志"最具创新力中国公司 25 强",被国际品牌机构 WPP 评为"中国最具价值品牌 50 强",并排名靠前,连续三年累计赢利过百亿,净资产回报率位列央企前列。

2014 至 2015 年东航推出的主要优惠产品有以下几种:"陪伴旅行",这是一款东航公司专为独自出行且行程中需提供协助的旅客提供机场接送机、引导、登机、协助填写各类单据等陪伴服务的产品;"体验磁悬浮",购买指定航班机票的同时可获赠上海浦东机场磁悬浮车票兑换券一张(仅限单程使用),旅客可凭兑换券于磁悬浮车票购票点换取车票;"畅行专享",这是一款为东航国际远程两舱旅客免费提供豪华轿车接送机服务的高端增值产品;"隔夜中转",即凡是全程乘坐东航指定航班到达上海浦东/虹桥机场、西安咸阳机场、昆明长水机场、北京南苑机场任一机

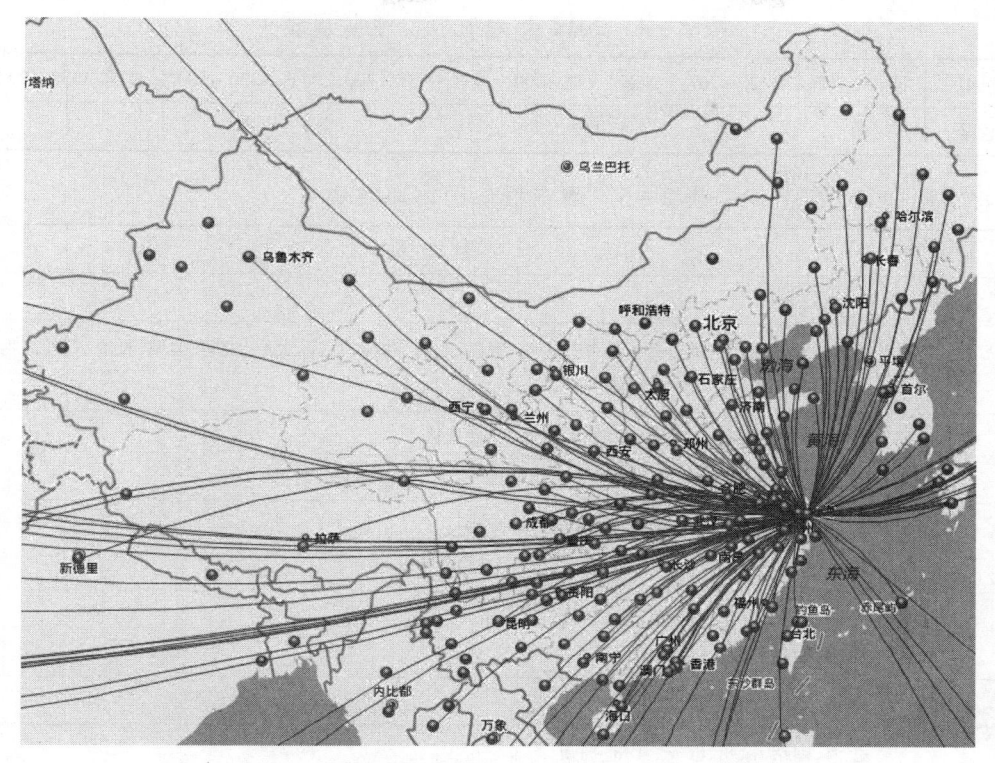

图2-16　中国东方航空股份有限公司以上海为始发站的部分航线示意图

场,并于24小时内转接次日东方航空或上海航空最早可利用航班的旅客,只要通过特定渠道购买隔夜中转产品即有机会获赠一晚酒店住宿,隔夜中转产品包含全程隔夜中转机票、一晚免费酒店住宿以及酒店与机场之间的免费接送机服务;"空巴通"和"空铁通"东航航班与多地机场巴士和高铁双向联运,出行更便捷,机票、车票一站式购买,总价更优惠;"市区景点游",其主要服务内容有观光游览、休闲服务、地面交通配套服务以及机场特服等,目前主要在上海、西安、昆明三地提供产品,旅客根据所购机票的航线、舱位、价格等因素可在约30余项产品或服务中免费获赠其中一项。此外,还有"U+随享""港澳台套票""国际特惠套票"等优惠项目。

(四)海南航空股份有限公司

海南航空股份有限公司简称海航股份,是海南航空集团下属航空运输产业集团的龙头企业。起步于中国最大的经济特区海南省,致力于为旅客提供全方位无缝隙的航空服务。

海航股份拥有波音B737、B787系列和空客A330系列为主的年轻豪华机队,适用于客运和货运飞行,为旅客打造独立空间的优质头等舱与宽敞舒适的全新商务舱。截至2015年,共运营飞机158架,其中主力机型为波音B737型客机,如表2-4所列。海航股份国内通航城市和国际通航城市详见表2-5和表2-6。

表 2-4　2014 年海航股份机队规模

机型	波音-787	波音-767	波音-737-800	波音-737-700	空客 A330-300	空客 A330-200
数量	10	3	119	6	11	9

表 2-5　海南股份国内通航城市

地区	航空港
海南	海口、三亚
华北	北京、天津、唐山、秦皇岛、石家庄、济南、青岛、东营、潍坊、临沂、太原、大同、运城、长治、呼和浩特、包头、乌海、巴彦淖尔、乌兰浩特
东北	沈阳、大连、锦州、长春、哈尔滨、齐齐哈尔、佳木斯、牡丹江、海拉尔、满洲里、通辽
西北	西安、延安、榆林、兰州、银川、西宁、乌鲁木齐、喀什、库尔勒、阿克苏
中南	郑州、武汉、宜昌、襄阳、长沙、南昌、广州、深圳、南宁、桂林、百色、福州、厦门
西南	成都、重庆、九寨、贵阳、昆明
华东	上海、南京、徐州、淮安、常州、扬州、杭州、宁波、温州、合肥
台湾	台北

表 2-6　海南股份国际通航城市

地区	航空港
亚洲	新加坡、曼谷、普吉、马累、阿拉木图、巴厘岛
欧洲	巴黎、布鲁塞尔、柏林、莫斯科、圣彼得堡、伊尔库茨克、赤塔
美洲	西雅图、多伦多、芝加哥、波士顿

海南自开航以来，连续安全运营近 22 年，保持了良好的安全记录，服务赢得广大旅客和民航业界的一致认可，2014 年 10 月和 12 月，分别荣获 2014 年度世界旅游大奖（WTA）"2014 亚洲级最佳商务舱"奖项和"2014 年世界最佳商务舱"奖项。2015 年 1 月 27 日入围国际著名品牌咨询评估机构 BRANDZ 评选的最具价值中国品牌 100 强。自 2011 年起至 2016 年，海南凭借高品质的服务水平及持续多年的服务创新，连续六次荣膺 SKYTRAX 全球五星级航空公司。同时第五次荣获 SKYTRAX "中国地区最佳航空公司"和"中国地区最佳员工服务"两项大奖。

近年来，海航股份推出的促销产品主要有"空铁联程，一步即达"活动，搭乘海南航空北京至多伦多、布鲁塞尔或柏林境内始发航班即可免费预订指定城市的免费往返车票;"华北出港体验头等舱"的免费升舱活动,在活动期间(黄金周除外)华北区域出港 Y 舱全价客票的旅客,在航班起飞前一天 A 舱开放时允许免升舱差价升至 A 舱,同时享受空中和地面头等体验服务待遇;与境内推出"空地畅行"产品,预订海航欧、美、俄国际航线客票,可享受由航班始发地周边部分城市中转至始发地的往返铁路费用报销及部分航空客票费用报销服务,铁路客票与海航使用国际航班客票衔接间隔需在 48 小时内。此外,还有"空巴联运""专享车接送机""超值往返,非同凡享"等优惠产品服务。

(五) 维珍航空大西洋航空公司

英国维珍大西洋航空公司(Virgin Atlantic Airways)简称维珍航空。成立于 1984 年,是英国第二大国际航空公司,以其一贯的高品质服务及勇于创新理念闻名遐迩,其航线遍及世界各大主要城市。维珍航空是维珍集团的附属公司之一,维珍集团拥有其 51% 的股权,新加坡航空公司则拥有 49% 的股权。维珍航空提出的经营目标是"为所有客舱乘客提供最高品质、最超值的服务"。从一开始就致力于以客户为中心,不断推出别具一格或引领潮流的服务产品。

维珍航空以伦敦的盖特威克机场和希思罗机场为基地,其航线遍及世界各大主要城市。在 2002 年,维珍航空成为全球首个使用空客 A340-600 客机的航空公司,在 2008 年 2 月 24 日,维珍航空的其中一架波音 B747 的其中一台发动机使用生物燃料驱动,成为全球首个使用生物燃料驱动的客机。目前主要使用的是波音 B747 以及空客 A340 型飞机,还有六架空客 A380 型飞机。

维珍航空以勇创跨大西洋航线闻名,如今穿梭于世界 20 个城市,跨越地球两端的上海和加勒比海地区。伦敦至纽约是维珍航空的处女航线。至今仍然很受欢迎。每天都有航班飞往肯尼迪和纽沃克机场。维珍航空的航线中,飞往美国的最多,共有九条。1980 年,英航开通了伦敦到北京的航班,目前每周有六班自伦敦希斯罗机场到北京的直飞航班,机型为波音 B777 型客机。2005 年 6 月 1 日,上海继香港和北京之后,成为英航在中国通航的第三个城市,目前每周有五个班次,从伦敦希斯罗机场发出,机型为波音 B777 型客机。

维珍航空的航班飞往全球 206 个目的地,其中 113 个在英国境内和欧洲,93 个在世界其他地方。平均每天有 1182 架航班起飞。在维珍航空由 290 架飞机组成的机队之中有 43 架波音 B777 型飞机。

维珍航空每架班机均设有加固型驾驶舱门和闭路电视监控系统,并在机场内使用旅客特征分析等手段,以提高安全系数。维珍航空为商务旅客提供头等机舱的服务质量及各项设施。商务客位的座椅选用头等机舱的紧贴型座椅,座位间距达 139~152 厘米,使长途旅行的乘客得到更宽敞舒适的空间。座椅上的头枕可按需要调校,而脚踏更可透过电子控制器调节位置。航机上餐食的质量能与任何高级餐馆相比。

（六）新加坡航空公司

新加坡航空公司，简称新航，马来语：Syarikat Penerbangan，是新加坡的国家航空公司。新航运营的枢纽机场在新加坡樟宜机场，在东南亚、东亚、南亚和"袋鼠航线"拥用强大的市场。该公司还经营跨太平洋航线，包括使用空客 A340-500 营运的全球最长的两条直航航班：新加坡—纽约和新加坡—洛杉矶（目前这两条已经停止运营，但是新航表示如果有合适的机型，不排除重启这两条航线的可能）。

截至 2016 年 5 月 31 日，新航拥有一支由 103 架客机组成的现代化机队，平均机龄为 7 年 3 个月。新航作为星空联盟的一员，是全球第一家运营世界最大客机空客 A380 的航空公司。新航最新的客机产品广泛应用于中国飞往新加坡的各条航线。新航集团飞行网络遍及全球 40 多个国家及地区的 122 个目的地。目前，新航每天四班自北京、每天三班自上海、每天二班自广州直飞新加坡。乘坐这些航班的旅客均可方便、快捷地当天自新加坡续程前往东南亚、澳大利亚、新西兰、西亚、非洲、欧洲、北美洲和南美洲的众多目的地。新航集团子公司胜安航空公司另有每周多次航班自深圳、厦门、昆明、成都、重庆、长沙、武汉飞往新加坡，如图 2-18 所示。

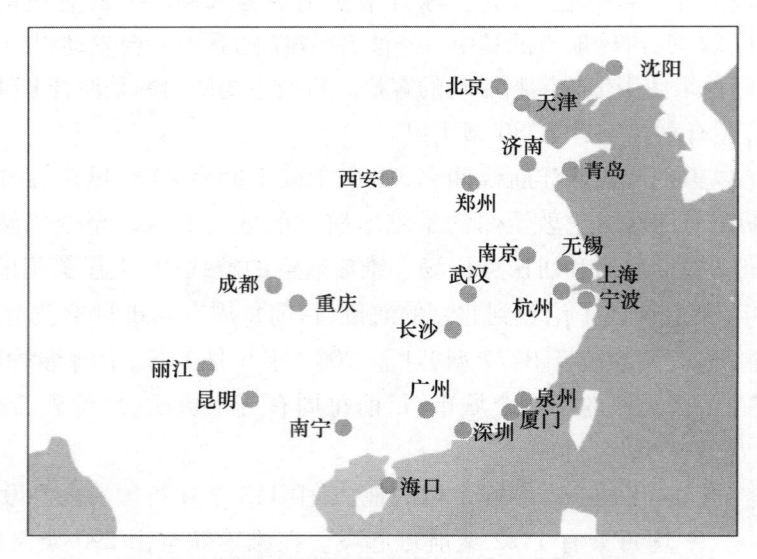

图 2-17　2016 年新加坡航空公司及其子公司在中国航点示意图
（图片来源：新加坡航空公司官网）

新航非常重视中国市场，飞中国的航班使用波音 B777-200、波音 B777-300ER、空客 A380-800、空客 A330-300 等机型。部分客机经过改装，可以为旅客提供全新的客舱产品，能够为旅客带来更加舒适、便捷的飞行体验。

新航广受赞誉的"银刃世界"个人机舱娱乐系统可提供 1000 多种娱乐选择，为乘客枯燥的空中时光增添了无限的乐趣，他们可以享受到时下流行的电影、电视节目、互动游戏、音频CD、广播主持节目,以及多种学习节目。"银刃世界"还首次引进办公应用软件,即使没有个人计算机的乘客也可在空中旅途中继续工作。新航"国际烹饪顾问团"由屡获佳奖的世界名厨组成,为乘客提供精选的佳肴,全新的菜单仅在新航班机上独家供应。为使机上美食更臻完美,新航还特别提供由"新航品酒顾问团"亲自精选的各款佳酿供乘客佐餐。

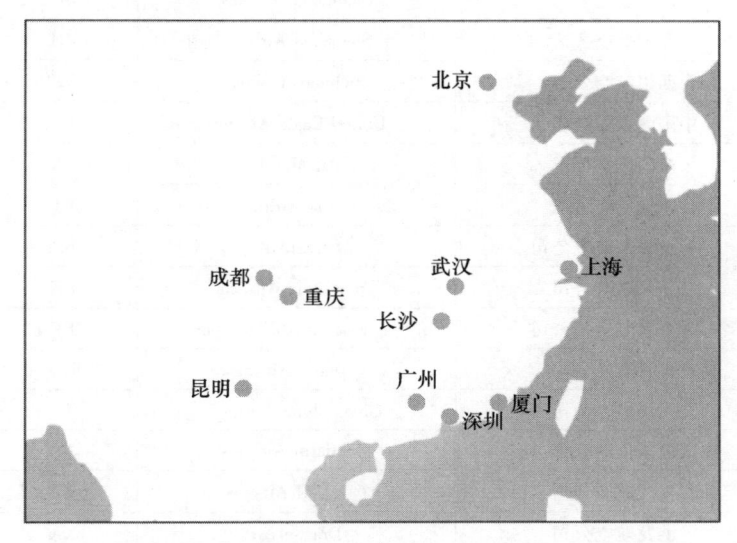

图2-18 2016年新加坡航空公司和胜安航空在中国航点示意图
（图片来源：新加坡航空公司官网）

新航的头等及商务客舱旅客可以在出发前24小时享用Book the Cook服务,从指定餐牌内的20款菜式中挑选心动美食,满足其个性化需求。

【知识链接】

航空公司两字代码是航空公司在国际航空运输协会(IATA)注册的代号,在销售系统中代表各自的公司。

1. 亚洲地区的航空公司名称及代码

国家	中文名	英文名	二字代码	数字码
中国	中国国际航空公司	Air China	CA	999
	中国南方航空公司	China Southern Airlines	CZ	784
	中国东方航空公司	China Eastern Airlines	MU	781
	厦门航空公司	Xiamen Airlines	MF	731
	上海航空公司	Shanghai Airlines	FM	774
	海南航空有限公司	Hainan Airlines	HU	880
	中国货运航空公司	China Cargo	FN	

(续)

国家	中文名	英文名	二字代码	数字码
中国	中国邮政航空公司	China Postal Airlines	FR	
	中国联合航空公司	China United Airlines	KN	
	中国奥凯航空公司	Okay Airways	BK	
	山东航空公司	Shandong Airlines	SC	
	深圳航空公司	Shenzhen Airlines	ZH	
	四川航空公司	Sichuan Airlines	3U	
	中国鹰联航空公司	United Eagle Airlines	EU	
中国澳门	澳门航空公司	Air Macau	NX	675
中国台湾	中华航空公司	China Airlines	CI	297
	台湾长荣航空公司	Eva Air	BR	695
	复兴航空公司	Trans-Asia Airways	GE	170
	远东航空运输公司	Far Eastern Air Transport	EF	265
	永兴航空公司	Formosa Airlines	HU	
	大华航空公司	Great China Airlines	IF	
	台湾华信航空公司	Mandarin Airlines	AE	
	立荣航空公司	UNI Air	B7	
中国香港	港龙航空公司	Dragon Air	KA	43
	国泰航空公司	Cathay Pacific Airways	CX	160
	香港航空货运公司	Air Hong Kong	LD	288
	中富航空公司	CR Airways	CR	
	港联航空公司	Hong Kong Express	M3	
阿富汗	阿里亚纳阿富汗航空公司	Ariana Afghan Airlines	FG	
阿拉伯联合酋长国	阿联酋航空公司	Emirates Airlines	EK	176
	半岛航空公司	Air Arabia	4J	
阿曼	阿曼航空公司	Oman Air	WY	910
阿塞拜疆	阿塞拜疆航空公司	Azalavia / Azerbaijan Airlines	J2	771
巴基斯坦	巴基斯坦国际航空公司	PIA Pakistan Internationa Airlines	PK	214
巴林	亚洲国际航空公司	Aero Asia International	E4	
	海湾航空公司	Gulf Air	GF	72
朝鲜	朝鲜航空公司	Air Koryo	JS	120
鞑靼斯坦	鞑靼斯坦航空公司	Tatarstan Airlines		
菲律宾	菲律宾航空公司	PAL Philippine Airlines	PR	79
	阿博伊蒂兹航空运输公司	Aboitiz Air transport	BO	
菲律宾	菲律宾航空运输公司	Air Philippines	3G	
格鲁吉亚	奥比格鲁吉亚航空公司	Orbi Georian Airlines	NQ	819
	泰帆航空公司	Taifun	GIG	

52

（续）

国家	中文名	英文名	二字代码	数字码
哈萨克斯坦	哈萨克斯坦国际航空公司	Air Kazakhstan	K4	736
	阿斯塔纳航空公司	Air Astana	4L	
韩国	大韩航空公司	Korean Airlines	KE	180
	韩亚航空公司	Asiana Airlines	OZ	988
吉尔吉斯斯坦	吉尔吉斯斯坦航空公司	Kyrgyastan-EX	K2	
柬埔寨	柬埔寨王家航空公司	Royal Air Cambodge	VJ	
卡塔尔	卡塔尔航空公司	Qatar Airways	Q7	157
科威特	科威特航空公司	Kuwait Airways	KU	229
老挝	老挝航空公司	Lao Aviation	QV	627
黎巴嫩	中东航空公司	MEA Middle East Airlines	ME	76
	跨地中海航空公司	Trans-Mediterranean Airways	TL	270
马来西亚	马来西亚航空公司	Malaysia Airlines	MH	232
	亚洲航空公司	Airasia	AK	
	泛迈尔航空公司	Transmile Air Service	9P	
蒙古	蒙古航空公司	MIAT Mongolian Airlines	OM	289
孟加拉	孟加拉航空公司	BAMAN Bangladesh Airlines	BG	997
缅甸	缅甸航空公司	Myanmar Airways	UB	209
	缅甸巴干航空公司	Air Bagan	4S	
	缅甸联合航空公司			
尼泊尔	尼泊尔王家航空公司	Royal Nepal Airlines	RA	285
	尼泊尔航空公司	Nepal Airways	7E	
	尼昆航空公司	Necon Air	3Z	
日本	日本航空公司	Japan Airlines	JL	131
	全日本航空公司	ANA All Nippon Airways	NH	206
	日本航空系统公司	Japan Air System	JD	234
	日本亚洲航空公司	JAA	EG	688
	肯尼亚国际航空公司	KEENAIR	5Q	
	日本短途航空公司	Air Nippon	EL	
	全日空货运	ANA Cargo		205
	日航快运	JAL Express	N8	
	日本包机公司	Japan Air Charter	JZ	
	日本通勤航空公司	Japan Air Commuter	3X	
	日本跨洋航空公司	Japan TransOcean Air	NU	
	日本佳速航空货运	JAS	NB	
	日本货运航空公司	Nippon Cargo Airlines	KZ	
沙特阿拉伯	沙特阿拉伯航空公司	Saudi Arabian Airlines	SV	65

（续）

国家	中文名	英文名	二字代码	数字码
斯里兰卡	斯里兰卡航空公司	Air Lanka	UL	603
苏丹	苏丹航空公司	Sudan Airways	SD	200
塔吉克斯坦	塔吉克斯坦航空公司	Tajikistan Airlines	W5	735
泰国	泰国国际航空公司	Thai Airways International	TG	217
	曼谷航空公司	Bangkok Airways	PG	829
	安达曼航空公司	Air Andaman	4H	
	泰国东方航空公司	Orient Thai Airlines	T0	
哈萨克斯坦	哈萨克航空公司	Khazar Airlines	KHR	
土库曼斯坦	土库曼斯坦航空公司	Turkmenistan Airlines	TS	
文莱	汶莱皇家航空公司	Royal Brunei	BI	672
乌兹别克斯坦	乌兹别克斯坦航空公司	Uzbekistan Airways	HY	250
新加坡	新加坡航空公司	Singapore Airlines	SQ	618
	胜安航空公司	Silk Air	MI	629
亚美尼亚	亚美尼亚国际航空公司	Armenian International Airlines	R3	956
	亚美尼亚航空公司	Air Armenia	4K	
也门	也门航空公司	Yemen Airways	IY	635
伊拉克	伊拉克航空公司	Iraq Airways	LA	
伊朗	伊朗航空公司	Iran Air	IR	96
	伊朗航空公司旅游公司	Iran Air Tours	IRB	
	伊朗阿塞曼航空公司	Iran Asseman	Y7	
	基什航空公司	Kish Air	KN	
以色列	以色列航空公司	EL AL Israel Airlines	LY	115
	阿基亚以色列航空公司	Arkia Israel Airlines	IZ	
印度	印度航空公司	Air India	AI	98
	喷气机航空公司	Jet Airways	9W	508
	联盟航空公司	Alliance Airlines	CD	
	兴都杰货运航空服务公司	Hinduja Cargo Service	LH	
	印度国家航空公司	Indian Airlines	TC	
	喷气航空公司	Jet Airways（India）	NF	
	莫迪汉莎航空公司	Modiluft	M9	
	NEPC 航空公司	NEPC Airlines	D5	
	印度撒哈拉航空公司	Sahara India Airlines	S2	
印度尼西亚	印度尼西亚鹰航空公司	Garuda Indonesia Airways	GA	126
	梅帕蒂航空公司	Merpati Nusantara Airlines	MZ	621
	亚当航空公司	Adam Skyconnection	1A	
	印尼捷运航空公司	Airfast Indonesia	AFE	

(续)

国家	中文名	英文名	二字代码	数字码
印度尼西亚	印度尼西亚布拉克航空公司	Bouraq Indonesia Airlines	BO	
	曼达拉航空公司	Mandala Airlines	RL	
	佩利塔航空公司	Pelita Air Service	EP	
	沙璜包机公司	Sabang	SMC	
	森帕蒂航空公司	Sempati Air	SG	
约旦	约旦王家航空公司	Royal Jordanian Airlines	RJ	512
越南	越南航空公司	Vietnam Airlines	VN	738
	越南太平洋航空公司	Pacific Airlines	T5	

2. 非洲地区航空公司名称及代码

国家	中文名	英文名	二字代码	数字码
埃及	埃及航空公司	Egyptair	MS	77
	开罗航空公司	Air Cairo	4Z	
	石油航空服务公司	Petroleum Air Services	PAS	
埃塞俄比亚	埃塞俄比亚航空公司	Ethiopian Airlines	ET	71
安哥拉	安哥拉航空公司	TAAG-Angola Airlines	DT	118
	安哥拉包机公司	AAC Angola Air Charter	C3	
	环非国际航空公司	Transafrik International		
贝宁	贝宁航空公司	Aero Benin	1M	
博茨瓦纳	博茨瓦纳航空公司	Air Botswana	BP	636
布基纳法索	布基纳法索航空公司	Air Burkina	VH	226
布隆迪	布隆迪航空公司	Air Burundi	PB	919
佛得角	佛得角航空公司	TACV Cabo Verde Airlines	VR	
瓜德罗普	瓜德罗普航空公司	Air Guadeloupe	TX	427
吉布提	达洛航空公司	Daallo Airlines	D3	
几内亚	几内亚航空公司	Air Guinee	GI	93
加蓬	加蓬航空公司	Air Gabon	GN	185
津巴布韦	津巴布韦航空公司	Air Zimbabwe	UM	168
津巴布韦	津巴布韦快运航空公司	Zimbabwe Express Airlines	Z7	
喀麦隆	喀麦隆航空公司	Cameroon Airlines	UY	604
科尔迪瓦	非洲航空公司	Air Afrique	RK	92
肯尼亚	肯尼亚航空公司	Kenya Airways	KQ	706
	肯尼亚航空运输公司	Airkenya Aviation	QP	
	非洲鹰国际航空公司	International African Eagle	Y4	
利比亚	利比亚阿拉伯航空公司	Libyan Arab Airlines	LN	
毛里求斯	毛里求斯航空公司	Air Mauritius	MK	239

(续)

国家	中文名	英文名	二字代码	数字码
摩洛哥	摩洛哥王家航空公司	RAM Royal Air Maroc	AT	147
莫桑比克	莫桑比克航空公司	LAM	TM	68
南非	南非航空公司	South African Airways	SA	83
南非	商用航空公司	Commercial Airways	CAW	
南非	南非支线航空公司	SA Airlink Airlines	A4Z	
南非	南非快运航空公司	SA Express Airways	YB	
南非	南非货运航空公司	Safair Freighters	FA	
尼日利亚	尼日利亚航空公司	Nigeia Airways	WT	87
尼日利亚	弗拉什航空公司	Flash Airlines	7K	
尼日利亚	卡博航空公司	Kabo Air	KO	
尼日利亚	梅纳航空公司	Maina Air	MNI	
苏丹	苏丹航空公司	Sudan Airways	SD	200
坦桑尼亚	坦桑尼亚航空公司	Air Tanzania	TC	197
突尼斯	突尼斯航空公司	Tunisair	TU	199
突尼斯	突尼斯尼韦尔航空公司	Nouvelair Tunisie	BJ	
乌干达	联盟航空公司	Alliance Airlines	3A	317
扎伊尔	扎伊尔航空公司	Air Zaire	QC	207
扎伊尔	扎伊尔快运公司	Zaire Express	EO	
扎伊尔	扎伊尔航空运输公司	Zairean Airlines	ZAR	

3. 欧洲地区的航空公司名称及代码

国家	中文名	英文名	二字代码
爱尔兰	爱尔兰航空公司	Aer Lingus	EI
爱尔兰	瑞安航空公司	Ryanair	FR
爱尔兰	爱尔兰阿伦航空公司	Aer Arann	1I
爱尔兰	爱尔兰通勒航空公司	Aer Lingus Commuter	EI
爱尔兰	爱尔兰航空有限公司	Ireland Airways	EIX
爱尔兰	泛空中航空公司	Trans Aer	T8
爱沙尼亚	爱沙尼亚航空公司	Estonian Air	OV
爱沙尼亚	爱沙尼亚航空有限公司	EIK Airways	S8
奥地利	奥地利航空公司	Austrian Airlines	OS
奥地利	维也纳劳达航空公司	Lauda Air	NG
奥地利	蒂罗林航空公司	Tyrolean Airways	VO
白俄罗斯	欧洲航空运输公司	EAT European Air Transport	QY
白俄罗斯	白俄罗斯航空公司	Belair-Belarussian Airlines	BL
白俄罗斯	贝拉维亚白俄罗斯航空公司	Belavia-Belarussian Airlines	B2
白俄罗斯	德尔塔航空运输公司	DAT Delta Air Transport	DL

（续）

国家	中文名	英文名	二字代码
保加利亚	巴尔干保加利亚航空公司	Balkan Bulgarian Airlines	LZ
北欧	北欧航空公司	SAS Scandinavian Airlines System	SK
	北欧通勒航空公司	SAS Commuter	SK
北塞浦路斯	塞浦路斯土耳其航空公司	Kibris Turkish Airlines	YK
比利时	比利时航空公司	Sobelair	S3
	比利时世界航空公司	SABENA	SN
	维珍快运公司	Virgin Express	BQ
	维尔姆航空公司	VLM	VG
冰岛	冰岛航空公司	Icelandair	FI
	亚特兰大冰岛航空公司	Air Atlanta Icelandic	CC
波兰	波兰航空公司	LOT Polish Airlines	LO
波斯尼亚和黑塞哥维那	波黑航空公司	Air Bosna	4V
丹麦	马尔斯克航空公司	Maersk Air	DM
	辛伯航空公司	Cimber Air	QI
	格陵兰航空公司	Greenlandair	GL
	首要航空公司	Premiair	DK
	明星航空公司	Star Air	SRR
	斯特灵欧洲航空公司	Sterlines European Airlines	NB
德国	德国汉莎航空公司	Lufthansa	LH
	汉堡航空公司	Hamburg Airlines	HX
	劳埃德航空公司	Aero Lloyd	YP
	汉莎城市快运	Lufthansa Cityline	Q6
	柏林航空公司	Air Berlin	AB
	奥格斯堡航空公司	Augsburg Airways	IQ
	康多尔航空公司	Condor Flugdienst	DE
	康塔克特航空公司	Contact	3T
	德英航空公司	Deutsche BA	DL
	欧洲翼航空公司	Eurowings	EW
	德国客运包机公司	Germania	GM
	哈帕克·劳埃德航空公司	Hapag-Lloyd	HF
	温特内曼国际航空公司	LTU International Airways	LT
	汉莎货运航空公司	Lufthansa Cargo	GEC
	汉莎城市航空公司	Lufthansa CityLine	CLH
	韦德尔航空公司	WDL Aviation	WDL

(续)

国家	中文名	英文名	二字代码
俄罗斯	西伯利亚航空公司	Siberia Airlines	S7
	俄罗斯国际航空公司	Aeroflot Russian Internationa Airlines	SU
	普尔科沃航空公司企业	Aviation Enterprise Pulkovo	Z8
	多莫杰多沃航空公司	Domodedovo Airlines	HN
	顿河航空公司	Donavia	D9
	环空航空公司	Transaero Airlines	UN
	秋明航空公司	Tyumen Airlines	7M
	海参威航空公司	Vladivostok Air	
	伏努科沃航空公司	Vnukovo Airlines	V5
	伏尔加·第聂伯货运航空公司	Volga-Dnepr Cargo Airlines	VI
法国	法国航空公司	Air France	AF
	滨海航空公司	Air Littoral	FU
	不列特航空公司	Brit Air	DB
	阿祖尔天鹰座航空公司	Aigle Azur	4C
	奥斯特拉尔航空公司	Air Austral	4R
	波旁航空公司	Air Bourbon	4X
	欧洲空中客车工业公司	Airbus Industrie	9U
	邮政航空公司	Aeropostale	ARP
	包机公司	Air Charter	SF
	法国欧洲航空公司	Air FranCE Europe	IT
	自由航空公司	Air Liberte	VO
	图卢兹国际航空公司	Air Toulouse International	SH
	乌特雷默法国航空公司	AOM French Airlines	IW
	科西嘉国际航空公司	Corse Air International	SS
	科西嘉地中海航空公司	Corse Mediterranee	XK
	欧拉尔国际航空公司	Euralair International	RN
	弗兰德航空服务公司	Flandre Air Service	LX
	法国地区航空公司	Regional Airlines	VM
	欧洲跨地区航空公司	TAT	IJ
芬兰	芬兰航空公司	Finnair	AY
荷兰	荷兰马丁航空公司	Martinair Halland	MP
	荷兰皇家航空公司	KLM Royal Dutch Airlines	KL
	荷兰包机航空公司	Air Holland Charter	GG
	荷兰皇家城市短途航空公司	KLM City Hopper	KL
	施莱纳航空公司	Schreiner Airways	AW
	泛航航空公司	Transavia Airlines	HV

（续）

国家	中文名	英文名	二字代码
捷克	俄斯特拉发航空公司	Air Ostrava	8K
	捷克航空公司	Czech Airlines	CK
克罗地亚	克罗地亚航空公司	Croatia Airlines	OU
拉脱维亚	波罗的海航空公司	Air Baltic	BT
立陶宛	立陶宛航空公司	Lithuanian Airlines	TE
卢森堡	卢森堡航空公司	Luxair	LG
	卢森堡国际货运航空公司	Cargolux Airlines International	CV
罗马尼亚	罗马尼亚航空公司	TAROM Transporturile Aeriene Romane	RO
	DAC航空公司	DAC Air	GCP
	罗马尼亚空运公司	Romavia Romanian Aviation Company	VQ
马耳他	马耳他航空公司	Air Malta	KM
马其顿	马其顿航空公司	Palair Macedonian	3D
	马其顿进出口贸易航空公司	Avioimpex Makedonija Airways	M4
挪威	布拉森斯南美和远东空运公司	Braathens South American & Far East Air Transport	BU
	维德勒航空公司	Wideroe	WF
	弗雷德奥尔森空运公司	Frrd Olsen"s Air Transport	FO
葡萄牙	葡萄牙航空公司	TAP Air Portugal	TP
	葡萄牙航空运输公司	Portugalia Airlines	NI
	亚速尔航空公司	SATA Air Acores	SP
	葡萄牙空运公司	Portugalia	NI
瑞典	泛瑞典航空公司	Transwede Airways	TQ
	瑞典航空公司	Air Sweden	PT
	欧洲北方航空公司	Nordic European	N7
	天空之路航空公司	Skyways	JZ
	太阳之路航空公司	Sunways Airlines	SWY
	泛瑞典休闲航空公司	Transwede Leisure	TQ
瑞士	瑞士航空公司	Swissair	SR
	瑞士国际航空公司	SWISS	LX
	英基阿地纳航空公司	Air Engiadina	RQ
	法纳航空运输公司	Famner Air Transport	FAT
	瑞士环欧洲航空公司	TEA Switzerland	BH
萨尔瓦多	塔卡国际航空公司	TACA International Airlines	TA
塞尔维亚	南斯拉夫航空运输公司	JAT Yugoslav Airlines	JU
塞浦路斯	塞浦路斯航空公司	Cyprus Airways	CY

59

(续)

国家	中文名	英文名	二字代码
斯洛伐克	亚德里亚航空公司	Adria Airways	JP
	塔特拉航空公司	Tatra Air	QS
乌克兰	乌克兰国际航空公司	Ukraine International Airlines	PS
	乌克兰航空公司	Air Ukraine	6U
	空中世界航空公司	Aerosvit Airlines	3N
	安东诺夫航空公司	Antonov Airlines	BG
	安东诺夫设计局	Antonov Design Bureau	ADB
乌兹别克斯坦	乌兹别克斯坦航空公司	Uzbekistan Airways	HY
西班牙	西班牙航空公司	Iberia Airlines	IB
	西班牙商业航空公司	Aviaco	AO
	斯潘航空公司	Spanair	JK
	西班牙欧洲航空公司	Air Europa Lineas Aereas	5S
	诺斯特鲁姆航空公司	Air Nostrum	YW
	特拉克斯航空公司	Air Track	ZH
	加那利航空公司	Binter Canarias	NT
	地中海航空公司	Binter Mediterraneo	AX
	富图拉国际航空公司	Futura International Airways	FH
	绿洲国际航空公司	Oasis International Airlines	OB
	泛空货运航空公司	Pan Air	PA
	维瓦航空公司	Viva Air	FV
希腊	奥林匹克航空公司	Olympic Airways	OA
	奥林匹克航空公司	Olympic Aviation	7U
	维纳斯航空公司	Venus airlines	V4
匈牙利	匈牙利航空公司	Malev	MA
意大利	意大利航空公司	Alitalia	AZ
	多洛米蒂航空公司	Air Dolomiti	EN
	一号航空公司	Air One	AP
	意大利欧洲航空公司	Air Europe Italy	PE
	意航快运	Alitalia Express	AP
	欧洲飞行航空公司	Eurofly	EEZ
	默里迪恩纳航空公司	Meridiana	IG

60

（续）

国家	中文名	英文名	二字代码
英国	英国航空公司	British Airways	BA
	联合王国航空公司	Air UK	UK
	英国中部航空公司	British Midland Airways	BD
	亨廷货运航空公司	Hunting Cargo Airlines	AG
	维珍航空公司	Virgin Atlantic Airways	VS
	2000航空公司	Air 2000	DP
	大西洋航空公司	Air Atlantique	NL
	欧洲航空公司	Air Europe	5T
	福伊尔航空公司	Air Foyle	GS
	福伊尔包机	Air Foyle Charer Airlines	GS
	国际旅游航空公司	Airtours International	VZ
	世界航空公司	Airworld	RL
	奥尔德尼航空服务公司	Aurigny Air Services	GR
	BAC快运航空公司	BAC Express Airlines	RPX
	大不列颠航空公司	Britannia Airways	BY
	英航货运	British Airways Cargo	E9
	英航快运公司	British Airways Express	BA
	英国国际直升机公司	British International Helicopters	UR
	英国地区航空公司	British Regional Airlines	BA
	英国世界航空公司	British World Airlines	VF
	布赖蒙航空公司	Brymon Airways	BA
	商业航空公司	Business Air	II
	海峡快运公司	Channel Express	LS
	城市航空快运公司	CityFlyer Express	FD
	喀里多尼亚航空公司	Crledonian Airways	KG
	德邦航空公司	Debonair	2G
	伊西喷气机航空公司	Easyjet Airlines	U2
	欧洲航空公司包机公司	European Aviation Air Charter	EAF
	全胜航空公司	Flying Colours Airlines	FLY
	直布罗陀航空公司	GB Airways	GBL
	吉尔航空公司	Gill Airways	9C
	GO航空公司	GO Airways	
	重型货运航空公司	Heavylift Cargo Airlines	NP
	泽西欧洲航空公司	Jersey European Airways	JY
	荷兰皇家/联合王国航空公司	KLMuk	UK
	休闲国际航空公司	Leisure Intenational Airways	ULE

61

(续)

国家	中文名	英文名	二字代码
英国	洛根航空公司	Loganair	LC
	梅尔斯克航空公司	Maersk Air	MSK
	曼克斯航空公司	Manx Airlines	JE
	MK 航空公司	MK Airlines	7G
	君主航空公司	Monarch Airlines	ZB
	萨克林航空公司	Sucklines Airways	CB
	泰坦航空公司	Titan Airways	T4
	天地国际航空服务公司	TNT International Aviation Services	NTR

4. 北美洲地区航空公司名称及代码

国家	中文名	英文名	二字代码
加拿大	加拿大航空公司	Air Canada	AC
	加拿大国际航空公司	Canadian Airlines International	CP
	不列颠哥伦比亚航空公司	Air BC	ZX
	阿莱恩斯航空公司	Air Alliance	3J
	加拿大大西洋航空公司	Air Atlantic	9A
	俱乐部国际航空公司	Air Club International	HB
	克里北克航空公司	Air Creedec	YN
	伊努伊特航空公司	Air Inuit	3H
	拉布拉多航空公司	Air Labrador	WJ
	马尼托巴航空公司	Air Manitoba	7N
	诺瓦航空公司	Air Nova	QK
	安大略航空公司	Air Ontario	GX
	跨大西洋航空公司	Air Transat	TS
	平静航空公司	Calm Air	MO
	加拿大 3000 航空公司	Canada 3000 Airlines	2T
	加拿大航空公司合伙公司系统	Canadian Partner	
	加拿大支线航空公司	Canadian Regional Airlines	KI
	科尼夫航空公司	Conifair	QN
	第一航空公司	First Air	7F
	基洛纳包机公司	Flightcraft	KF
	加拿大国内航空公司	Inter-Canadien	QB
	米拉德航空公司	Millardair	MAB
	皇家航空公司	Royal Ailines	QN
	西方喷气机航空公司	West jet	M3

(续)

国家	中文名	英文名	二字代码
美国	美利坚航空公司	American Airlines	AA
	大陆航空公司	Continental Airlines	CO
	达美航空公司	Delta Air Lines	DL
	西北航空公司	Northwest Airlines	NW
	环球航空公司	TWA Trans World Airlines	TW
	美国联合航空公司	United Airlines	UA
	联邦快运公司	Federal Express（FedEX）	FX
	阿拉斯加航空公司	Alaska Airlines	AS
	合众国航空公司	US Airways（USAir）	US
	夏威夷航空公司	Hawaiian Airlines	HA
	阿洛哈航空公司	Aloha Airlines	AQ
	美国西部航空公司	America West Airlines	HP
	箭航空公司	Arrow Air	JW
	联合包裹服务公司	UPS United Parcels Service	5X
	敦豪航空公司	DHL Airways	ER
	地平线航空公司	Horizon Air	QX
	精神航空公司	Spirit Airlines	NK
	西南航空公司	Southwest Airlines	WN
	航空货运公司	Air Cargo Carriers	UN
	南方航空公司	Air South Airlines	WV
	国际航空运输	Air Transport International	8C
	威斯康星航空公司	Air Wisconsin	ZW
	圣地航空公司	AirB Resorts Airlines	AR
	航空快运公司	Airborne Express	GB
	空运公司	AirTran Airlines	J7
	航空运输公司	AirTran Airways	FL
	阿勒洛尼通勤航空公司	Allegheny Commmuter	ED
	美国西方快运	America West Express	HP
	美利坚鹰航空公司	American Eagle	AA
	亚美利加国际航空公司	American International	CB
	环美航空公司	American Trans Air	TZ
	美国国际喷气机公司	Amerijet International	JH
	大西洋东南航空公司	ASA Atlantic Southeast Airlines	EV
	大西洋海岸航空公司	Atlantic Coast Airlines	DH
	阿特拉斯航空公司	Atlas Air	5Y
	巴龙航空服务公司	Baron Aviation Services	BVN

（续）

国家	中文名	英文名	二字代码
美国	布鲁克斯燃油公司	Brooks Fuel	
	伯林顿航空快运公司	Burlington Air Express	8W
	商业快运公司	Business Express	SW
	夏洛特航空公司	CC Air	ED
	肖托夸航空公司	Chautauqua Airlines	CHQ
	大陆快运公司	Continental Express	CO
	社团航空公司	Corporate Air	DN
	埃默里世界航空公司	Emery Worldwide Airlines	EB
	帝国航空公司	Empire Airlines	EM
	纪元航空公司	Era Aviation	7H
	常青国际航空公司	Evergreen International Airlines	EZ
	埃弗特航空公司运油公司	Everts Air Fuel	
	公务航空公司	Executive Airlines	AA
	捷运航空公司	Express Airlines	9E
	捷运1号国际航空公司	Express One Interational	EO
	法恩航空公司	Fine Airlines	FB
	旗舰航空公司	Flagship Airlines	AA
	佛罗里达海湾航空公司	Floridagulf Airlines	US
	四星货运航空公司	Four Star Air Cargo	HK
	边疆航空公司	Frontier Airlines	F9
	大美利坚航空公司	Great American Airways	MV
	大湖航空公司	Great Lakes Aviation	ZK
	湾流国际航空公司	Gulfstream International Airlines	3M
	小鹰航空公司集团	Kitty Hawk Group	KR
	基维国际航空公司	Kiwi International Airlines	KP
	马哈罗航空公司	Mahalo Air	8M
	梅萨航空公司集团	Mesa Air Group	YV
	迈阿密国际航空公司	Miami Air International	GL
	中途航空公司	Midway Airlines	JI
	中西部捷运航空公司	Midwest Express Airlines	YX
	米隆航空公司	Million Air	OX
	西山航空公司	Mountain West Airlines	YV
	北方货运航空公司	Northern Air Cargo	HU
	泛美航空公司	PanAm	KW
	极乐岛航空公司	Paradise Island Aielines	PDI
	皮德蒙特航空公司	Piedmont Airlines	US

（续）

国家	中文名	英文名	二字代码
	北极货运航空公司	Polar Air Cargo	PO
	太平洋西南航空公司	PSA Airlines	US
	里夫阿留申航空公司	Reeve Aleutian Airways	RV
	名誉航空公司	Renown Aviation	RG
	瑞安国际航空公司	Ryan International Airlines	HS
	联合短途航空公司	Shuttle by United	UA
	塞拉太平洋航空公司	Sierra Pacific Airlines	SI
	西蒙斯航空公司	Simmons Airlines	AA
	天西航空公司	Skywest Airlines	XM
	南方航空运输公司	Southern air Transport	SJ
	阳光地区航空公司	Sun Country	SY
	托尔航空服务公司	Tolair Services	TOL
美国	宝塔航空公司	Tower Air	FF
	环链航空公司	Trans Air Link	TY
	跨洲航空公司	Trans States Airlines	9N
	联合快运公司	United Express	UA
	合众国短途航空公司	US Airways Shuttle	TB
	美国喷气机航空公司	USA Jet Airlines	U7
	先锋航空公司	Vanguard Airlines	NJ
	子爵航空服务公司	Viscount Air Service	VCT
	西太平洋航空公司	Western Pacific Airlines	W7
	西翼航空公司	Wings West Airlines	AA
	世界航空公司	World Airways	WO
	赞托普国际航空公司	Zantop International Airlines	VK
	阿拉斯加中央快运	Alaska Central Express	AH
	东南大西洋航空公司	Atlantic Southeast Airlines	C6
	墨西哥国际航空公司	Mexicana	MX
	墨西哥航空公司	Aeromexico	AM
	大湖航空公司	Aeromar	VW
墨西哥	加利福尼亚航空公司	Aero California	JR
	加勒比航空公司	Aerocaribe	QA
	墨西哥空运公司	Aeroexo	SX
	利托罗尔航空公司	Aerolitoral	5D
	墨西哥联运航空公司	Aeromexpress	3F

5. 中美洲地区航空公司名称及代码

国家	中文名	英文名	二字代码	数字码
安提瓜	背风群岛航空公司	LLAT	LI	140
	海绿航空运输公司	Seagreen Air Transport	ES	
巴拉圭	巴拉圭航空公司	LAPSA Air Paraguay	PZ	705
巴哈马	巴哈马航空公司	Bahamasair	UP	111
多米尼加共和国	多米尼加航空公司	Dominicana	DO	113
哥斯达黎加	哥斯达黎加航空公司	LACSA	LR	133
古巴	古巴统一航空公司	Cubana	CU	136
	古巴航空公司	Cubana de Aviacion	GW	
	古巴加勒比航空公司	Aero Caribbean	CRN	
瓜德罗普	瓜德罗普航空公司	Air Guadeloupe	TX	427
萨尔瓦多	塔卡国际航空公司	TACA International Airlines	TA	202
特立尼达和多巴哥	英国西印度国际航空公司	BWIA International Airways	BW	106
危地马拉	危地马拉航空公司	Aviateca	GU	240

6. 南美洲地区航空公司名称及代码

国家	中文名	英文名	二字代码	数字码
阿根廷	奥斯特拉尔航空公司	Austral Lineas Aereas	AU	
	阿根廷航空公司	Aerolineas Argentinas	AR	44
	阿根廷航空运输公司	LAPA	MJ	
巴拉圭	巴拉圭航空公司	LAPSA Air Paraguay	PZ	705
巴西	瓦力格航空公司	Varig	RG	42
	圣保罗航空公司	VASP	VP	343
	伊塔佩米林航空运输公司	ITA-Itapemirim	IT	
	诺德斯特航空公司	Nordeste	JH	
	里奥南部地区航空服务公司	Rio-Sul	SL	
	亚马逊航空公司	TABA	T2	
	巴西地区空运公司	TAM	KK	
	环巴西航空公司	Transbrasil	TR	
玻利维亚	玻利维亚劳埃德航空公司	LAB-Lioyd Aero Bolivia	LB	51
	玻利维亚苏尔航空公司	Aerosur	3M	
厄瓜多尔	厄瓜多尔航空公司	SAETA-Air Ecuador	EH	156
	国民航空服务公司	SAN	WB	739
	厄瓜多尔军运航空公司	TAME	EQ	

（续）

国家	中文名	英文名	二字代码	数字码
哥伦比亚	哥伦比亚国家航空公司	Aerovias Nacionales decolombia	AV	134
	哥伦比亚中央航空公司	ACES Colombia	VX	
	共和国航空公司	AeroRepublica	SP	
	苏克雷航空公司	Aerosucre	6N	
	艾尔斯哥伦比亚航空公司	Aires Colombia	4C	
	阿卡哥伦比亚航空公司	Arca Colombia	ZU	
	洲际航空公司	Intercontinental de Aviatcion	RS	
	环美洲航空公司	Lineas Aereas Suramericanas	LAU	
	哥伦比亚麦德林航空公司	SAM Colombia	MM	
	萨泰纳航空公司	SATENA	ZT	
	坦帕航空公司	TAMPA	QT	
秘鲁	秘鲁航空公司	Aeroperu	PL	210
	大陆航空公司	Aero Continente	N6	
	秘鲁跨海空运公司	Aeronaves del Peru	XX	
	美洲航空公司	Americana de Aviation	8A	
	秘鲁福西特航空公司	Faucett Peru	CF	
委内瑞拉	委内瑞拉国际航空公司	Viasa Venezuelan International Airways	VA	164
	喷射航空公司	Aeroejecutivos	VE	
	卡拉博博航空服务公司	Aéroservicios Carabobo	R7	
	委内瑞拉航空公司	Aérovas Venezolanas	VE	
智利	智利国家航空公司	Lan-Chile	LA	45
	拉德科智利航空公司	Ladeco Chilean Airlines	UC	145

【本章小结】

　　航空公司在民航运输过程中起到至关重要的作用，是民航系统不可分割的部分。因此，本章主要对航空公司进行了详细的介绍，包括航空公司的概念、航空公司的组织结构及运输组织管理、航空公司运输产品等。重点介绍了客运、货运及包机运输的组织和管理流程。航空公司运营管理状况通过一些指标来反映，本章还介绍了运输总周转量、旅客周转量、货物周转量、飞机载运率、飞机利用率等指标。

【自我检测】

(1) 航空公司的概念是什么？
(2) 航空公司在民航运输过程中主要起什么作用？
(3) 航空公司主要包括哪些部门？
(4) 请简单说明航空公司客运生产组织过程。
(5) 航空公司的主要统计指标有哪些？
(6) 航空运输产品分为哪些类？

第三章
民航机场

▎学习目标

机场作为公共基础设施，在一定程度上支持和促进了当地经济的发展，也是航空运输的重要组成部分。通过本章的学习，让学生了解机场的定义及目前我国民航机场规划布局；了解机场分类及机场划分依据；掌握机场系统的构成及主要设施，能够识别机场各区域及各类设施；掌握机场的主要的职能部门及其职责；了解机场的主要组织结构形式；掌握机场的相关经济指标。

第一节 民航机场概述

一、民航机场的概念及我国机场的规划布局

1. 机场的定义

机场，也称空港，为专供航空器起飞、降落、滑行、停放以及进行其他活动使用的划定区域。机场主要由飞行区、航站区、进出机场的地面交通三部分组成，机场内有跑道、塔台、停机坪、航空客运站、维修厂等设施，并提供机场管制、空中交通管制等服务。

2014年，我国境内民用航空(颁证)机场共有202个(不含香港、澳门和台湾地区，下同)，其中定期航班通航机场200个，定期航班通航城市198个。

2. 我国机场规划布局

根据《全国民用机场布局规划》(不含通用航空机场，2008年出台，规划期限至2020年)的指导思想、目标和原则，依据已形成的机场布局，结合区域经济社会发展实际和民航区域管理体制现状，按照"加强资源整合、完善功能定位、扩大服务范围、优化体系结构"的布局思路，重点培育国际枢纽、区域中心和门户机场，完善干线机场功能，适度增加支线机场布点，构筑规模适当、结构合理、功能完善的北方(华北、东北)、华东、中南、西南、西北五大区域机场群。通过新增布点机场的分期建设和既有

69

机场的改扩建,以及各区域内航空资源的有效整合,机场群整体功能实现枢纽、干线和支线有机衔接,客、货航空运输全面协调,大、中、小规模合理的发展格局,并与铁路、公路、水运以及相关城市交通相衔接,搞好集疏运,共同构成现代综合交通运输体系。

至2020年,布局规划民用机场总数达244个,其中新增机场97个(以2006年为基数),具体如下:

(1) 北方机场群。布局规划机场总数54个,其中新增24个。北方机场群由北京、天津、河北、山西、内蒙古、辽宁、吉林、黑龙江8个省(自治区、直辖市)内各机场构成。在既有30个机场的基础上,布局规划新增北京第二机场、邯郸、五台山、阿尔山、长白山、漠河、抚远等24个机场,机场总数达到54个,为促进华北、东北地区经济社会发展,东北亚经济合作和对外开放提供有力的航空运输保障。在此机场群中,重点培育北京首都机场为国际枢纽机场,进一步增强其国际竞争力;提升和发挥天津、沈阳机场分别在滨海新区发展和东北振兴中的地位作用;进一步完善哈尔滨、大连、长春、石家庄、太原、呼和浩特等机场在区域中的干线机场功能;稳步发展阿尔山、长白山、漠河、大庆等区域内支线机场。

(2) 华东机场群。布局规划机场总数49个,其中新增12个。华东机场群由上海、江苏、浙江、安徽、福建、江西、山东7个省(直辖市)内各机场构成。在既有37个机场的基础上,布局规划新增苏中、丽水、芜湖、三明、赣东、济宁等12个机场,机场总数达到49个,以满足华东地区经济社会发展、对外开放和对台"三通"的交通需要。在此机场群中,重点培育上海浦东机场为国际枢纽,增强其国际竞争力;进一步完善上海虹桥、杭州、厦门、南京、福州、济南、青岛、南昌、合肥等机场的干线机场功能;稳步发展苏中、三明、宜春、济宁等区域内支线机场。

(3) 中南机场群。布局规划机场总数39个,其中新增14个。中南机场群由广东、广西、海南、河南、湖北、湖南6省(自治区)内各机场构成。在既有25个机场的基础上,布局规划新增信阳、岳阳、衡阳、邵东、河池等14个机场,机场总数达到39个,以满足中南地区经济社会的发展需要,促进东南亚经济合作、泛珠区域经济一体化和对外开放。在此机场群中,重点培育广州白云机场为国际枢纽,增强其国际竞争力;提升武汉、郑州机场在中部崛起中的地位;完善长沙、南宁、海口、三亚、深圳、桂林等机场在区域中的干线机场功能;进一步稳步发展河池、神农架等区域内支线机场。

(4) 西南机场群。布局规划机场总数52个,其中新增21个。西南机场群由重庆、四川、云南、贵州、西藏5省(自治区、直辖市)内各机场构成。在既有31个机场的基础上,布局规划新增黔江、康定、腾冲、六盘水等21个机场,机场总数达到52个,以适应西南地区经济社会发展需要,促进中国-东盟自由贸易区的合作发展,以及为少数民族地区经济社会发展和旅游资源开发提供交通保障。在此机场群中,重点培育昆明机场成为连接南亚和东南亚的门户机场,强化成都、重庆机场的枢纽功能,发挥其在西南地区和长江中上游区域经济社会发展中的中心地位作用；完善贵阳、拉萨等机场功能；稳步发展黔江、康定、腾冲、六盘水等其他支线机场。

（5）西北机场群。布局规划机场总数50个，其中新增26个。西北机场群由陕西、甘肃、青海、宁夏和新疆5省（自治区）内各机场构成。在既有24个机场的基础上，布局规划新增天水、陇南、玉树、喀纳斯等26个机场，机场总数达到50个，以满足西北地区经济社会发展需要，促进中国—中亚地区贸易的发展，以及为少数民族地区发展和旅游资源开发提供航空运输保障。在此机场群中，重点加快培育乌鲁木齐机场为连接中亚的西北门户机场，提升西安机场在区域内的中心地位；进一步完善兰州、银川、西宁等机场的功能；稳步发展天水、固原、玉树、喀纳斯等区域内支线机场。

二、机场的分类

机场根据不同的分类方式分为不同的类型，详见图3-1。

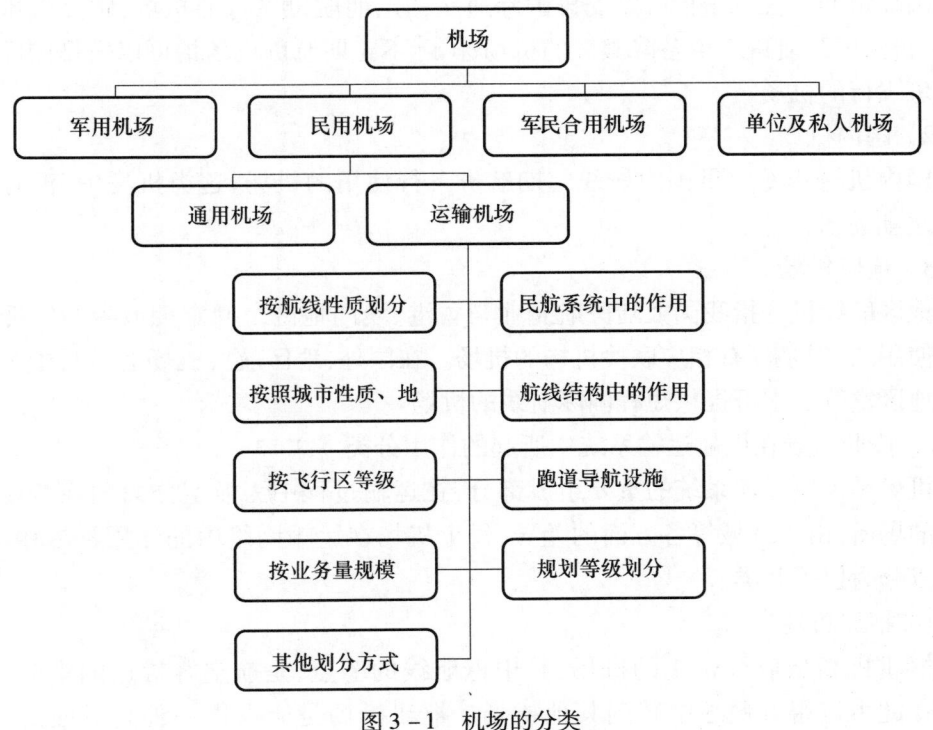

```
                            机场
         ┌─────────┬──────────┼──────────┬──────────┐
       军用机场   民用机场   军民合用机场  单位及私人机场
                  ┌────┴────┐
               通用机场   运输机场

   按航线性质划分        民航系统中的作用
   按照城市性质、地      航线结构中的作用
   按飞行区等级          跑道导航设施
   按业务量规模          规划等级划分
   其他划分方式
```

图3-1 机场的分类

机场可分为军用机场、民用机场、军民合用机场和单位及私人机场。军用机场用于军事目的，有时也部分用于民用或军民合用。2011年中国已开放63个军民合用机场，如延吉、大连、南宁、盐城、赤峰、延安、连云港、柳州、泸州、武夷山、连城、路桥、常州、无锡、秦皇岛、长治、佳木斯、牡丹江、九江、宜宾、济宁、锦州、丹东、朝阳、哈密、库尔勒等。据统计，2014年，全国机场的旅客吞吐量为8.31亿人次，其中军民合用机场

旅客吞吐量占比6.5%。

民用机场主要分为运输机场和通用航空机场。通用机场主要供专业飞行之用，也就是专门为民航的"通用航空"飞行任务起降的机场，如景点游客观光、空中表演、空中航拍、空中测绘、播撒农药等特殊飞行任务。通用航空机场使用场地较小，一般规模较小，功能单一，对场地的要求不高，设备也相对简陋，至2012年底，我国通用机场及起降点数量已经达到399个。运输机场的规模较大，功能较全，使用较频繁，知名度也较大。运输机场按照不同的划分方式分为不同的种类。

1. 按航线性质分类

1）国际机场

国际机场供国际航线定期航班飞行使用，有出入境和过境设施，并设有固定的联检机构（海关、边防检查、卫生检疫、动植物检疫、商品检验等）。国际机场一般也同时供国内航线定期航班飞行使用。

国际机场又可分为国际定期航班机场、国际航班备降机场和国际不定期航班机场。国际定期航班机场指可以安排国际通航的定期航班飞行的机场；国际航班备降机场，指为国际航班提供备降服务的机场；国际不定期航班机场指可以安排国际不定期航班飞行的机场。

2）国内机场

国内机场指专门供国内航线定期航班飞行使用的机场，这类机场中，没有国际航线定期航班。

3）地区机场

地区航线机场指我国大陆民航企业与香港、澳门地区之间定期或者不定期航班飞行使用的，但是没有相应联检机构的机场。在国外，地区航线机场通常是指为适应个别地区空管需求可提供短程国际航线的机场。

2. 按照机场在民航运输系统中所起的作用分类

机场是民航运输系统的重要组成部分，在运输过程中为航空公司和旅客提供了服务的场所，由于区域等各方面的差异，每个机场在运输网络中的作用不尽相同，大致可以分为以下几类。

1）枢纽机场

枢纽机场指航线密集的机场，是中枢航线的节点，是航空客货运的集散中心。旅客在此可以很方便地中转到其他机场。枢纽机场是能提供一种高效便捷、收费低廉的服务，从而让航空公司选择它作为自己的航线目的地，让旅客选择它作为中转其他航空港的中转港。枢纽机场既是国家经济发展的需求，也是航空港企业发展的需求。

根据2012年《国务院关于促进民航业发展的若干意见》，我国将建成功能完善、辐射全球的大型国际航空枢纽，包括首都国际机场、上海浦东国际机场、广州白云国际机场。我国的区域性枢纽机场有沈阳桃仙国际机场、杭州萧山国际机场、郑州新郑国际机场、武汉天河国际机场、长沙黄花国际机场、成都双流国际机场、重庆江北国际机场、西安咸阳国际机场等大型机场。

2) 干线机场

干线机场主要以国内航线为主,航线连接枢纽机场、直辖市和省会或自治区首府,空运量比较集中,年旅客吞吐量不低于10万人次的机场。

3) 支线机场

2006年出台的《民用航空支线机场建设标准》对支线机场的建设规划设计提出了明确的要求。其中,明确了支线机场是指符合下列条件的机场:设计目标年旅客吞吐量小于50万人次(含),主要起降短程飞机,规划的直达航班一般在800~1500千米。支线机场建于有航空需求的中小型城市,大多分布在各省、自治区地面交通不方便的地区,机场规模较小,等级也比较低,这类机场主要为国内次要的航线提供服务,辐射范围较小。

3. 按机场所在城市的性质、地位并考虑机场在全国航空运输网络中的作用分类

按机场所在城市的性质、地位并考虑机场在全国航空运输网络中的作用可将机场划分为Ⅰ、Ⅱ、Ⅲ、Ⅳ类。

1) Ⅰ类机场

Ⅰ类机场主要指位于全国政治、经济、文化中心城市的机场,是全国航空运输网络和国际航线的枢纽,运输业务量特别大,除了承担直达客货运输,还具有中转功能,北京首都机场、上海虹桥机场、广州白云机场即属于此类机场。

2) Ⅱ类机场

Ⅱ类机场主要指位于省会、自治区首府、直辖市和重要经济特区、开放城市和旅游城市或经济发达、人口密集城市的机场,可以全方位建立跨省、跨地区的国内航线,是区域或省区内航空运输的枢纽,有的可开辟少量国际航线。Ⅱ类机场也可称为国内干线机场。

3) Ⅲ类机场

Ⅲ类机场主要指位于国内经济比较发达的中小城市,或一般的对外开放和旅游城市的机场,能与有关省区中心城市建立航线。Ⅲ类机场也可称为次干线机场。

4) Ⅳ类机场

Ⅳ类机场主要指前述支线机场及直升机机场。

4. 按在航线结构中发挥的作用分类

1) 始发/终程机场

通常始发/终程机场的始发/终程旅客所占比例较高,始发/终程或者掉头回程的飞机架次较多,占大多数。目前我国大部分机场属于此类机场。

2) 经停(过境)机场

经停(过境)机场指在航线结构中处于经停点或者中间点,飞机在此节点上停留

的时间较短,旅客大部分是经停、过境旅客,始发/终程旅客所占比例较小。

3）中转（转机）机场

中转（转机）机场指在航线结构中处于中间点而不是目的地,旅客在此类机场下飞机后选择乘坐其他航线的其他航班飞往目的地。

4）备降机场

备降机场指从飞行安全角度考虑,在飞行过程中由于技术及目的地机场天气等原因导致不能或不宜飞往飞行计划中的目的地机场或目的地机场不适合着陆的情况下,飞机可以前往备降的机场。备降机场是在飞行计划中事先预定的。例如,2010年世博会期间,宁波机场海关与上海浦东（虹桥）国际机场海关签订了《世博期间备降航班监管联系配合协议》,协议规定,上海世博会期间,因天气变化、机械故障、恐怖袭击、空中管制等原因,导致计划降落上海浦东国际机场的航班备降宁波栎社国际机场,由宁波机场海关负责监管。

5. 按照飞行区等级分类

机场飞行区为飞机地面活动及停放提供适应飞机特性要求和保证运行安全的构筑物的统称,包括跑道及升降带、滑行道、停机坪、地面标志、灯光助航设施及排水系统。飞行区等级常用来指机场等级。

飞行区各项构筑物的技术要求和飞机的特性有关,我国采用航空民航标准 – MH 5001—2000《民用机场飞行区技术标准》加以规范。国际民航组织和中国民用航空局用飞行区等级指标 I 和 II 将有关飞行区机场特性的许多规定及飞机特性联系起来,从而为在该飞机场运行的飞机提供适合的设施。飞行区等级指标 I 根据使用该飞行区的最大飞机的基准飞行场地长度确定,共分4个等级；飞行区等级指标 II 根据使用该飞行区的最大飞机翼展和主起落架外轮间距确定,共分6个等级,如表3 – 1 所列,我国部分机场对应的飞行区等级详见表3 – 2。

表3 – 1　飞行区等级划分

飞行区指标 I	代表跑道长度/米	飞行区指标 II	翼展/米	主起落架外轮间距/米
1	$L<800$	A	$WS<15$	$T<4.5$
2	$800 \leqslant L<1200$	B	$15 \leqslant WS<24$	$4.5 \leqslant T<6$
3	$1200 \leqslant L<1800$	C	$24 \leqslant WS<36$	$6 \leqslant T<9$
4	$L \geqslant 1800$	D	$36 \leqslant WS<52$	$9 \leqslant T<14$
4		E	$52 \leqslant WS<65$	$9 \leqslant T<14$
4		F	$65 \leqslant WS<80$	$14 \leqslant T<16$

注：4F级飞行区配套设施必须保障空客A380飞机全重（560吨）起降

表 3-2 飞行区等级对应机场举例

飞行区等级	最大可起降飞机种类举例	国内该飞行区等级机场举例
4F	空客 A380 等四发远程宽体超大客机	北京首都国际机场、上海浦东国际机场、广州白云国际机场、深圳宝安国际机场、杭州萧山国际机场、昆明长水国际机场、武汉天河国际机场、成都双流国际机场、西安咸阳国际机场、天津滨海国际机场、南京禄口国际机场、桂林两江国际机场、郑州新郑国际机场
4E	波音 B747、空客 A340 等四发远程宽体客机	沈阳桃仙国际机场、南宁吴圩国际机场、上海虹桥国际机场、济南遥墙国际机场、石家庄正定国际机场、南昌昌北国际机场、太原武宿国际机场、长沙黄花国际机场、呼和浩特白塔国际机场、青岛流亭国际机场、大连周水子国际机场、宁波栎社国际机场、福州长乐国际机场、常州奔牛国际机场、贵阳龙洞堡国际机场、乌鲁木齐地窝堡国际机场、合肥新桥国际机场、珠海金湾国际机场无锡苏南硕放国际机场、长春龙嘉国际机场、烟台蓬莱国际机场、海口美兰机场、三亚凤凰机场等
4D	波音 B767、空客 A300 等双发中程宽体客机	徐州观音国际机场、连云港白塔埠机场、兰州国际机场、运城关公机场、宜昌三峡机场、绵阳南郊机场、东营永安机场、威海国际机场、南通兴东机场、潍坊机场、南阳姜营机场、洛阳机场、襄阳刘集机场、秦皇岛北戴河机场、揭阳潮汕机场等
4C	空客 A320、波音 B737 等双发中程窄体客机	安康机场、汉中机场、梅州机场、张家口宁远机场、扬州泰州机场、盐城南洋机场、遵义新舟机场、安庆天柱山机场、九江庐山机场、池州九华山机场、北京南苑机场、长白山机场、锦州小岭子机场和济宁曲阜机场、惠州机场、衡阳南岳机场等
3C	波音 B733、ERJ、ARJ、CRJ 等中短程支线客机	内蒙古乌海机场、武冈机场、罗定机场等

6. 根据跑道导航设施等级分类

跑道导航设施等级按配置的导航设施能提供飞机以何种进近程序飞行来划分。

（1）非仪表跑道。供飞机用目视进近程序飞行的跑道，代字为 V。

（2）仪表跑道。供飞机用仪表进近程序飞行的跑道，可分为：

① 非精密进近跑道。装备相应的目视助航设备和非目视助航设备的仪表跑道，能对直接进近提供方向性引导，代字为 NP。

② Ⅰ类精密进近跑道。装备仪表着陆系统和（或）微波着陆系统以及目视助航设备，能供飞机在决断高度低至 60m 和跑道视程低至 800m 时着陆的仪表跑道，代字为 CATⅠ。

③ Ⅱ类精密进近跑道。装备仪表着陆系统和（或）微波着陆系统以及目视助航设备，能供飞机在决断高度低至 30m 和跑道视程低至 400m 时着陆的仪表跑道，代字为 CATⅡ。

④ Ⅲ类精密进近跑道。装备仪表着陆系统和（或）微波着陆系统的仪表跑道，可引导飞机直至跑道，并沿道面着陆及滑跑。根据对目视助航设备的需要程度又可分

为三类,分别以 CATIIIA、CATIIIB 和 CATIIIC 为代字。

7. 按照航站业务量规模等级分类

按照航站的年旅客吞吐量或货物(及邮件)运输吞吐量来划分机场等级。业务量的大小与航站规模及其设施有关,也反映了机场繁忙程度及经济效益。表 3-3 为按航站业务量划分的参考标准。若年旅客吞吐量与年货邮吞吐量不属于同一等级,可按较高者定级。

表 3-3 航站业务量规模分级标准

航站业务量规模等级	年旅客吞吐量/万人	年货邮吞吐量/千吨
小型	<10	<2
中小型	[10,50)	[2,12.5)
中型	[50,300)	[12.5,100)
大型	[300,1000)	[100,500)
特大型	≥1000	≥500

8. 按照规划等级分类

在接收机型的大小、保证飞行安全和航班正常率的导航设施的完善程度、客货运量的大小三个标准的基础上,提出了一种按民航运输机场规划分级的方案,如表 3-4 所列。当三项等级不属于同一级别时,可根据机场的发展和当前的具体情况确定机场规划等级。

表 3-4 机场规划等级划分

机场规划等级	飞行区等级	跑道导航设施等级	航站业务量规模等级
四级	3B、2C 及以下	V、NP	小型
三级	3C、3D	NP、CATI	中小型
二级	4C	CATI	中型
一级	4D、4E	CATI、CATII	大型
特级	4F	CATII 及以上	特大型

9. 其他划分方式

除了以上划分方式,在特定的条件下还有其他划分方式,例如,根据民航发[2007]159 号文件《民用机场收费改革实施方案》,按照民用机场(以下简称机场)业务量,将全国机场划分为三类:一类 1 级机场、一类 2 级机场、二类机场、三类机场。具体如表 3-5 所列。

表 3-5　机场类别划分

机场类别	对应机场
一类 1 级	北京首都、上海浦东 2 个机场
一类 2 级	广州、上海虹桥、深圳、成都、昆明等 5 个机场
二类	杭州、西安、重庆、厦门、青岛、海口、长沙、大连、南京、武汉、沈阳、乌鲁木齐、桂林、三亚、郑州、福州、贵阳、济南、哈尔滨等 19 个机场
三类	除了上述一、二类机场以外的民用机场

三、民航机场的系统构成

（一）机场的空侧和陆侧

机场可以分为空侧和陆侧两部分，详见图 3-2。空侧（又称对空面或向空面）是相对于陆侧而言的，是机场区域划分的一种。一般机场按照安全检查和隔离管制为界限，划分为陆侧和空侧，空侧包括机场空域、飞行区、站坪航站楼隔离区及相邻地区和建筑物，它是受机场当局控制的区域，进入该区是受控制的。

陆侧是为航空运输提供服务的区域，由于陆侧是在安全检查前，所以这一区域的安全管制措施级别比空侧区域低，是公众能自由进出的场所和建筑物。机场陆侧一般包括进出航站楼的地面交通系统、办票区域、行李托运等航站楼内的非隔离区以及必要的服务设施等。另外，对于有边防检查的国际机场，陆侧也属于国境内。

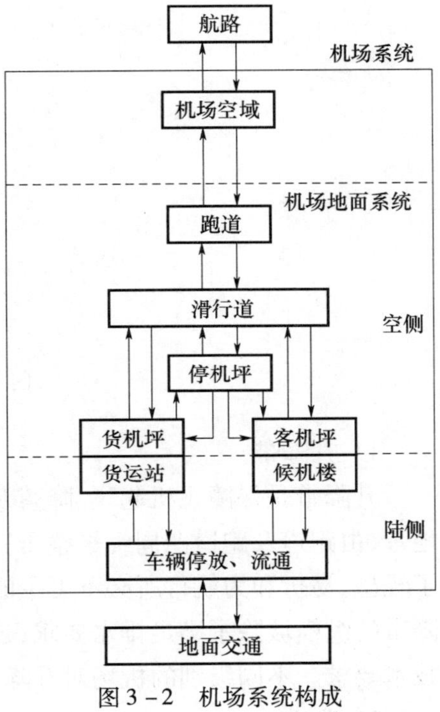

图 3-2　机场系统构成

（二）机场的飞行区、航站区和地面运输区

机场作为一个商业运输的集散地，又可以划分为飞行区、航站区和地面运输区三部分，详见图 3-3。

1. 飞行区

飞行区是机场供飞机运行的区域，用于飞机的起飞、着陆、滑行和停放，分为空中部分和地面部分。其中空中部分指机场的空域，包括进场和离场的航路，地面部分包括跑道、滑行道、停机坪和登机门，以及一些为维修和空中交通管制服务的设施和场地，如机库、塔台、救援中心等。地面部分主要指为飞机地面活动及停放提供适应飞机特性要求和保证运行安全的构筑物的统称，包括跑道及升降带、滑行道、停机坪、地面标志、助航灯光设施及排水系统。

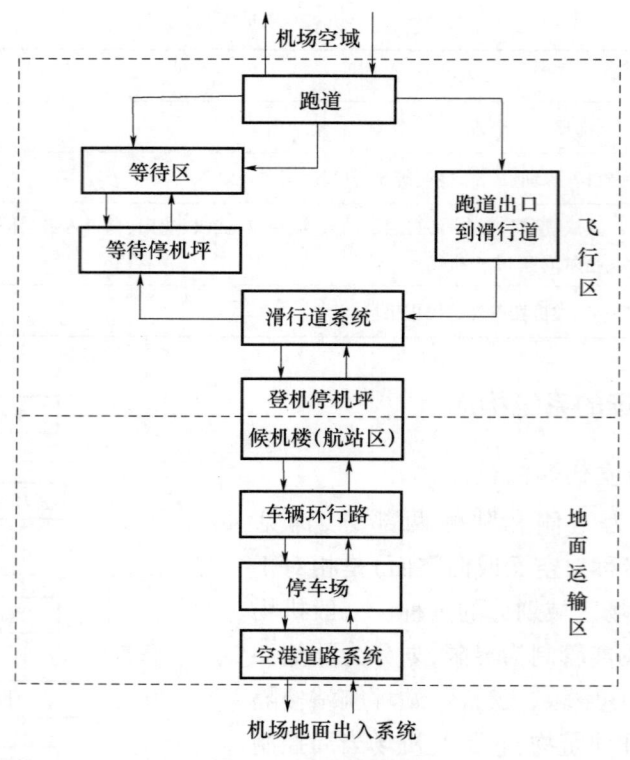

图 3-3 机场系统构成

1）升降带

升降带是保障飞机起飞、降落及偶尔滑出跑道或迫降时的安全而设置的长方形地带，由跑道及跑道四周经平整压实的土质场地组成。在升降带靠近跑道的地方，除了轻型、易折和为航行所必不可少的助航标志，不应有任何危及飞行安全的物体。升降带的纵横坡除了满足排水要求，还需适应飞机运行特性和符合无线电导航设施的技术要求。不同级别的机场对升降带的长度、宽度和地面障碍物高度的要求也不同。

2）跑道

跑道是升降带中央供正常飞机起降滑跑时使用的、具有在预计年限内能适应运行飞机荷载能力的道面部分，是机场的基本构筑物。跑道主要由道面和跑道附属区域组成。

（1）道面。跑道道面分为刚性和非刚性道面。刚性道面由混凝土筑成，能把飞机的载荷承担在较大面积上，承载能力强，一般在中型以上空港都使用刚性道面，我国大部分机场是此种道面。

非刚性道面有草坪、碎石、沥青等各类道面，这类道面只能抗压不能抗弯，因而承载能力小，只适用于中小型飞机起降的机场。

（2）跑道附属区域详见图 3-4。

跑道道肩：在跑道纵向侧边和相接的土地之间有一段隔离的区域，这样可以在飞机因侧风偏离跑道中心线时,不致引起损害。另外,大型飞机很多采用翼吊布局的发动机,外侧的发动机在飞机运动时有可能伸出跑道,这时发动机的喷气会吹起地面的泥土或砂石,使发动机受损,道肩会减少这类事故的发生。跑道道肩一般每侧宽度为1.5米。

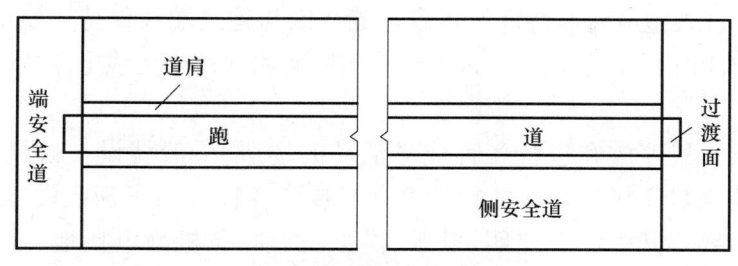

图3-4 跑道附属区域

跑道安全带:其作用是在跑道的四周划出一定的区域来保障飞机在意外情况下冲出跑道时的安全,分为侧安全带和道端安全带。

侧安全地带是由跑道中心线向外延伸一定距离的区域,对于大型机场,这个距离应不小于150米,在这个区域内要求地面平坦,不允许有任何障碍物。在紧急情况下,可允许起落架无法放下的飞机在此地带实施硬着陆。

道端安全地带是由跑道端至少向外延伸60米的区域,建立道端安全地带的目的是为了减少由于起飞和降落时冲出跑道的危险。在道端安全地带中有的跑道还有安全停止道,简称安全道。安全道的宽度不小于跑道,一般和跑道等宽,它由跑道端延伸,长度视机场的需要而定,强度要足以支持飞机中止起飞时的重量。

净空道:跑道端之外的地面和向上延伸的空域。它的宽度为150米,在跑道中心延长线两侧对称分布,在这个区域内除了有跑道灯,不能有任何障碍物,但对地面没有要求。可以是地面,也可以是水面。

3）滑行道

滑行道的作用是连接飞行区各个部分的飞机运行通路,它从机坪开始连接跑道两端,在交通繁忙的跑道中段设有一个或几个跑道出口与滑行道相连,以便降落的飞机迅速离开跑道,这些称为联络道。

滑行道由道面和道肩组成,其技术标准主要根据飞行区等级指标Ⅰ和Ⅱ的不同而异。

（1）道面。其宽度由飞机主起落架外轮轮距和规定的外轮距道面边缘的净距确定。国际民用航空组织和中国民用航空局规定直线部分最小宽度为7.5~23米。转弯部分宽度根据主轮在道面运动的轨迹,加上规定的净距确定转弯半径值和增补面的尺寸。滑行道的强度要与配套使用的跑道强度相等或更高。

（2）道肩。其宽度应保证飞机滑行时,在外侧发动机覆盖的范围内,能防止气流侵蚀和避免松散物体吸入发动机。国际民用航空组织和中国民用航空局规定的滑行道道面与道肩的最小总宽度为25~44米。

（3）滑行带。在一定距离的范围内，没有天然或人为的固定障碍物，以保证飞机在滑行中翼尖能在一个安全的通道内滑行。

滑行道在和跑道端的接口附近有等待区，地面上有标志线标出。设置这个区域是为了飞机在进入跑道前等待许可指令。等待区与跑道端线保持一定的距离，以防止等待飞机的任何部分进入跑道，成为运行的障碍物或产生无线电干扰。

4）机坪

机坪是供飞机停放和进行各种业务活动的场所，一般就设在候机楼外面。机坪的大小应能满足飞机滑行或拖行的安全运转和各种机动车辆或设备进入机坪为飞机服务的需要。其中设有照明、供水、供电、供油、飞机静电接地、地面标志及必要时的飞机系留设施等。根据使用功能分为客机坪、货机坪、等待机坪、维修及停机坪。

（1）客机坪。供旅客上下飞机用的停机位置。客机坪的构形及大小，主要取决于飞机数量、旅客登机方式及航站楼的构型。

（2）货机坪。在货运量大和专门设有货运飞机航班的机场，需要有专门处理空运货物陆空转换的货物航站及相应的货机坪。航空运输业的货运量增长很快，货机坪的位置要充分适应货物吞吐量的发展。

（3）等待机坪。一般设在跑道端部。为预备起飞的飞机等待放行或让另一架飞机绕越提供条件。选用等待机坪，主要根据飞机场高峰起降架次、场址条件和各种突发情况确定。

（4）维修及停机坪。维修及停机坪是为飞机停放及各种维修活动提供的场所。维修及停机坪的布置，除了应考虑维修设备的不同要求，还要考虑飞机试车时气流的吹袭影响，因气流可能对停放、滑行的飞机及地面设备和人员造成威胁。

5）地面标志及助航灯光

（1）跑道标志。跑道上有各式的标志和记号，这些标志向飞机驾驶员提供必要的指示和信息，如图3-5所示。国际民航组织（ICAO）规定，跑道的标志必须是白色的，而对于浅颜色跑道可通过加黑边的方式来改善显示效果。这些标志通常包括跑道名称、跑道中心线、跑道入口、着陆点、接地区、跑道边界线等。各种等级的跑道上的标志不完全相同，其中最主要的标志是跑道端线、跑道号和跑道中线。

① 跑道入口标志。该标志应由一组尺寸相同、位置对称于跑道中线的纵向线段组成。入口标志的线段自离跑道入口6米处开始，线段长30米，宽约1.8米，间距与线段同宽，连续横贯跑道布置至距跑道边3米处。但最靠近跑道中线的两条线段之间必须用双倍的间距隔开。线段的总数应按跑道宽度确定，如表3-6所列。入口如需暂时内移或永久内移，应设置此标志。

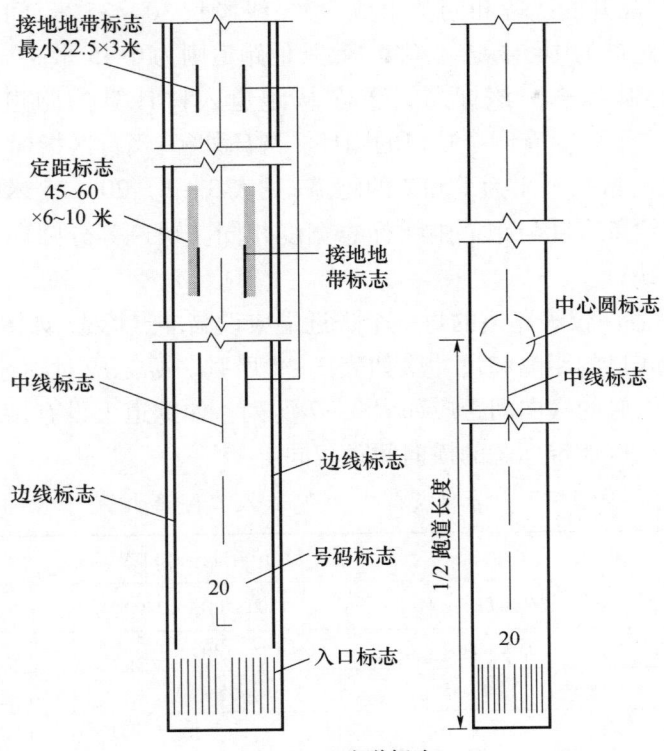

图 3-5 跑道标志

表 3-6 跑道宽度对应的入口标志总数

跑道宽度/米	线段总数	跑道宽度/米	线段总数
18	4	45	12
23	6	60	16
30	8		

② 跑道号。为了使驾驶员能准确地辨认跑道,每一条跑道都要有一个编号。跑道号是按跑道的方向编的。方向是驾驶员驾机起飞或降落时前进的方向,为精确起见,采用 360°的方位予以表示,以正北为 0°,顺时针旋转到正东为 90°、正南为 180°、正西为 270°,再回到正北为 360°或 0°;每 1°又可分为 60';每 1'又可分为 60"。每条跑道就以它所朝向的度数作为其编号。为了简明易记,跑道编号只用方向度数的百位数和十位数,个位数按四舍五入进入到十位数。例如,一条指向为西北 284°的跑道,它的编号就是 28,如果是 285°,编号就是 29。同一条跑道,因为有两个朝向,所以就有两个编号。例如:一条正北正南的跑道,从它的北端向南看,它的编号是 18;从南端向北看,它的编号就是 36。跑道号都是两位数,如果第一位没有数就用 0 来表示。如果某机场有同方向的几条平行跑道,就再分别以 L(左)、C(中)、R(右)等英文字母来区别。

③ 跑道中线标志。跑道中线标志应设置在跑道两端的跑道号码标志之间的跑

道中线上,由均匀隔开的线段和间隙组成,每一线段长 30~35 米,间距 20 米。Ⅱ 类和Ⅲ类精密进近跑道的中线标志宽 0.9 米,其他跑道则为 0.45 米。

④ 跑道中心圆标志。该标志设置在从跑道入口计算的跑道全长的 1/2 处(见表 3-1),标志形状为有四个缺口的圆环。圆环外径:飞行区指标Ⅰ为 3 和 4 的跑道,25~30 米;飞行区指标Ⅰ为 1 和 2 的跑道(见表 3-1),20~25 米;每一缺口间距均为 5 米。圆环线条宽度与跑道中线标志宽度相同。缺口等分圆环,跑道中线等分位于其上的两个缺口。

⑤ 瞄准点标志。仪表跑道的每一个进近端应设瞄准点标志,如图 3-6 所示。瞄准点标志距跑道入口的距离和尺寸应如表 3-7 所列。标志应对称地设置在跑道中线的两侧。标志内侧的横向间距应如表 3-7 所列。如跑道上设有接地带标志,则标志的横向间距应与接地带标志的横向间距相同。

表 3-7　瞄准点标志距跑道入口距离和尺寸

位置和尺寸	可用着陆距离 LDA		
	800≤LDA<1200	1200≤LDA<2400	LDA≥2400
标志始端至入口的距离	250	300	400
线段长度①	30~45	45~60	45~60
线段宽度	6	6~10	6~10
线段内边间的横向间距②	9	18~22.5	18~22.5

① 在要求提高标志的明显度之处,宜选用规定长度范围内较大数值。
② 横向间距可再表列范围选定以尽量减少轮胎橡胶淤积对标志的污染,但必须与接地带(如设有)的横向间距相等

图 3-6　跑道瞄准点标志

⑥ 接地带标志。精密进近跑道的接地带必须设接地带标志。接地带标志由若干对长度不小于 22.5 米、宽度不小于 1.8 米、间距为 1.5 米的线条构成的长方形标志组成,对称地设置在跑道中线两侧,长方形内侧边线的横向间距应与瞄准点标志内侧边的间距相同,为 18~22.5 米,长方形标志块间的纵向距离应为 150 米,标志的位置

如图3-6所示。接地带标志的长方形标志块的对数应按表3-8确定。

表3-8　接地带标志对数设置

可用着陆距离或两端入口间的距离/米	标志块对数	可用着陆距离或两端入口间的距离/米	标志块对数
小于900	1	1500～2400	4
900～1200	2	≥2400	6
1200～1500	3		

（2）滑行道标志。滑行道标志是用来帮助飞机驾驶员在滑行道上滑行操纵的助航标志,采用黄色。滑行道标志有中线标志、边线标志和等待线标志。中间标志为一条15米宽的连续线,边线标志为位于边缘的两条相隔15米的宽度各为15米的连续线,等待线为横贯滑行道的齿形线。小型机场等待线距跑道边缘的最小距离为15米,一般机场为30米,供大型飞机使用的机场为45米。

（3）机场助航灯光。目视飞行条件下,为使驾驶员有序、安全地完成对飞机的起降操作,机场需要设置一系列的目视助航灯光,使驾驶员有所参考,因此目视助航设施应在可能条件下提供最大可能的引导和信息。目视助航灯光主要包括以下方面:

① 跑道引入灯光系统。如果存在危险地形、障碍物及减低噪声等特殊问题而需要沿着一个特定的进近航道提供有效的引导,则可能需要一套跑道引入灯光系统。这个系统由一系列安装在地面或接近地面的闪光灯组成,每组至少由三个闪光灯组成,排成直线或者聚集在一起,用以显示出要求的飞至跑道或最后进近的航径。每组灯的间距要足够近(约1600米)以提供连续的引入引导。这套灯光系统可以是弯曲的、直线的或者弯曲与直线的组合,视具体情况而定。

② 进近灯光系统。该系统是辅助飞机进近和着陆过程的助航系统。进近灯光系统分为简易进近光系统,Ⅰ类、Ⅱ类和Ⅱ类精密进近灯光系统。其中,简易进近灯光系统用于非仪表跑道和非精密进近跑道,如果该跑道进近能见度良好或有其他目视助航设备提供足够的引导时可以不设。其他三类精密进近灯光系统用于相对应的精密进近跑道,如果白天能见度不好,进近灯光系统也能提供目视引导。

a. 简易进近灯光系统。该系统由中线灯和横排灯组成,这种灯既可以是单个灯,也可以是至少3米长的短排灯。当短排灯是由近似点光源的灯组成时,短排灯内的灯间距离为1.5米。

中线灯必须由一行位于跑道中线延长线上,而且延伸到离跑道入口不小于420米处的灯具组成。构成中线的灯具的纵向间距必须为60米,只有在需要改善引导作用时可采用30米的距离。横排灯距离跑道入口300米,且构成一个18米或30米的横排。构成横排灯的灯具必须设置在一条实际可行的接近水平的直线上,垂直于中线灯线并被其平分。横排灯灯间距离在1～4米之间。

简易进近灯光系统的灯具必须是恒定发光灯,灯光颜色必须易于与其他地面灯及可能存在的外界灯光区分开来。在因周围灯光使简易进近灯光系统难于在夜间识别的地方,可在该系统的靠外部分加装顺序灯光来解决。

b. Ⅰ类精密进近灯光系统,如图 3-7 所示。Ⅰ类精密进近灯光系统由中线灯和横排灯组成,这两种灯既可以是单个灯,也可以是多个灯。中线灯必须一行位于跑道中线延长线上,而且尽可能延伸到离跑道入口 900 米处。构成中线灯具的纵向间距必须为 30 米。中线灯可以是至少 4 米长的短排灯(也可以是单个灯)。横排灯在距跑道入口 300 米处构成一个长 30 米的横排,还必须在距入口 150 米、450 米、600 米和 750 米处增设横排灯。所有横排灯的外端必须位于两条对称于中线或逐渐向内收敛在跑道入口内 300 米处与中线相交的直线上。

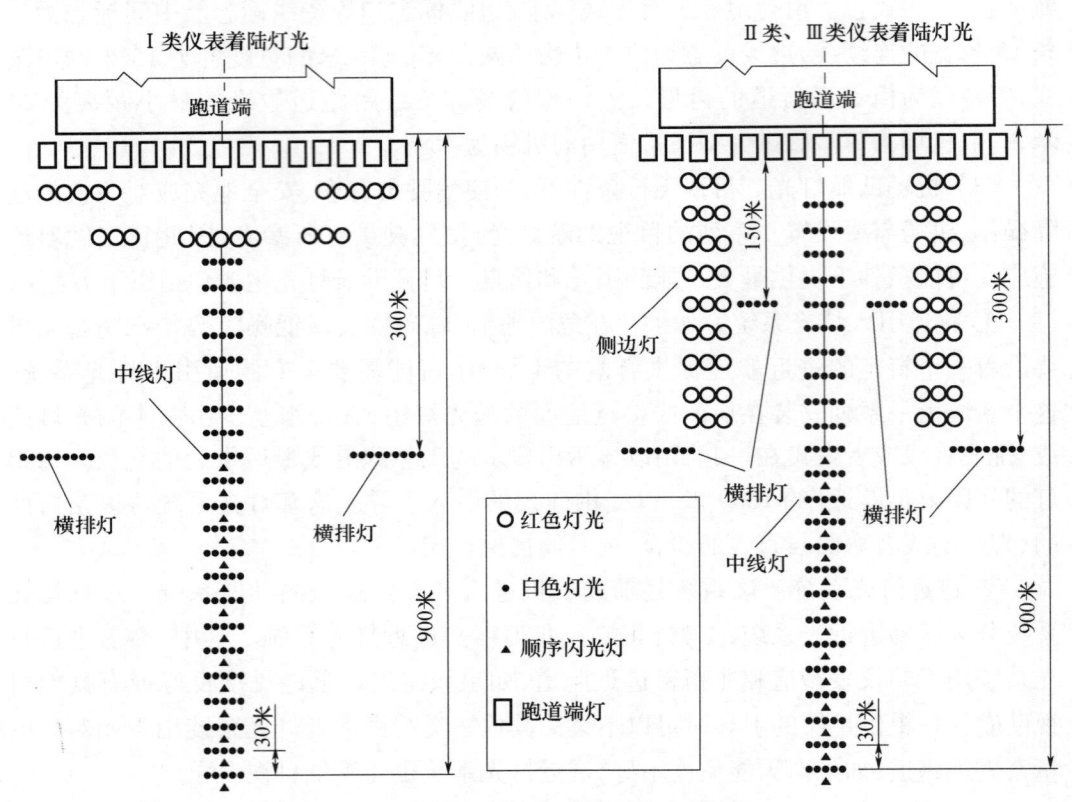

图 3-7　Ⅰ类、Ⅱ类、Ⅲ类精密进近灯光系统

Ⅰ类精密进近灯光系统的灯具必须是发可变白光的恒定发光灯。如果中线灯由短排灯构成,每个短排灯应附加一个电容放电灯(顺序闪光灯)。电容放电灯必须每秒闪光两次,从最外端的灯光入口处顺序闪光。如已考虑了本灯光系统的特性和气象条件的性质后认为无此必要时,可不加电容放电灯。

c. Ⅱ类、Ⅲ类精密进近灯光系统分别用于相对应的Ⅱ类、Ⅲ类精密进近跑道。此类灯光系统由中线灯、横排灯和侧边灯组成,这三种灯均为排灯。

中线灯必须由位于跑道中线延长线上,而且尽可能延伸到距跑道入口 900 米处的灯具组成。中线灯具的纵向间距必须为 30 米,最靠里的灯位于距跑道入口 30 米处。此外,本系统还必须有两行延伸到距跑道入口 270 米处的侧光灯以及两排横排灯,一排在距入口 150 米处,另一排在距入口 300 米处。

如果距跑道入口 300 米以外的中线灯为短排灯,每个 300 米以外的短排灯必须加一个电容放电灯(除非在考虑了本灯光系统的特性和气象条件的性质后认为无此必要可以不加)。每个电容放电灯必须每秒闪光两次,从最外端的灯向着入口逐个顺序闪光直到系统中最前面的灯。电路设计必须使放电灯与进近灯光系统中其他的灯分开运行。

侧边灯的灯具必须位于中线的两侧,其纵向间距与中线灯的纵向间距相等。第一个短排灯设于距入口 30 米处。两行侧边灯最靠近中线的灯具之间的横向间距必须介于 15~22.5 米之间,最好是 18 米。但是在任何情况下,它必须与接地地带灯的横向间距相同。侧边灯必须由发红光的短排灯组成。设在距跑道入口 150 米处的横排灯必须填满中线灯和侧边灯之间的空隙。设在距跑道入口 300 米处的横排灯必须由中线向两侧各伸出 15 米距离。

d. 精密进近航行道指示器(PAPI)。PAPA 系统由一套四个等距设置的急剧变色的多灯灯具的翼排灯组成,它设在跑道的左侧。如果飞机正沿着正确的进近航道进场,驾驶员将看到最靠近跑道边的两台灯具为红色,其余两台为白色(二红二白);如果飞机进近航道稍高于正确的航道,驾驶员会看到靠近跑道边的一台灯具为红色,其余的三台为白色(一红三白);如果飞机的进近航道太高于正确航道,驾驶员看到的四台灯具都为白色(四白);如果飞机的进近航道稍底于正确航道,驾驶员会看到最远离跑道边的一台灯具是白色,其他三台为红色(三红一白);如果飞机的进近航道太底于正确的航道,驾驶员会看到四台灯具都为红色(四红)。

③ 跑道和停止道灯光系统。跑道灯光系统,包括跑道入口识别、跑道入口灯和翼排灯、跑道接地地带灯、跑道中线灯、跑道边灯、跑道末端灯。

④ 滑行道灯光系统。滑行道是指在陆地机场设置供飞机滑行并将机场的一部分与其他部分之间连接的规定通道。滑行道包括飞机机位滑行道、机坪滑行道和快速出口滑行道。滑行道灯光系统包括滑行道中线灯、滑行道边灯、停止排灯滑行道相交灯和跑道警戒灯等。

⑤ 机坪泛光照明。准备夜间使用的机坪和指定的隔离飞机的停放位置,应设置机坪泛光照明。含有飞机机位的那部分机坪需要较高的照度。每个机位的大小在很大程度上由飞机的大小和安全地操纵飞机出入这个机位所需要的面积确定。

⑥ 障碍物灯。安装在固定物体上的低光强障碍物灯必须为恒定光强的红色灯。安装在应急和保安车辆上的低光强障碍灯必须为蓝色闪光灯。而其他车辆的最好是黄色闪光灯。闪光频率必须在 60~90 次/分钟之间。在有限度移动性的物体上(如登机桥)的低光强障碍灯为恒定红色光。

中光强障碍物灯为红色灯(但与高光强障碍物结合使用时,它们是白色闪光灯)。

闪光频率为 20~60 次/分钟。

高光强障碍物灯必须是白色闪光灯,它通常安装在无线电天线塔、电视天线塔、烟囱和冷却塔之类的高建筑上。标志这些建筑物时,灯是同时闪光的。高光强障碍物灯也用于架空线的支承结构上。

2. 航站区

航站区位于机场空侧与陆侧的交界处,也是机场的客货运输服务区,是为旅客、货邮提供地面服务的重要场所,同时为旅客和迎送亲友的客人提供候机及休息的场所。航站区的旅客进出港流程如图 3-8 所示。

1) 登机机坪

登机机坪是指旅客从候机楼上机时飞机停放的机坪,这个机坪要求能使旅客尽量减少步行上机的距离。按照旅客流量的不同,登机机坪的布局可以有多种形式,如单线式、指廊式、卫星厅式、车辆运送式等。

2) 航站楼

航站楼是航站区的标志性建筑物,是机场陆侧交通与飞机之间的主要连接体,它是为航空运输企业及其过港和中转旅客提供地面运输服务的生产场所。航站区主要包括航站楼、登机机坪、货运中心。

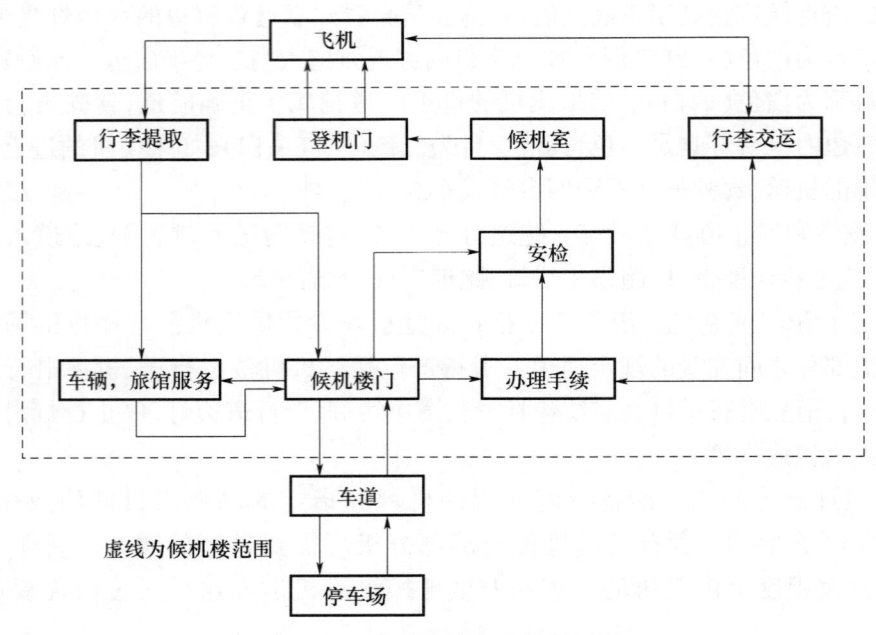

图 3-8 航站区旅客进出港流程

候机楼内设始发、中转或到达旅客服务设施、生活保证设施和行政办公用房等。旅客服务设施包括售票、登记客票、交通和提取行李、安全检查、海关检查、问讯等柜台,以及旅客登机设施和迎送厅等,并配备进出港航班动态显示装置、广播设备和行李分拣装置、行李车等。生活保证设施包括休息室、餐厅、卫生间、售品部、银行等。

3. 地面运输区

1）进入机场交通系统

机场是城市综合交通运输的重要组成部分,是发展多式联运的重要结合点,因此从城市进出机场的道路是城市交通规划的一个重要部分。大多数城市为了保证机场陆侧交通的畅通都修建了从市区到机场的专用公路或机场高速。有的开通了市区到机场的专用地铁或轻轨,如北京首都国际机场的机场快线、上海机场的磁悬浮列车等。

2）航站区内交通

旅客办理完登机手续后,往往需要花费很多时间才能到达登机口。一般来说,在客运量大并有多个候机楼的大型国际枢纽机场都要配备候机楼内或者候机楼之间的捷运系统,以便在短时间内将旅客送达登机口,节省旅客候机时间。机场内部道路系统的规划要满足旅客和航空公司对顺畅的地面交通的要求。例如,北京首都国际机场3号航站楼南北两座建筑（T3C和T3E）由于距离过长,两座楼之间建造了旅客捷运系统以方便乘客。该旅客捷运系统（APM）是一套无人驾驶的全自动旅客运输系统,行车路线单程长2080米,共有3个车站分别设置在T3C、T3D、T3E。

3）机场停车场和内部道路

机场停车场除了考虑乘机旅客自驾车,还要考虑接送旅客的亲友、机场的工作人员的车辆及观光者和出租车的需求,因此机场的停车场必须有足够大的面积。

机场内部道路系统要满足摆渡车、特种车辆、工作车辆和工作人员等的需求,而且该区域各类车辆与行人混行,要装卸行李,特别是在高峰时期,容易出现混乱和事故,因此航站楼外的道路区要很好地安排与管理。

机场内部道路系统还包括了安排货运的通路,使货物能够通畅地达到货运中心。

四、民航机场的主要设施

《民用机场管理条例》中明确指出,机场是公共基础设施。而作为机场重要组成部分的航站楼,既要满足公共基础设施的要求,也要满足航空运输需求。因此,把候机楼的使用者分为四类,即旅客及迎送者、航空公司人员、机场当局及有关工作人员、商业经营者。航站楼及设施应该最大限度地满足上述四类人员,特别是旅客及迎送者的各种需求。根据旅客及迎送者的需求,航站楼的基本设施主要包括以下内容。

1. 车道边

车道边是航站楼陆侧边缘外在航站楼进出口附近所布置的一条狭长地带,见图3-9。其作用是使接送旅客的车辆在航站楼门前能够驶离车道,作短暂停靠,以便上下旅客、搬运行李。例如,我国三亚凤凰国际机场,就是分别在一、二层设到达、出发两个车道边。总之,车道边的长度、层次,应根据航站楼体型、客流量及车型组合等因素来确定。

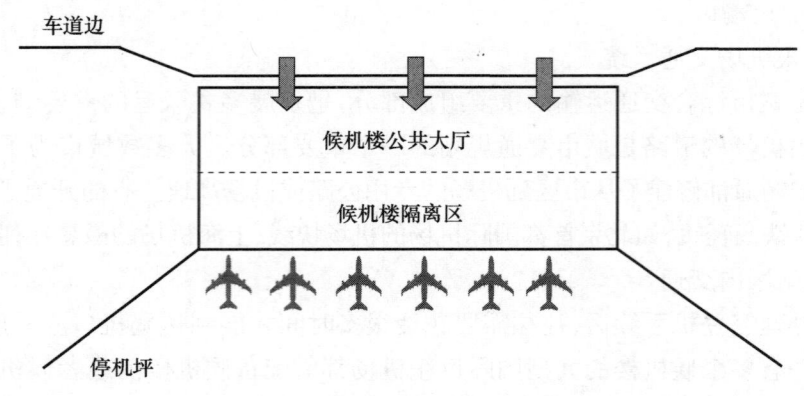

图 3-9 航站楼车道边示意

2. 公共大厅

航站楼公共大厅没有进入限制，是旅客及迎送旅客的人员都可以进出的场所，其具有以下功能：旅客问询、购票、值机（办票）、交运行李、旅客及迎送者等候、安排各种公共服务设施等。

公共大厅的功能分区清晰，其中售票、值机区域明显，在旅客进入离港大厅时即可看到。旅客在值机柜台办理乘机手续，将行李称重、挂标签、托运。办理乘机手续区域的面积、柜台的数量、布置型式，与高峰小时客流量、旅客到达航站楼的时间分布、柜台工作人员办理手续的速度及行李处理设施水平等诸多因素有关。例如，三亚凤凰国际机场的值机岛根据航空公司进行划分，对旅客进行了有效的分流。

公共大厅通常还设有问讯台、各航空公司售票处、机场售票、银行、机场公安局等，以及供旅客和迎送者购物、消闲、餐饮的服务区域。

3. 安全检查设施

安全检查是保障航空安全的一个重要环节，登机前所有旅客及随身携带的物品必须接受安全检查。安检一般设在办票区和出发候机室之间，具体安检通道的位置及数量可根据候机楼的构型、内部流程设计、旅客人数、安检设备和安检工作人员数量等作灵活的布置。

随着威胁航空安全的事件不断出现，安全检查工作变得尤为重要，检查项目更加细致入微，导致单个旅客接受安全检查的时间增加，我国许多繁忙机场的安检口成为阻塞客流的瓶颈。因此，安检在选点、确定设施时要根据客流量筹划。

常用的安检设备有磁感应门（供人通过时检查）、X光机（查手提行李）、手持式电子感应器等。机场安检通道及设施设备见图3-10。

4. 联检设施

政府联检设施包括海关、边防和检验检疫，是维护国家主权，防止非法偷渡的必要环节，是乘坐国际航班的旅客必须经过的流程。

海关主要监管进出境的运输工具、货物、行李物品、邮递物品和其他物品，征收关

图 3-10　机场安检通道及设施设备

税和其他税、费,查缉走私。边防检查的对象主要是出入境人员、出入境证件(包括护照、签证、其他相关证件、出入境登记卡等)、出入境交通运输工具、出入境货物和行李物品。检验检疫部门主要对出入境的货物、人员、交通工具、集装箱、行李邮包携带物等进行检验检疫,以保障人员、动植物安全卫生和商品的质量。

由于国际航班的乘机流程比较复杂,且国内机场的结构设计不相同,不同的机场联检设施的安排次序不尽相同。例如,北京首都国际机场旅客办理手续的次序是值机、检验检疫、边防、安检、海关。

5. 候机室

候机室是出发旅客登机前的集合、休息场所,通常分散设在航站楼登机口附近。候机室应宁静、舒适。考虑到飞机容量的变化,航站楼候机区可采用玻璃墙等作灵活隔断。候机室要为下机旅客提供通道,使之不干扰出发旅客。候机室一般设在二层,以便旅客通过登机桥登机。

6. 行李处理系统

行李的托运及交付是航空运输过程中的一个重要环节。

托运行李指在运输过程中旅客交由承认人代为照管的行李,因此旅客和行李分开,旅客进入客舱,行李进入货舱。到达目的站后,行李由承运人再次交付到旅客手中。因涉及航空安全,所以行李的托运过程比其他交通方式复杂得多,这在一定程度上也使航站楼设计复杂化,因为要配置许多设施才能保证旅客在航站楼内准确、快速、安全地托运或提取行李。

1) 出港行李托运

行李托运及交付的具体流程细节见图 3-11。

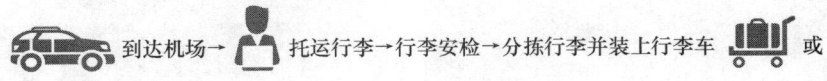

到达机场→托运行李→行李安检→分拣行李并装上行李车 或者集装箱行李→运输到机下、装机→运输

图 3-11　行李进出港处理流程

(1) 行李托运。在值机柜台,值机员会提示旅客行李托运注意事项,收运行李,打印及粘贴行李条。其中,易碎行李贴易碎标签,高端旅客的行李贴优先条,中转的行李贴中转挂牌。工作人员为旅客办理行李托运时,还会检查托运行李外包装。如果行李不符合要求,工作人员会建议旅客重新包装。

(2) 行李安检。托运行李在进入飞机货舱前是要接受严格的安全检查的。旅客在值机柜台办理好行李托运手续后,行李随着传送带被传送到安检设备中,安检人员随即进行安全检查,待行李检查完毕并确认没有不正常情况时,旅客才能离开。安检部门应依照有关法律、法规对旅客交运的行李实施安全检查工作,防止危及航空安全的危险品、违禁品进入民用航空器,保障民用航空器及其所载人员、财产的安全。

(3) 行李分拣并装上行李车或者集装箱。通过安检的行李通过传送带传送到分拣口后,行李分拣员会认真核对每件行李的行李条信息,避免发生行李错运。确定是对应航班的行李后,分拣员会将行李搬至行李托盘或行李集装箱内,等待运输出港。同时,行李分拣员揭下行李条上的一个副联,粘贴在行李记录板上,以备需要时能快速寻找到对应的行李。

(4) 行李运输、装机。站坪上,行李运输司机把行李从分拣大厅运至停机位,与装卸负责人进行航班信息核对,确保运送行李为对应航班承运,之后根据装机单,站坪航班装卸员开始将行李集装箱装机,固定在货舱对应的位置。

2) 进港行李交付

托运行李进港顺序:卸机、行李运输到分拣厅→分拣→交付。

(1) 卸机、行李运输。站坪航班装卸员工将行李卸机,装至散斗或托盘后与行李司机核对航班信息,由行李司机运回航站楼。

(2) 分拣。在通过海关检查(国际航班海关检查,国内不需要)后,行李开始经传送带传送至行李提取大厅。

(3) 交付。行李到达后,旅客可以在行李提取大厅(图3-12)转盘处提取自己的行李。超规行李需要在对应的超规行李提取处提取。

行李的处理,根据航站楼规模和行李吞吐量,可采用同层、二层、三层等方案。旅客的提取行李装置,按在行李提取层行李输送装置的形状,可分为直线式、长圆盘式(图3-13)、跑道式和圆盘式四种。

图3-12 行李提取大厅　　图3-13 提取行李转盘

除了必要的输送设备,现在许多机场由于业务量大,需要不断提升保障能力,采用了进、出港行李自动分检系统,从而大大提高了机场行李处理的速度和准确性。

7. 代步设施

随着航空旅客人数的增加,旅客对机场航站楼的功能要求越来越高,促使机场的设施不断完善,因此部分航站楼的规模也越来越大。与此同时,旅客在规模越大的航站楼办理手续需要行走的路程就越长,为方便大量的旅客在航站楼的活动,特别是增加旅客在各功能区转换时的舒适感,航站楼常常装设机械化代步设备。常见的机械化代步设备有机场捷运系统、电梯、自动扶梯、自动人行步道等。自动人行步道运行安全平稳,使用后可减少旅客拥堵,断电停运时,可作为路面供人行走。北京首都国际机场3号航站楼南北两座建筑(T3C和T3E)由于距离过长,两座楼之间会建造旅客捷运系统以方便乘客。旅客捷运系统(APM)是一套无人驾驶的全自动旅客运输系统,如图3-14所示。

自动化代步机械的发展,不仅会提高旅客在航站楼内的舒适感,还会对航站楼设计理念的发展和变化造成影响。

8. 登机桥和客梯车

1)登机桥

近机位登机往往使用登机桥(廊桥)。登机桥主要指用以连接候机厅与飞机之间的可移动、升降的通道。每个机场都有多个登机桥位,廊桥本身可水平转动、前后伸缩、高低升降,因此能适应一定的机型和机位变化,经过专职人员操纵,一端连接候机楼的某个登机口,一端扣在飞机舱门上,旅客由对应的登机口进入飞机,如图3-15所示。

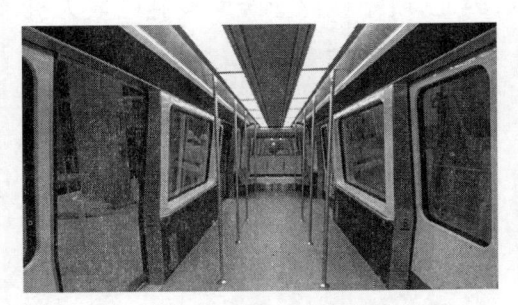

图3-14 首都机场T3捷运小火车　　　　图3-15 登机桥

采用登机桥,可使下机、登机的旅客免受天气、气候、飞机噪声、发动机喷气吹袭等因素影响,也便于机场工作人员对出发、到达旅客客流进行组织和疏导。

2)客梯车

客梯车和登机桥的作用相同,适用于远机位登机,主要是方便旅客上下飞机。一般客梯车在乘客上下飞机时将梯口对准飞机舱门。客梯车样式详见图3-16。

9. 其他特种车辆

按照民用机场特种车辆、专用设备配备(MH/T5002—1996)标准规定,在民用机场所划定区域内，机场场道、机坪、航站楼、航空器和运输服务、应急救援应配备相应品类与数量的特种车辆和专用设备。其中特种车辆也称为勤务车辆，大致可以划分为下列几类：

图 3-16　客梯车

（1）服务旅客车辆。主要有摆渡车、残障旅客升降车、行李传送车等。

（2）飞机保障车辆。主要有飞机牵引车、行李牵引车、清水车、食品车、加油车、地面电源车、空调车、垃圾车、飞机专用除冰车、驱鸟车等。

（3）场道保障车辆。有扫雪车、压路车、扫道车、除胶车、叉车、摩擦系数测试车等。

（4）应急救援车辆。有应急指挥车、消防救援车、医疗急救车等。

10. 商业经营设施

随着航空客运量的迅猛增加，机场作为公共基础设施，不仅要满足旅客办理各种乘机手续的需求，还要满足旅客延伸性的需求，因此，航站楼商业经营设施已成为机场当局创收的一个重要渠道。在商业经营卓有成效的机场，如迪拜、希思罗、新加坡等机场，都有项目完备、规模庞大的航站楼商业经营设施，商业经营收入一般都占到机场总收入的 60% 以上。航站楼可以根据当地实际情况开展的商业经营项目，如免税商场（三亚凤凰国际机场免税店详见图 3-17）、银行、保险、会议厅、健身厅、娱乐室、影院、书店、珠宝店、广告、餐厅等。

图 3-17　三亚凤凰国际机场免税店

11. 信息服务设施

机场信息服务设施主要指旅客问讯查询系统、航班信息显示系统、广播系统、时钟等，为出行的旅客提供航班动态查询、航班情况跟踪及登机情况提示等服务。

12. 其他设施（机场办公区）

航站楼的运营还需要其他许多设施，如机场当局、航空公司、公安以及各职能、技术、业务部门的办公、工作用房和众多的设施、设备。

第二节 民航机场的组织结构与生产运行

一、组织结构设计

（一）组织结构概述

1. 组织结构定义

组织结构（Organizational Structure）是指对于工作任务如何进行分工、分组和协调合作。组织结构是组织的全体成员为实现组织目标，在管理工作中进行分工协作，在职务范围、责任、权利方面所形成的结构体系。组织结构是组织在职、责、权方面的动态结构体系，其本质是为实现组织战略目标而采取的一种分工协作体系，组织结构必须适时地随着组织的重大战略调整而调整。

机场是为航空公司、客货主提供服务的场所，因此机场建立组织结构的目的是完成民航运输过程中的"地面服务"部分，为航空公司、客货主提供专业化服务及延伸性服务，同时要保证服务质量和服务效率。

2. 组织结构的内容

企业组织架构包含三个方面的内容：单位、部门和岗位的设置；单位、部门和岗位职责、权利的界定；单位、部门和岗位相互关系的确定。

1）企业组织单位、部门和岗位的设置

企业组织单位、部门和岗位的设置不是把一个企业组织分成几个部分，而是企业作为一个服务于特定目标的组织，必须由几个相应的部分构成，不同的部分发挥不同的功能。它不是由整体到部分进行分割，而是整体为了达到特定目标，必须有不同的部分。这种关系不能倒置。

机场要根据定位来实现其功能、目标，要实现这些功能目标，必须要有不同的单位、部门、岗位来实现，因此先分析机场的功能，一般机场的功能目标按照服务对象划分如表3-9所列，机场功能对应的单位、部门如表3-10所列。

表3-9 按服务对象划分机场的功能目标

服务对象	航空公司	离港旅客	中转旅客	到港旅客	机场员工、当地居民
实现功能目标	技术保障 起降服务 地面及空中交通管理 运输设施设备 办公场所	地面服务 延伸性服务如商品购买、餐厅、休息室、银行等	地面转机服务 延伸性服务如商品购买、餐厅、休息室等	地面保障服务 行李交付 地面交通服务 旅游信息服务	休闲娱乐设施 银行 办公区域 超级市场

表 3-10　机场发挥相应功能对应的单位、部门

机场基本功能分析	对应的单位、部门
供飞机安全、有序、高效地进行起降运行	机场建筑工程、机场运营管理
在飞机起飞前、着陆后,提供各种设施和设备,供飞机停靠指定机位	机场场道保障
提供各种设备和设施,安排国际/国内旅客、行李、货物、邮件等方便、安全、及时、快捷地上下飞机	地面服务、信息化服务、联检服务
提供飞机维修以及空中交通管制、通信导航监视、航空气象、航行情报等各种技术服务	机务维修、空中交通管理、气象
一旦飞机在机场范围内发生事故,能提供消防和紧急救援服务	消防、紧急救援
提供各种设备和设施,供飞机补充油料、食品、水及航材等,并清除、运走废弃物	航空油料、地面服务
为乘机和下机的客、货、邮提供方便的地面交通组织和设施(如停车场和停车楼);提供各种设施,组织旅客及行李、货物和邮件改变交通方式(地转空或空转地)	地面交通服务
机场基本功能的扩大,即提供各种商业服务,如餐饮、购物、会展、休闲服务等;依托机场还可建立物流园区、临空产业区、临空经济区以及航空城等	机场延伸性服务

从表 3-9、表 3-10 可以看出,机场要实现其基本功能,必须有提供机场建筑工程、机场运营管理、机场场道保障、机场地面服务、机场信息化服务、联检服务、机务维修、空管、航空油料服务、机场延伸性等服务的部门。

2)各个单位、部门和岗位的职责、权力的界定

各个单位、部门和岗位的职责、权力的界定是对各个部分的目标功能作用的界定。这种界定就是一种分工,但却是一种有机体内部的分工。

3)单位、部门和岗位相互关系的界定

单位、部门和岗位相互关系的界定是界定各个部分在发挥作用时,彼此如何协调、配合、补充、替代的关系。

3. 组织结构的一般形式

1)直线制组织结构

直线制是一种最早也是最简单的组织形式。它的特点是企业各级行政单位从上到下实行垂直领导,下属部门只接受一个上级的指令,各级主管负责人对所属单位的一切问题负责。厂部不另设职能机构(可设职能人员协助主管人工作),一切管理职能基本上都由行政主管自己执行。直线职能制的组织结构详见图 3-18,直线职能制组织

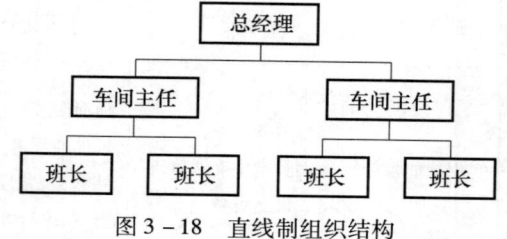

图 3-18　直线制组织结构

结构的优缺点及适用条件如表3-11所列。

表3-11 直线制组织结构的优缺点及适用条件

优点	缺点	适用条件
结构简单、权利集中、指挥单一、决策迅速、责任分明、命令统一	没有专门的职能机构,管理者负担大,要求行政负责人综合素质高,掌握广泛的知识和技能,亲自处理各种业务。这在业务比较复杂、企业规模比较大的情况下,把所有管理职能都集中到最高主管一人身上,则难以胜任	只适用于规模较小、生产技术比较简单、产品单一的企业

2) 职能制组织结构

职能制组织结构,是各级行政单位除了主管负责人,还相应地设立一些职能机构。例如,在厂长下面设立职能机构和人员,协助厂长从事职能管理工作。这种结构要求行政主管把相应的管理职责和权力交给相关的职能机构,各职能机构就有权在自己业务范围内向下级行政单位发号施令。因此,下级行政负责人除了接受上级行政主管人指挥,还必须接受上级各职能机构的领导。职能制组织结构详见图3-19,职能制组织结构的优缺点及适用条件如表3-12所列。

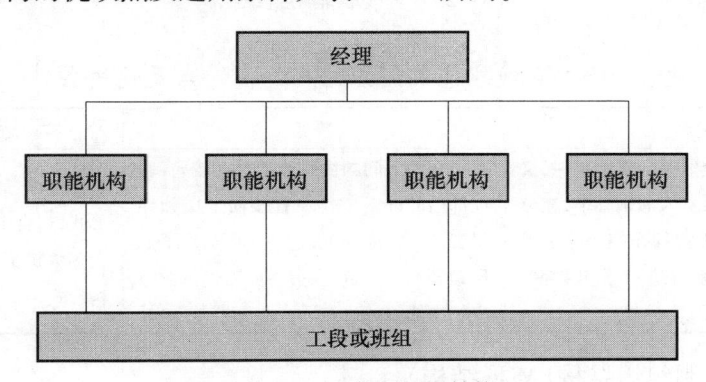

图3-19 职能制组织结构

表3-12 直线制组织结构的优缺点及适用条件

优点	缺点	适用条件
能适应现代化工业企业的生产技术;能充分发挥职能机构的专业管理作用,减轻直线领导人员的工作负担	妨碍了必要的集中领导和统一指挥,形成了多头管理;不利于建立和健全各级行政负责人及职能科室的责任制;在上级行政领导和职能机构的指导及命令发生矛盾时,下级就无所适从,影响工作的正常进行,容易造成纪律松弛、生产管理秩序混乱	由于这种组织结构形式的明显缺陷,现代企业一般都不采用职能制

3. 直线—职能制组织结构(U形结构)

直线—职能制,也叫生产区域制,或直线参谋制。它是在直线制和职能制的基础上,取长补短,吸取这两种形式的优点而建立起来的。目前,我们绝大多数企业都采用这种组织结构形式。这种组织结构形式是把企业管理机构和人员分为两类：一类是直线领导机构和人员，按命令统一原则对各级组织行使指挥权；另一类是职能机构和人员，按专业化原则，从事组织的各项职能管理工作。直线领导机构和人员在自己的职责范围内有一定的决定权和对所属下级的指挥权，并对自己部门的工作负全部责任。而职能机构和人员，则是直线指挥人员的参谋，不能对直接部门发号施令，只能进行业务指导。直线职能制组织结构详见图3-20，直线职能制组织结构的优缺点及适用条件如表3-13所列。

图3-20 直线职能制组织结构

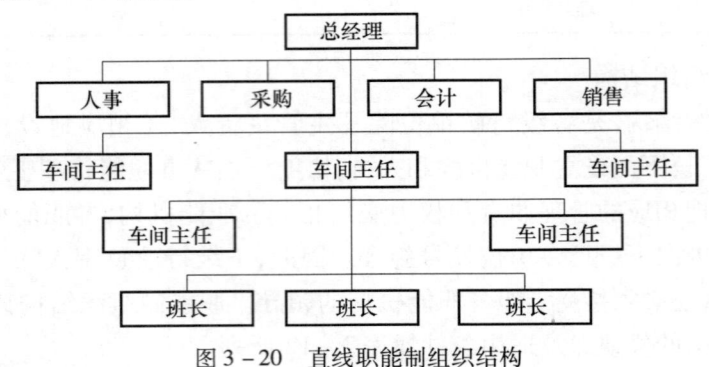

表3-13 直线职能制组织结构的优缺点及适用条件

优点	缺点	适用条件
既保证了企业管理体系的集中统一，又可以在各级行政负责人的领导下，充分发挥各专业管理机构的作用。分工严密，上下级之间关系清楚，工作效率高，稳定性好	职能部门之间的协作和配合性较差，职能部门的许多工作要直接向上层领导报告请示才能处理，这一方面加重了上层领导的工作负担；另一方面也造成办事效率低	是最基本、最普遍的组织结构形式，适合中小型企业。我国大多数机场采用此种组织结构形式

4. 事业部制组织结构(M形结构)

事业部制最早是由美国通用汽车公司总裁斯隆于1924年提出的，故有"斯隆模型"之称，也称为"联邦分权化"，是一种高度（层）集权下的分权管理体制。事业部制是分级管理、分级核算、自负盈亏的一种形式，即一个公司按地区或按产品类别分成若干个事业部，从产品的设计、原料采购、成本核算、产品制造，一直到产品销售，均由事业部及所属工厂负责，实行单独核算、独立经营，公司总部只保留人事决策、预算控制和监督大权，并通过利润等指标对事业部进行控制。事业部制组织结构详见图3-21，事业部制组织结构的优缺点及适用条件如表3-14所列。

表3-14 事业部制组织结构的优缺点及适用条件

优点	缺点	适用条件
权利下放后，有利于充分发挥各个部门的积极性；独立核算，稳定性好，主动性和创造性高，适应性强；工作效率高，便于考核	本位主义强，各事业部独立性强，整体性差，机构重叠，各事业部协调难度大	是较常用的组织结构形式，适合规模庞大、品种多样化、技术复杂、市场环境变化较快的大型企业或集团公司

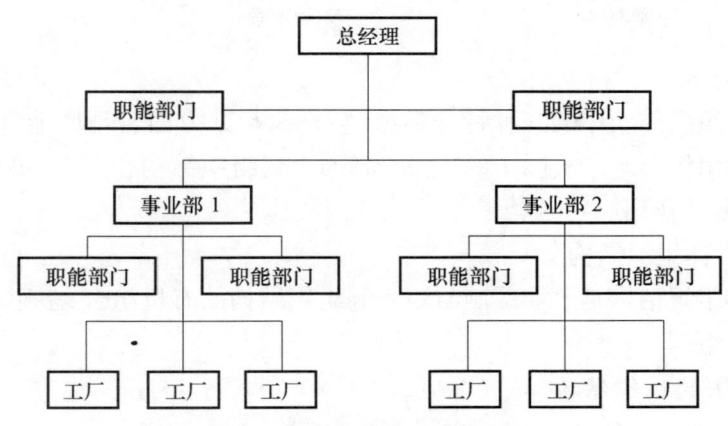

图3-21 事业部制组织结构图

5. 矩阵制组织结构

矩阵组织结构是既有按职能划分的垂直领导系统,又有按产品(项目)划分的横向领导关系的结构。矩阵制组织是为了改进直线职能制横向联系差,缺乏弹性的缺点而形成的一种组织形式。它的特点表现在围绕某项专门任务成立跨职能部门的专门机构上,例如,组成一个专门的产品(项目)小组去从事新产品开发工作,在研究、设计、试验、制造各个不同阶段,由有关部门派人参加,力图做到条块结合,以协调有关部门的活动,保证任务的完成。任务完成后就解散,有关人员回原单位工作。这种组织结构非常适用于横向协作和攻关项目。矩阵制组织结构详见图3-22,其优缺点及适用条件如表3-15所列。

图3-22 矩阵制组织结构

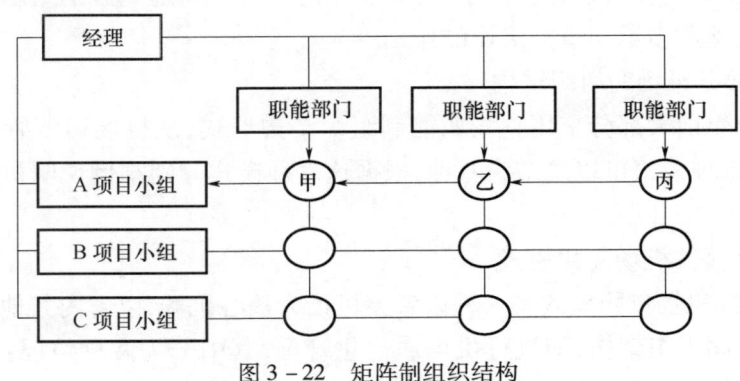

表3-15 矩阵制组织结构的优缺点及适用条件

优点	缺点	适用条件
机动、灵活,可随项目的开发与结束组织或解散;任务清楚,目的明确,各方面有专长的人都是有备而来,成员之间容易沟通、融合;信任感、荣誉感、责任感强,工作热情高	双重领导,缺少统一管理,没有足够的激励手段与惩治手段;由于项目组成人员来自各个职能部门,当任务完成以后,仍要回原单位,关系不稳定,因而容易产生临时观念	矩阵结构适用于一些重大攻关项目。企业可用来完成临时性的、复杂的重大工程项目,特别适用于以开发与实验为主的单位,如科学研究,尤其应用性研究单位等

6. 其他组织结构

1）委员会

委员会是组织结构中的一种特殊类型，它是执行某方面管理职能并以集体活动为主要特征的组织形式。实际中的委员会常与上述组织结构相结合，可以起决策、咨询、合作和协调的作用。

2）多维立体组织结构

多维立体组织结构是事业部制与矩阵制组织结构的有机组合，多用于多种产品，跨地区经营的组织。

（二）机场的组织结构

1. 机场组织结构的作用

（1）组织结构表明了机场各功能之间是如何关联的。

（2）组织结构反映了机场不同层次之间的关系，组织内部的交流渠道，提供了一个管理的构架。通过这种共同约定的构架，保证资源和信息流通的有序性，并通过这种有序性，稳定和提升这个组织所共同使用的资源在实现其共同价值目标上的效率和作用。

（3）机场组织结构是组织目标的达成和承担事务工作的大小、多少，与在这个组织中的地位和作用之间，事先确定一个对应关系。一方面，通过这种关系的界定，把组织成员个人的意志行为诱导到为组织目标实现的努力上来，并规范其行为模式，以保障组织目标的达成；另一方面，则是让每个成员根据自己希望在这个组织实现的地位和作用，自主地选择所承担事务工作的大小和多少，进而起到激励组织成员工个人为组织目标的达成多承担事务工作的作用。

2. 我国部分机场的组织结构

我国机场目前大部分采用直线职能制组织结构形式，从机场运营管理架构的角度，机场运营管理模式可以总结为六种，根据这六种模式分别举例说明机场的具体组织结构形式。

1）省（市、区）机场集团模式

省（市、区）机场集团模式是一种以省会机场为核心机场，以省内其他机场为成员机场的机场集团组织架构，即进行机场属地化管理，其中分为两种情况：第一种是成立了省（区、市）机场管理集团公司或管理公司，并由机场公司统一管理区域内的所有机场，如上海、天津、海南；第二种是成立了省（区、市）机场管理集团公司或机场管理公司，但机场公司只管理区域内部分而不是全部机场，如重庆、广东、四川。

重庆机场集团组织结构属于省（市、区）机场集团模式，是根据国务院关于民航体制改革的有关精神，于2003年11月26日在原民航重庆市管理局基础上设立的，并于2004年4月18日加盟首都机场集团公司，其主要职责是经营管理重庆江北国际机场。重庆机场集团有限公司组织结构图主要采用直线职能制，设有12个职能部门。重庆机场集团有限公司组织结构图详见图3-23。

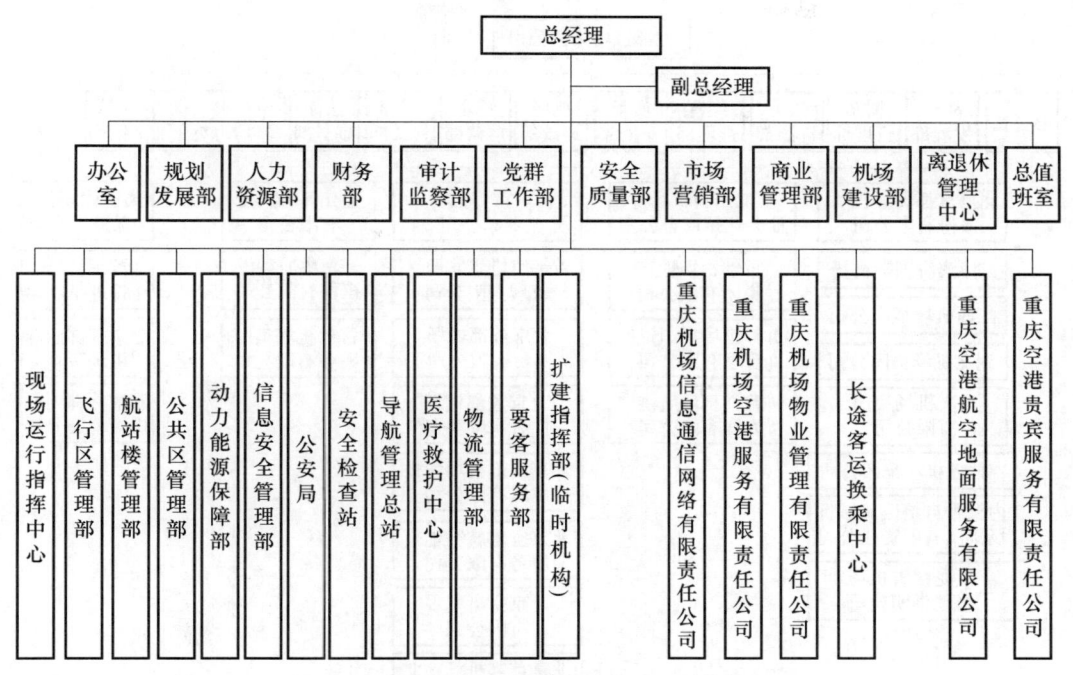

图3-23 重庆机场集团有限公司组织结构图

重庆江北国际机场是中国民航区域性枢纽之一,位于重庆市东北部,1990年1月22日建成投用,飞行区等级为4E级。目前,重庆机场拥有两条跑道(其中:第一跑道长3200米、第二跑道长3600米);两座航站楼共20万米^2(其中:国际楼2万米^2、国内楼18万米^2);停机坪76万米^2,停机位89个,货库9万米^2。可保障年旅客吞吐量3000万人次、货邮吞吐量55万吨、年飞机起降26万架次的运行需要。重庆机场通航城市达到120个,其中国内83个,全国各省会城市及主要旅游城市全覆盖,国际及港澳台地区37个。

2009年旅客吞吐量突破1400万人次,稳居中国十大机场之列,成为世界100强机场之一。2012年旅客吞吐量突破2000万大关,成功迈入增长新量级。为满足快速发展的航空运输生产需求,重庆机场于2009年启动东航站区及第三跑道建设工程,新建一条3800米的4F级跑道,可满足A380起降;新建80万米^{2}停机坪,新增停机位94个。该项目将于2015年底前建成投用,将满足年旅客吞吐量4500万人次、货邮吞吐量110万吨、飞机起降37.3万架次的运输需求。

2) 跨省机场集团模式

跨省机场集团模式是一种超越省机场管理集团的运营管理架构,是由几个省的机场管理集团通过资产重组,组建为一个跨省的机场集团。目前,首都机场集团收购、托管、参股的机场,分布于10个省(市、区),成员机场达到35家;西部机场集团管理了4个省(自治区)的11家机场。

首都机场集团公司组织结构详见图3-24。

航空运输导论

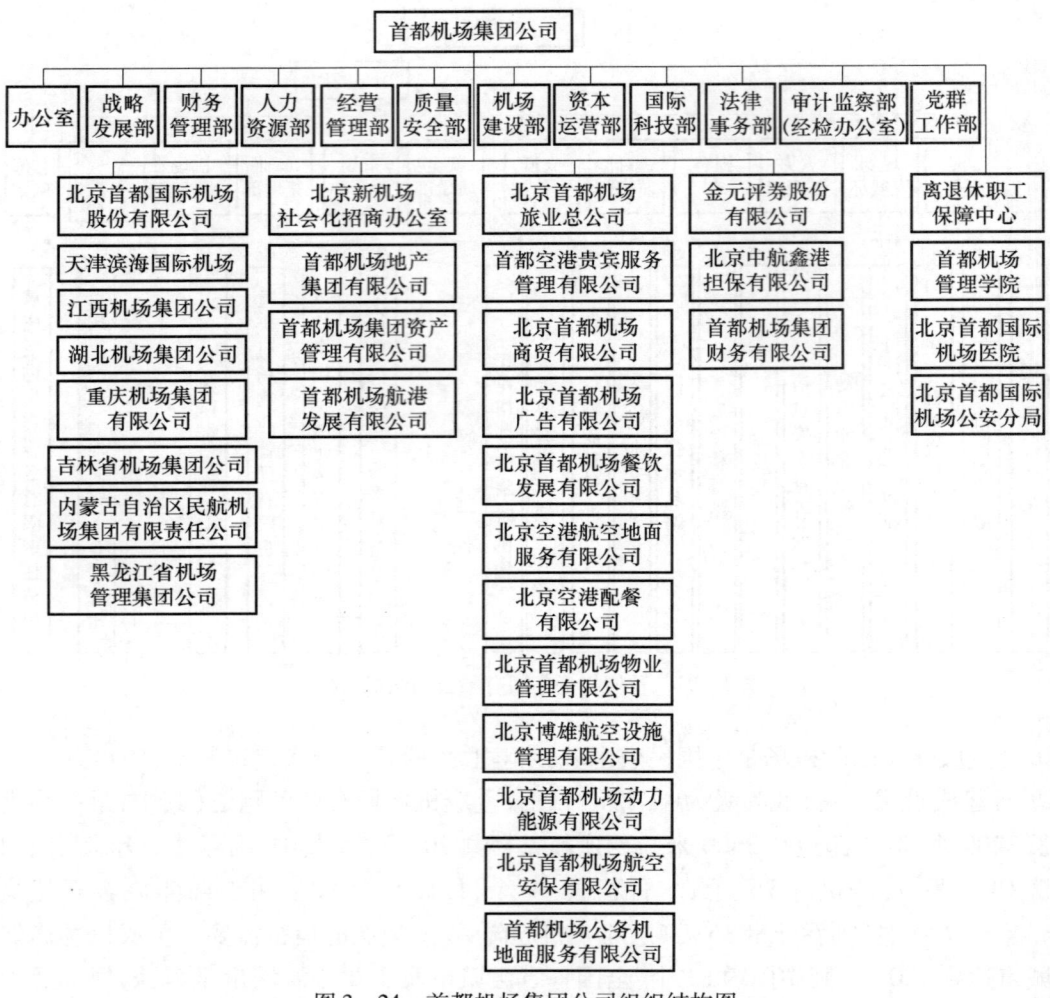

```
                           首都机场集团公司
  ┌──────┬──────┬──────┬──────┬──────┬──────┬──────┬──────┬──────┬──────┐
办公室  战略   财务   人力   经营   质量   机场   资本   国际   法律   审计监察部  党群
       发展部 管理部 资源部 管理部 安全部 建设部 运营部 科技部 事务部 (经检办公室) 工作部
```

北京首都国际机场股份有限公司	北京新机场社会化招商办公室	北京首都机场旅业总公司	金元评券股份有限公司	离退休职工保障中心
天津滨海国际机场	首都机场地产集团有限公司	首都空港贵宾服务管理有限公司	北京中航鑫港担保有限公司	首都机场管理学院
江西机场集团公司	首都机场集团资产管理有限公司	北京首都机场商贸有限公司	首都机场集团财务有限公司	北京首都国际机场医院
湖北机场集团公司	首都机场航港发展有限公司	北京首都机场广告有限公司		北京首都国际机场公安分局
重庆机场集团有限公司		北京首都机场餐饮发展有限公司		
吉林省机场集团公司		北京空港航空地面服务有限公司		
内蒙古自治区民航机场集团有限责任公司		北京空港配餐有限公司		
黑龙江省机场管理集团公司		北京首都机场物业管理有限公司		
		北京博雄航空设施管理有限公司		
		北京首都机场动力能源有限公司		
		北京首都机场航空安保有限公司		
		首都机场公务机地面服务有限公司		

图 3-24 首都机场集团公司组织结构图

首都机场集团公司隶属于中国民用航空局,是以北京首都国际机场为龙头的机场管理集团公司,是一家跨地域、多元化的大型国有企业集团,于 2002 年 12 月 28 日成立。到 2014 年 12 月 31 日,公司全资、控股的成员企业 30 多家,目前,公司旗下拥有北京、天津、江西、重庆、吉林、内蒙古、黑龙江等 7 省(含直辖市、自治区)所辖干支机场 40 多个。首都机场集团公司组织结构图采用图 3-20 所示的直线职能制组织结构。

北京首都国际机场是"中国第一国门",是中国最重要、规模最大、设备最先进、运输生产最繁忙的大型国际航空港。是中国的空中门户和对外交流的重要窗口。北京首都国际机场建成于 1958 年,旅客吞吐量从 1978 年的 103 万人次增长到 2013 年的 8371 万人次,目前排名全球第 2 位。是亚太地区首个,也是唯一一家拥有 3 个航站楼、3 条跑道、双塔台同时运行的机场。北京首都国际机场是连接亚、欧、美三大航空市场最为便捷的航空枢纽。国航、东航、南航、海航等中国国内主要航空公司均已在北京首都国际机场设立运营基地,每天有92家航空公司的近1700个航班将北京与世界243个机场紧密连接。北京首都国际机场股份有限公司组织结构详见图3-25。

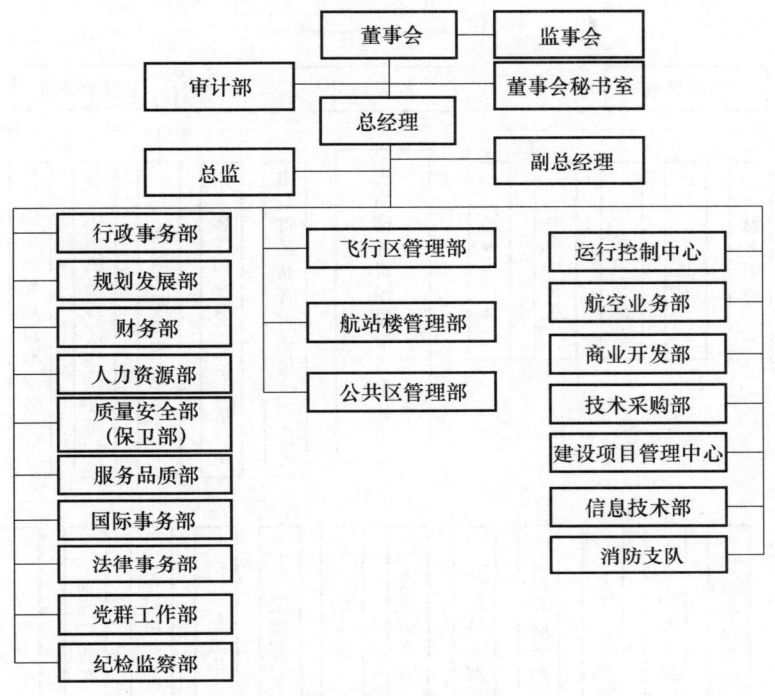

图3-25 北京首都国际机场股份有限公司组织结构图

3)省会机场公司模式

省会机场公司模式是一种在没有以省为单位成立机场管理集团的情况下,省政府只负责管理省会机场,其他机场由所在地市政府管理的模式,如山东、江苏、浙江。目前,有3个省会机场由省政府管理,省内其他机场则由所在地市政府管理。省会机场由省政府管理,优势在于能够调动全省的资源和力量来扶持省会机场的建设与发展。

(1)山东机场现状及组织结构。山东机场有限公司是经山东省人民政府批准成立,由山东省人民政府国有资产监督管理委员会履行出资人职责的国有独资有限责任公司,以济南机场2003年底净资产为注册资本,注册资本8亿元人民币,其前身为原民航山东省管理局所辖的济南遥墙国际机场。2004年12月,省政府以鲁政字〔2004〕923号文批准山东机场有限公司与济南国际机场股份有限公司建立母子公司体制关系。山东机场有限公司组织结构详见图3-26。

山东机场是我国重要的干线机场及空中交通枢纽,服务配套实施满足波音-747-400以下机型起降。截至2013年底,共有26家航空公司在济南国际机场投放了运力,济南国际机场执行航线130余条,其中,国际航点4个(首尔、大阪、曼谷、新加坡),地区航点4个(香港、台北、台中、花莲),平均每周进出港航班1450余架次,分别通往近55个城市和地区。

101

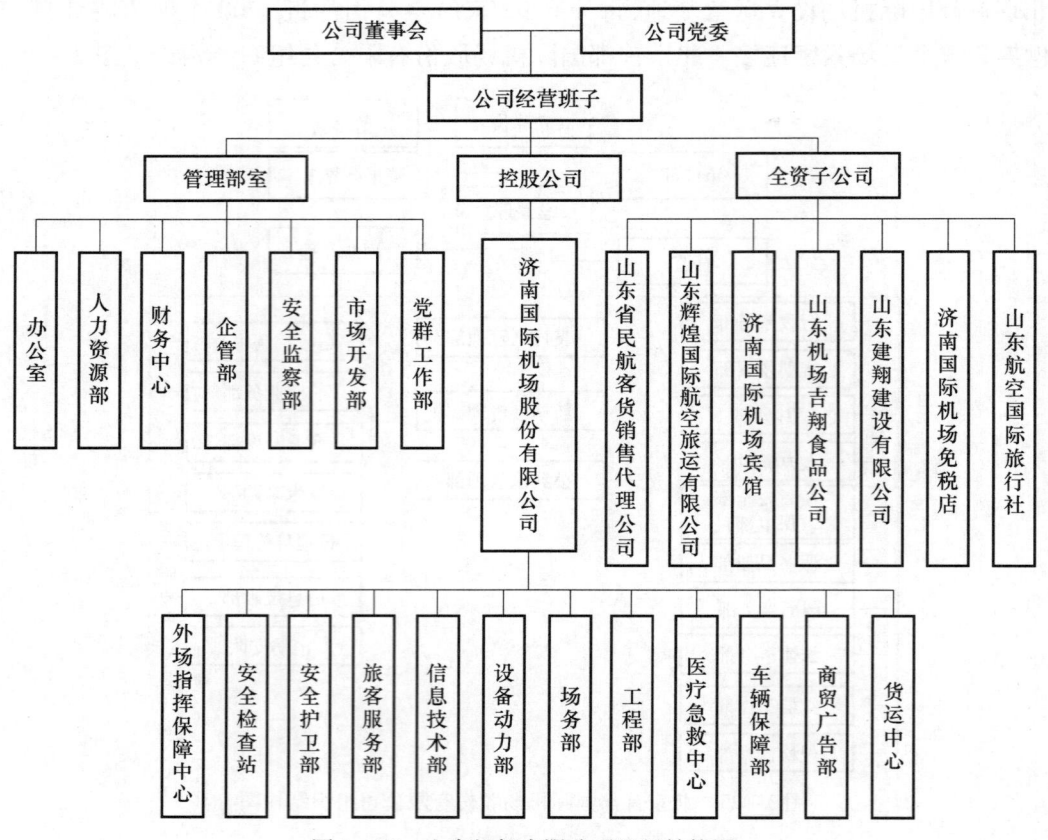

图 3-26 山东机场有限公司组织结构图

山东机场实行董事会领导下的总经理负责制,控股济南国际机场股份有限公司,拥有客货销售公司、吉祥航空食品有限公司、机场宾馆等7个全资子公司,设有办公室、人力资源部、企管部等8个管理部室,外场指挥保障中心、安检站、旅客服务、信息技术部等14个二级服务保障单位。

(2) 南京禄口国际机场现状及组织结构。南京禄口国际机场是由江苏省政府投资、管理的中国重要的干线机场,是华东地区的主要货运机场,1995年2月28日开工建设,1997年7月1日正式通航。南京禄口国际机场的战略定位是"中国大型枢纽机场,航空货运和快件集散中心"。

南京禄口国际机场目前拥有通往60个国内主要城市、20个国际和港澳台地区城市的130多条航线,每周进出港航班达到2800班。2009年,机场客流量首次突破1000万人次,跻身全国千万级大型机场行列。截至2013年底,累计保障飞行117.77万架次,旅客吞吐量1.17亿人次,货邮吞吐量224.97万吨。机场现有中国东方航空江苏有限公司、深圳航空江苏分公司、中国邮政货运航空公司等3家基地航空公司。在南京机场运营的中外航空公司已超过25家。2006年起,机场在苏皖两省先后设立16座城市候机楼和5座城市货站。

公司设有8个职能部门、11个保障部门和7个经营性单位。南京禄口国际机场有限公司组织结构如图3-27所示。

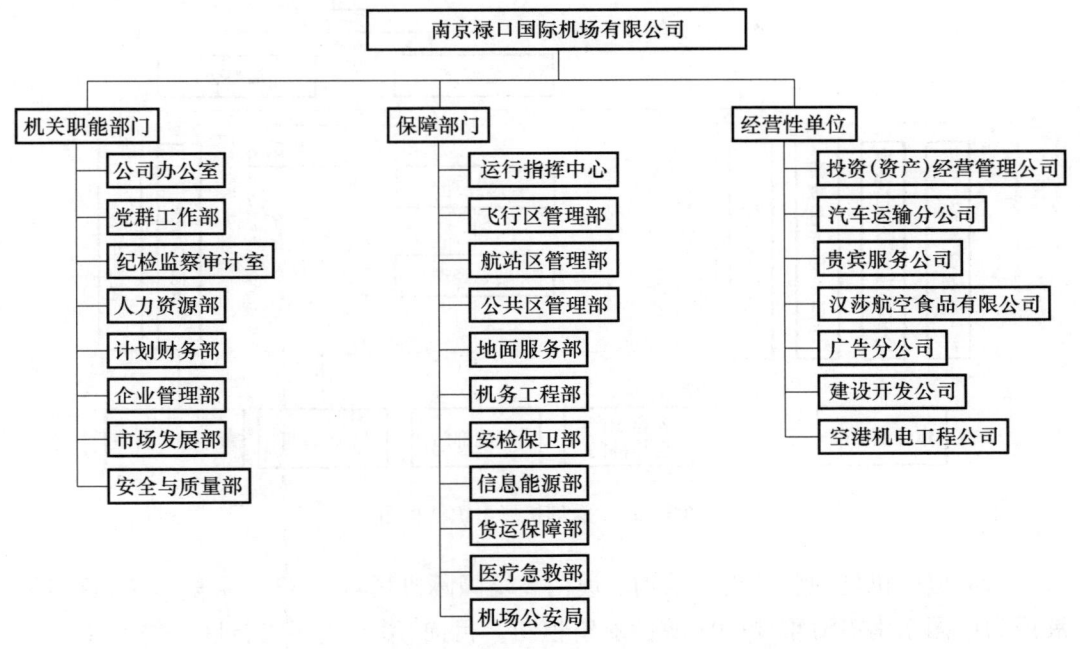

```
                    南京禄口国际机场有限公司
        ┌──────────────────┼──────────────────┐
    机关职能部门          保障部门           经营性单位
    ├ 公司办公室        ├ 运行指挥中心      ├ 投资(资产)经营管理公司
    ├ 党群工作部        ├ 飞行区管理部      ├ 汽车运输分公司
    ├ 纪检监察审计室    ├ 航站区管理部      ├ 贵宾服务公司
    ├ 人力资源部        ├ 公共区管理部      ├ 汉莎航空食品有限公司
    ├ 计划财务部        ├ 地面服务部        ├ 广告分公司
    ├ 企业管理部        ├ 机务工程部        ├ 建设开发公司
    ├ 市场发展部        ├ 安检保卫部        └ 空港机电工程公司
    └ 安全与质量部      ├ 信息能源部
                       ├ 货运保障部
                       ├ 医疗急救部
                       └ 机场公安局
```

图3-27 南京禄口国际机场有限公司组织结构图

4）市属机场公司模式

市属机场公司模式即机场由所在地市政府管理，如深圳、厦门、无锡、南通、绵阳、南充、攀枝花、宜宾、泸州、万州。目前，共有31家机场由所在地市政府管理。市机场公司模式，在不同的城市情况也不相同。如果机场所在城市的经济实力强，当地政府又重视和大力扶持机场，机场就发展得较好，如深圳、大连、青岛、厦门、宁波等机场。但是，除了上述几个机场，其他26个机场业务量普遍较小，机场所在地经济欠发达，地方政府的财力有限，往往是"心有余而力不足"，客观上欠缺足够的资源支持机场。

（1）深圳机场现状及组织结构。深圳机场位于拥有中国最大航空市场的珠三角地区，地区经济社会的持续快速发展为深圳机场的持续发展提供了绝佳的发展平台。深圳机场自1998年成立以来，一直在通过不断的努力与创新来提升深圳机场的管理与服务水平，其组织结构详见图3-28。

近年来，深圳机场一直位居全国第4大机场，2007年在国际机场协会（ACI）的业务规模排名中，深圳机场客运列63位，货运列33位。面向未来，深圳机场明确了新的发展定位：建设成为区域性客运枢纽机场和中国超级货运门户机场，全力打造区域性客运枢纽和中国超级货运门户机场；以深圳机场扩建工程为契机，全力推进航空城建设；力争用3~5年时间建设一个具有深圳特色、国际水平的现代化空港，初步形成以航空产业为核心，相关产业联动发展的空港经济圈，在新的历史起点上实现深圳机场的跨越式科学发展。

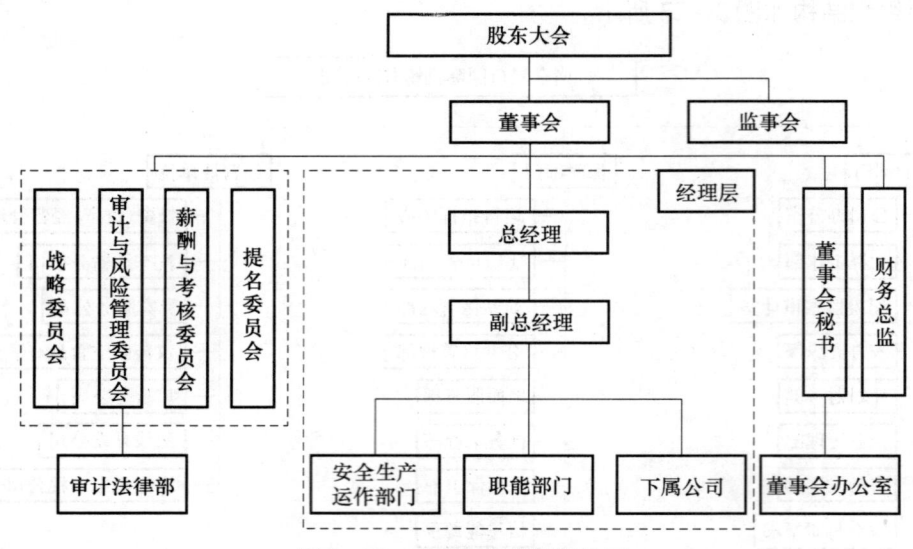

图 3-28　深圳机场组织结构图

(2) 厦门机场现状及组织结构。厦门高崎国际机场自1983年通航以来，逐步发展成为中国东南沿海重要的区域性航空枢纽。目前，厦门机场飞行区等级为4E级，可起降波音-747-8等大型飞机，拥有1条3400米长跑道和2条平行滑行道及10条联络道。停机坪总面积77万米^2，拥有89个停机位。2014年12月28日厦门高崎国际机场T4候机楼正式启用，开启双楼运行新时代。T3候机楼建筑面积为12.98万米^2，T4候机楼建筑面积为10.8万米^2。

厦门国际航空港股份有限公司拥有候机楼分公司、地勤分公司、货站分公司三个分公司，控股元翔机务公司、元翔货站公司和元翔货服公司，设有综合管理部、财务部等6个职能部门，厦门机场具体的组织结构详见图3-25。目前，在厦门机场营运的航空公司有40家，其中国内航空公司24家，国际及地区航空公司16家；通航的机场有98个，其中我国大陆81个，国际及地区17个；目前正在运营157条境内外航线，其中国内129条，国际20条，地区8条。2014年，厦门机场保障飞机安全起降17.43万架次，完成旅客吞吐量2086.38万人次，完成货邮吞吐量30.64万吨。首次突破年旅客吞吐量2000万人次大关。厦门国际航空港股份有限公司组织结构详见图3-29。

5) 航空公司管理模式

航空公司管理机场模式有利于小型机场利用较成熟的航空公司的优势来增加航线、航班，培育市场，提高机场的业务量，促进机场发展。对于大中型机场，这种优势不太明显。相对而言，把机场交给航空公司管理，不利的方面较多：一是机场交给航空公司，机场所在地政府投资建设机场的积极性会削弱；二是对于航空公司投资管理机场，法规规定航空公司的参股比例受到法律形式的限制。

目前，我国有19家机场分别由4家航空公司直接或间接管理，海航集团管理了甘肃机场集团(兰州、敦煌、嘉峪关、庆阳、张掖、金昌机场,不包括天水机场)和海口、三亚、东营、宜昌、安庆、满洲里、潍坊、唐山、营口、锦州等16个机场,深圳航空公司管理常州机场,南方航空公司管理南阳机场,厦门航空公司管理武夷山机场。这19个机场中,除了海口、三亚和兰州机场,其他16个都是小型机场。

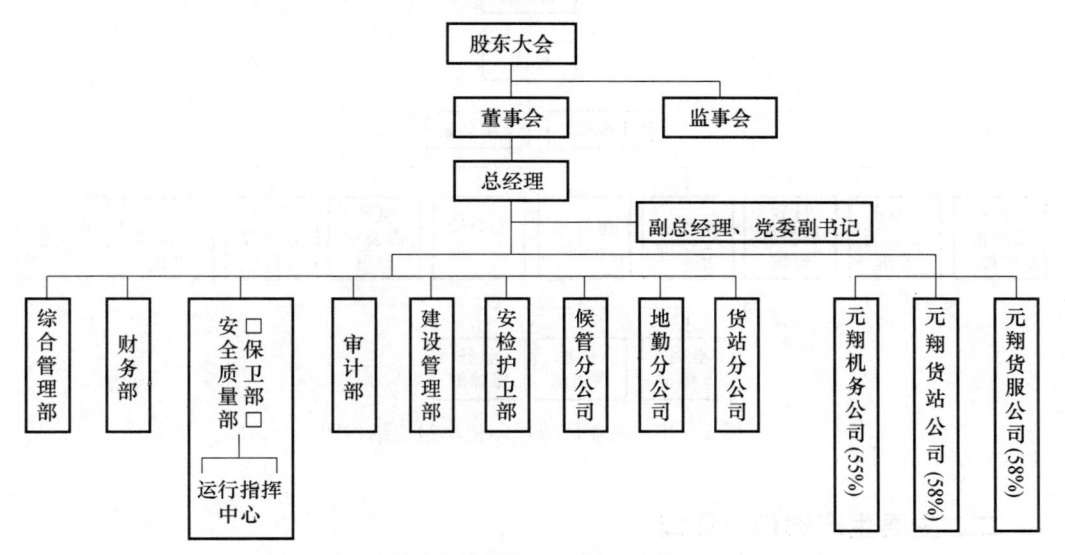

图 3 – 29　厦门国际航空港股份有限公司组织结构图

航空公司管理模式的代表为海航集团管理的机场。海航机场集团是国内第三大机场投资管理集团,下辖海口美兰国际机场、三亚凤凰国际机场、兰州中川机场、敦煌莫高机场、嘉峪关机场、张掖机场、金昌机场、庆阳西峰机场、潍坊机场、东营永安机场、宜昌三峡机场、满洲里西郊机场、安庆天柱山机场、唐山三女河机场、营口兰旗机场、锦州机场等16家机场。截至2012年底,旅客吞吐量近2900万人次,飞机起降架次24万次,货邮行吞吐量38万吨。

三亚凤凰国际机场(简称"凤凰机场")是一座现代化的4E级民用机场,是国内干线机场,跑道长3400米,宽60米(含道肩),可满足波音–747、空客340等大型飞机全载起降的要求,停机坪可同时安全停放48架大中型客机。凤凰机场现航站楼面积为6.5万米^2(其中国内航站楼4.2万米^2、国际航站楼1万米^2、贵宾航站1.3万米^2),登机廊桥7个。凤凰机场目前已开通航线214条,其中国内航线160条,国际航线51条,地区航线3条;与国内外127个城市通航,其中国内73个城市,地区3个城市,国际51个城市。在海航机场集团的管理下,2011年年旅客吞吐量达到1036万人次,首次突破千万人次,正式迈入国内千万级机场行列;2013年完成旅客吞吐量1286万人次,再创历史新高。三亚凤凰国际机场组织结构详见图3 – 30。

6)委托管理模式

委托管理模式主要有两种情况:一是内地机场委托内地机场进行管理,如黑龙江和内蒙古机场集团委托首都机场集团管理;二是内地机场委托港资管理,仅有珠海机场一家。机场被委托有利于被委托机场利用受托机场的经营机制和管理优势来提高经营管理水平（包括安全、服务、效率等）。但委托管理也因受托方缺乏主人翁意识，探索、规划所管理机场长远发展战略的积极性不高，容易产生短期行为。

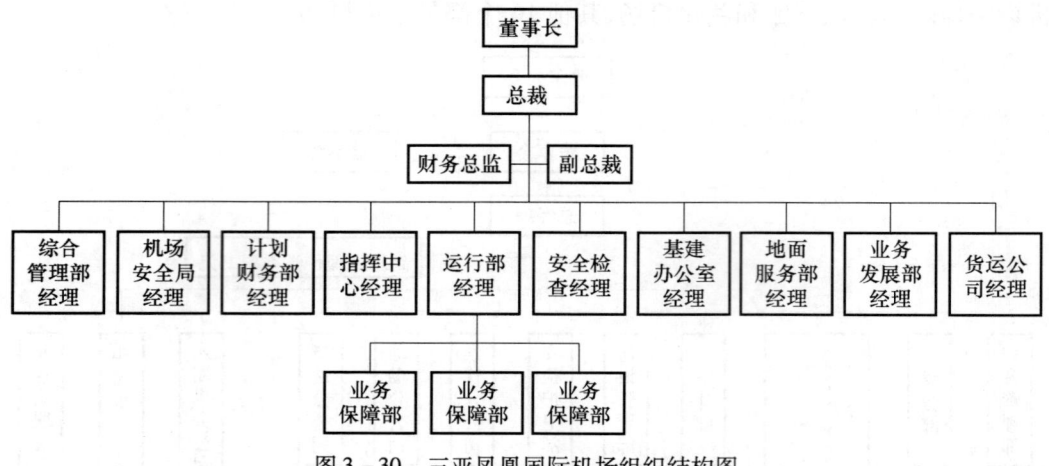

图 3-30 三亚凤凰国际机场组织结构图

二、主要生产部门与职能

机场是保障民航运输过程的重要场所，它为航空公司、旅客、货主等提供各种运输服务。为了保证航空运输过程的安全有序，机场需要设置很多相关生产部门，各个生产部门需通力配合。由于机场的规模、管理模式、运行模式、组织架构等不同，机场的生产部门设置不尽相同，但是基本都包括以下生产部门：运行指挥中心、飞行区管理部、航站楼管理部、公共区域管理部、信息部、安全保卫部、地面服务部、要客服务部、商贸广告、货运中心、机务工程部、机场公安局等。这些生产部门的主要职能如下。

（一）运行指挥中心

机场运行指挥部门是机场运行的神经中枢，它担负着机场运行的组织、指挥、协调、控制和应急救援指挥的重要职责。其作用主要有三个：①指挥枢纽的作用。机场以运行指挥部门为核心，将生产运行网络、通信信息网络、组织指挥网络、安全保障网络、应急救援网络整合为统一的机场运行管理体系，实施统一的组织指挥。②参谋助手作用。运行指挥部门在实施机场生产运行的管理和指挥中，可真实、全面地掌握机场生产保障的现状和信息，以及机场各生产保障单位的工作状态和存在问题，及时向机场领导反馈，为领导决策提供依据和参考意见，并将机场领导的决定和指令，及时下达到各生产保障部门。③对外协调作用。运行指挥部门作为机场生产运行的指挥平台，除了对机场本身各部门进行组织、指挥和控制，还必须与地方政府各部门以及驻机场运作的各航空公司、空中交通管制部门、联检单位、其他与机场生产运行有关的单位和人员进行协调。

运行指挥部门的工作协调和服务保障质量直接代表了机场的形象,并对生产运行的安全、正常、高效发挥着重要的作用。

1. 民用机场运行指挥中心机构的设置

作为机场运行的核心,现场指挥的作用是极为重要的。它的组织机构通常设置为运行指挥、机坪管理和应急指挥等部门。

2. 机场运行指挥中心对应机构的职责

1)运行指挥岗位职责

(1)根据各航空公司提供的航班计划,编制本场每天的航班预报,并通过机场运营管理系统向各保障单位(部门)发布。

(2)负责收集、传递各种运行动态信息。

(3)负责本场的停机位、登机门和行李传送带等各种运行资源的分配与调整。

(4)掌握、记录飞行动态和航班信息,及时调整航班信息并向相关单位(部门)发布。

(5)负责发布航班生产、保障服务指令。

(6)参与专机、重要飞行、VIP等重要航班的保障工作。

(7)监听塔台与机组的对话,如获悉发生异常情况,立即按有关程序处置、报告。

(8)紧急情况发生时,负责应急救援工作启动与协调。

(9)监督机场代理航班的保障过程,协调航班生产工作,报告航班生产异常情况。

(10)负责与航管部门、航空公司及驻场单位等的协调工作,交流航班生产、保障服务信息。

(11)负责统计机场代理航班的正常率,填写有关工作台账、报表。

(12)负责收集航班服务保障情况,分析造成航班延误的原因。

2)机坪管理岗位职责

(1)负责对飞行活动区的管理和指挥、协调工作。

(2)负责飞行区车辆设备停放的管理。

(3)负责飞行区内不停航施工的监督管理工作。

(4)掌握飞行活动区内航空器、人员、车辆的动态,保证机坪运行安全、正常。

(5)检查、监督停机坪内人员、车辆、设备设施的运作情况和机坪标志的完整性以及机坪卫生状况。

(6)及时制止、处置可能危及飞行安全和航空地面安全的各种行为;参与组织指挥应急救援工作。

(7)负责向上级及时报告飞行区运行和航班生产的异常情况。

(8)根据机坪运行情况,及时向相关服务保障单位发布机坪运行动态指令。

3)应急指挥岗位职责

(1)当紧急事件发生时,负责向有关单位(部门)通报信息,按规定程序启动应急救援程序。

（2）在应急救援行动的准备和实施阶段，负责对各单位应答、驰救的全面协调、指挥，并发出行动指令。

（3）与航空器所属企业建立并保持联系，索取有关资料数据，并向领导小组报告有关情况。

（4）负责组织、协调物资保障组及有关单位，为救援行动提供必需的支援服务。

（5）收集有关应急救援信息，提出具体处置方案供领导小组决策。

（6）根据领导小组的决策，下达具体的指令，实施救援指挥。

（7）负责机场应急救援工作的组织、协调。

（8）负责与相关单位签订应急救援互助协议。

（9）负责策划、组织实施应急救援演练，并总结、评估。

（10）负责检查各单位（部门）的应急救援工作的落实情况。

（11）负责完善《机场应急救援手册》的内容，确保能够迅速、有效地实施救援工作。

（二）飞行区管理部

机场飞行区管理部主要职能是负责飞行区场地维护管理、净空保护、鸟击防范及助航灯光系统的保障工作，达到适航要求；负责机场的供电保障工作；负责基本建设工程项目组织实施与管理工作。

1. 飞行区管理部主要工作内容

（1）负责本部门专业技术人员的培训、学习。

（2）制定机场飞行区场地维护、净空保护、鸟击防范、供电保障、助航灯光等的维护、管理制度。

（3）负责机场跑道、滑行道、机坪、土质地带、巡场道、围界、标志、飞行区场地排水系统的巡视检查和管理工作。

（4）负责机场净空保护和鸟击防范工作。

（5）负责机场供电及助航灯光系统的运行、维护和管理工作。

（6）负责集团公司基本建设项目可研批复后工程的组织实施，工程项目质量及进度管理和投资目标的落实工作。

（7）负责机场飞行区场地维护机具的使用管理。

（8）负责机场总体规划管理，组织《机场使用许可证》的换发申报工作。

（9）负责落实本部承担的应急保障预案。

2. 飞行区管理部机构设置

飞行区管理部一般设有综合业务室、供电保障室、场务保障室等部门。

3. 飞行区管理部相应机构主要职能及工作内容

1）综合业务室

主要职能：负责处理本部的日常事务性工作。

主要工作内容：

(1) 协调各室之间的工作关系。

(2) 起草本部各项行政管理制度。

(3) 检查和监督各室对业务工作计划和部领导所布置工作的贯彻落实情况，并及时向部领导汇报。

(4) 负责本部的行政车辆签派管理工作。

(5) 负责本部的成本控制管理工作，按时上报相关报表。

(6) 负责本部安全工作的监督、检查、规章制度的制定及与安全有关的文件、手册的组织编写等工作。

(7) 负责本部各类会议的会务工作，做好会议记录（包括会议通知、文件的准备与印发、会场服务、起草纪要、文件立卷、会议决定事项的落实等）。

(8) 负责机场使用手册的组织编写。

2）供电保障室

主要职能：严格执行国家、民航、地方政府有关供电、用电的相关法律、法规，提供可靠的供电及助航灯光保障；加强巡视维护，保证供电设备安全可靠运行。

主要工作内容：

(1) 负责机场供电系统的安全运行。

(2) 严格执行民航和地方供电部门的安全生产方针及各项安全规章制度。

(3) 对本部门员工进行供电安全教育及业务培训。

(4) 负责管理、维修机场的变配电设备。

(5) 负责机场助航灯光系统的运行、管理，发现故障及时抢修。

(6) 督促、检查各站规章制度的落实情况。

3）场务保障室

主要职能：组织实施飞行区场道及其设施、设备的管理和维护，负责净空检查、鸟击防范的工作，使其符合飞行区技术标准要求。

主要工作内容：

(1) 负责飞行区日常维护、管理工作（包括飞行区道面清洁，场道检查，场道修补，飞行区场地平整、割草、碾压及飞行区道面标志的维护）。

(2) 负责机场净空检查工作，发现新增净空障碍物及时汇报，并跟踪检查处理情况。

(3) 负责进行机场周围鸟类调研，做好飞行区鸟击防范工作。

(4) 负责飞行区的防洪、排涝工作，保管、维护各类防洪设备器材。

(5) 负责飞行区围界、巡场路的检查、维护工作。

(6) 负责场地维护机械的日常维护保养及管理工作。

(7) 当飞行区适航条件变化时，及时向部门有关领导汇报，特殊情况直接向现场指挥中心报告。

（8）向有关部门配置保障飞行区场地安全的设备并提出建议。

（三）航站楼管理部

候机楼管理部是具体负责候机楼内设施、设备安全运行的维护和维修、消防管理、环境卫生管理等工作。一般分为安全保卫、消防管理、候机楼秩序管理、候机楼日常维修管理、候机楼局部施工、用水用电管理、广告规划与管理、商场柜台管理、信息管理等方面。

航站楼管理部主要职能：

（1）负责候机楼区域强弱电信息、环境卫生、设备设施、物业、租赁经营、广告商业、基建施工、办公区域规划等方面的协调管理工作。

（2）负责制定、修订机场候机楼管理规定，跟踪、监督候机楼管理规定责任单位的工作落实情况。

（3）负责对候机楼区域各项经营活动进行巡视检查，对违规或不正常现象及时制止、纠正，发出整改通知，并向机场公司或相应主管单位提出进一步处理建议。

（4）负责候机楼新建、改建、扩建和修复工程的审核与合同签订，协助基建维修办公室做好候机楼区域、站坪新建、改建、扩建和修复工程的施工监理等工作。

（5）对候机楼区域外委单位代理的服务工作进行质量监督和检查，通过协议管理促进服务质量的提高。

（6）负责候机楼区域标志、标识的管理工作。

（四）地面服务部

机场地面服务部是为航空公司、旅客及货主提供服务的核心部门。一般地面服务部设有以下部门，各部门及对应职能如下。

1. 地空业务管理室职能

（1）负责研究制定地面服务标准、程序并组织实施。

（2）负责设计开发地面服务新产品并不断满足顾客需要。

（3）负责制定、签发地面服务的业务通告或业务通知。

（4）负责制定中转站、始发站的中转服务和保障流程及标准，负责制定机上相关中转服务广播的管理规定。

（5）负责中转服务保障专用品的印制和制定相应的使用管理规定。

2. 地空服务训练中心职能

（1）发布地面服务人员培训信息通告，并根据对地面服务人员培训的结果，对培训人员提出奖惩建议。

（2）负责客舱与地面服务部等的相关服务保障人员的业务培训。

（3）负责地面服务人员的证照管理。

3. 地面服务指挥室职能

（1）负责航班的运行监控以及不正常航班信息的传递。

（2）负责对中转航班执行情况进行监控。

（3）负责特殊任务（VIP、专机）生产保障的组织。

（4）负责部门与外单位生产信息的传递。

（5）负责不正常航班的保障及旅客服务协调。

4. 地面服务室职能

（1）负责机场进、出港航班的地面服务保障。

（2）负责协助做好人员培训与专业技能管理。

（3）负责对与本单位业务有关的运行手册、管理类手册及规章制度提出反馈意见。

（4）负责贯彻落实地面服务部制定的规章制度和标准程序。

5. 值机室职能

（1）拟订出港航班旅客值机和相关服务的程序、标准，并监督指导实施。

（2）承办出港航班旅客乘机手续和行李托运、保险等服务，并保障航班旅客在规定时限内完成登机。

（3）为不正常航班旅客提供问询服务、协助旅客处理改签、退票等票务方面的问题。

（4）发生非正常事件时，根据相关规定进行处理。

6. 配载平衡控制室职能

负责依据飞机制造厂商提供的重量与平衡手册、舱单样例和公司工作要求，及时、准确地完成配载平衡工作。

7. 旅客服务室职能

（1）在旅客上、下飞机前，负责检查飞机弦梯、客梯车是否放好，引导旅客上、下飞机，旅客登机时负责查验旅客登机牌，清点旅客登机人数。

（2）负责与值机、机组核对登机旅客人数。

（3）做好不正常航班旅客的食、宿安排和解释工作。

（4）负责过站、备降航班旅客的服务工作。

（5）负责在候机楼为旅客提供各项精品服务。

（6）维持候机楼及外场旅客的秩序，避免发生地面事故。

（7）协助特殊服务队做好重要旅客的服务工作。

（8）负责为老、弱、病、残、孕等特殊旅客提供服务。

（9）答复旅客问询，为旅客提供航班信息及候机楼内相关服务信息。

（10）负责候机楼的人工广播及自动广播的监控。

（11）协助、引导旅客办理乘机手续。

（12）提供行李寄存及其他方便旅客的各项服务。

8. 特种车队职能

（1）负责在停机坪运行的各种客体车、污水车、清水车、除冰车、吹雪车、清扫车、摆渡车等特种车辆的使用管理。

（2）负责车辆的维护维修工作。

9. 客舱清洁队职能

（1）负责航班的机上清洁工作。

（2）负责监督汽车服务中心处理客舱垃圾情况。

（3）负责为飞机提供加水服务。

（4）负责为飞机排放污水并送到污水处理站。

（5）负责为航班配发清洁机供品。

（五）要客服务部

机场要客服务部的主要职责如下：

（1）负责为高端旅客提供地面服务（包含旅客值机、休息室、登机引导、进港迎接等项目的服务）。

（2）提供头等舱休息室有偿服务。

（3）航班不正常时，负责高端旅客的信息通报、票务处理、旅客其他需求的协调处理及相应的解释工作。

（4）非正常事件时，根据公司应急处置程序引导旅客撤离及其他相关的工作。

（六）货运中心

货运中心主要为航空公司在本机场的航空货物运输提供地面销售代理业务。其主要工作职责如下：

（1）负责对进出港的货物进行全面管理。

（2）负责传达、执行、保管各种文件和规定。

（3）负责对货运人员进行教育管理和业务培训考核工作。

（4）做好进出港货物的装卸工作。

（5）负责本部门车辆的保养、维护工作。

（七）机务工程部

民航机场机务工程部是民航正常运作的重要保障单位，负责保持飞机处于适航和"完好"状态并保证航空器能够安全运行。

1. 机场机务工程部主要职责

机场机务工程部主要职责如下：

（1）负责完成代理航空公司经停机场的航空器航线的维护和一般性故障的排除。

（2）负责专机、包机等非协议的特殊飞行及不正常航班的维护保障工作。

（3）负责提供航空器的地面信息，协助航空公司做好航空器本场排故工作。

（4）负责为航空器提供地面特种车辆的保障服务。

（5）负责组织对技术人员的岗前培训和新机型的航线维修培训。

（6）制定机场航空器航线维护的《维修管理手册》和《工作程序手册》等，并监督执行，不断进行修改、补充完善。适时修改完善《规范化管理手册》。

（7）负责特种车辆和机务设备、设施的日常维护工作。

2. 机务工程部主要科室

机场机务工程部主要有以下几个科室：飞机维修保障室、飞机勤务保障室、特种车辆保障室、除冰作业与设备管理室。各科室的具体职责如下：

1）飞机维修保障室职责

由航空器维修专业人员对飞机或飞机部件进行勤务、检查、测试、修理、更换、改装和排故等工作，包括飞机航前、过站、航后、A检、C检工作；排除航线机组反映的故障和航线、定检工作中发现的飞机故障和缺陷，从而保证航空器的持续适航，确保飞行安全。

2）飞机勤务保障室职责

指挥进港飞机停位，协助停靠廊桥或客梯车，通知机组松刹车，接外部电源、启动气源和空调牵引飞机。保障飞机经停时的财产安全和一些必需的设备操作（如挡轮挡、放安全锥、插前起落架转弯销、挂牵引拖把）。送飞机出港。在勤务盖板驾驶舱内话插孔连接耳机，与机组联系牵引飞机到滑行道，协助启动发动机并滑出。

3）特种车辆保障室职责

遵守《中华人民共和国道路交通管理条例》及各项法律、法规；按时检查车辆的水、电、油及其他性能是否正常；提高安全思想意识，严禁违章操作、违章驾驶，确保安全。

进入飞行区的主要特种车辆有叉车、传送带车、飞机加油车、牵引车、电源车、汽源车、食品车、拖车、客梯车、除冰车、除雪车等。

（八）机场公安局

机场公安机关执行民用航空法规和规章，承担机场航空安全保卫工作，接受国家机场公安局、航空安全保卫当局及其派出机构的指导、检查和监督。机场公安局的主要职责如下：

（1）统一负责与民航局公安局、民航地区管理局公安局的业务衔接。

（2）负责空防安全工作，预防和处置劫机、炸机等突发事件。

（3）负责对机组、空中警察、安全检查机构移交的案件进行查处。

（4）负责安检现场执勤、维护安检现场治安秩序。

（5）负责打击辖区内的走私、贩私、贩毒等活动。

（6）负责空防安全信息和工作情况的收集、统计和上报工作。

（7）处置非法干扰民用航空安全事件。

（8）负责机场辖区内治安管理和道路交通管理工作，维护辖区内的交通秩序，预防和处置交通事故，管理辖区内的车辆和道路交通设施。

（9）负责对危害民用航空安全犯罪和辖区内其他刑事犯罪案件的侦查工作。

（10）负责辖区消防监督检查工作，预防和查处火灾事故。

（11）负责辖区内专机地面安全警卫工作。

（12）处理其他影响机场安全的事项。

机场公安局主要设置以下机构，即政治处、警务处、警务保障处、警卫处、治安消防支队、刑事侦查支队、交通管理支队、巡警特警支队等部门。

三、运输生产组织

（一）旅客运输生产组织

机场是为航空公司、航空旅客和货主提供服务的公共场所。旅客在机场的运输生产组织可以简单地概括为，旅客通过购买航空公司的客票获得运输凭证，到机场凭运输凭证办理地面服务各项业务，办理好各项手续后候机等待，登机时通过一定的方式（近机位登机或远机位登机）上飞机进行空中运输。候机过程中，机场还提供相关延伸性服务，如行李打包、行李寄存、商品销售、餐饮、银行等。

民航旅客在机场的组织流程取决于机场的建筑构型、流程设计、运行控制等方面。因此不同的机场、不同的航班运输组织方式有所不同。

1. 旅客组织流程

1）国内航班组织流程

（1）国内出发流程主要包括购票、值机、安全检查、候机及登机服务。

① 购票。民航旅客可以通过电话售票、网上售票、机场及航空公司营业部售票等方式购买指定航空公司的客票，作为运输凭证。

② 值机（行李托运、换登记牌）。到达机场后，到出发大厅指定的服务柜台凭客票及本人有效身份证件按时办理乘机和行李交运手续，领取登机牌。一般飞机离站前30分钟停止办理乘机手续。

③ 安全检查。通过安全检查通道，向工作人员出示登机牌、有效证件和机票，接受对随身携带行李物品的安全检查。

④ 候机及登机口服务。根据登机牌所显示的登机口号在相应的候机厅候机休息，根据广播提示进行登机，在登机口附近接受登机服务。

（2）国内到达流程主要包括领取交运行李和进入到达大厅。

① 领取交运行李。到达目的地后，根据确认航班号，到相应的行李转盘领取交运行李。

② 进入到达大厅。到达大厅接客处后，乘坐出租车或公交巴士达到市区。

2）国际航班组织流程

由于国际航班的流程比较复杂，且国内机场的流程设计不尽相同，所以我国机场国际航班的组织流程略有不同，下面以北京首都国际机场T3为例对旅客进出港流程进行简介。

（1）国际出发流程：

① 购票。民航旅客可以通过电话售票、网上售票、机场及航空公司营业部售票

等方式购买指定航空公司的客票,作为运输凭证。

②值机(行李托运、换登记牌)。到出发大厅指定的服务柜台凭客票及本人有效身份证件按时办理乘机和行李交运手续,领取登机牌。旅客在开始办理登机手续之前,要先确认是否携带有向海关申报的物品,如有,需填写《中华人民共和国海关进出境旅客行李物品申报单》并在海关申报柜台办理申报手续。

③检验检疫。将要出国一年以上的中国籍旅客,需要到检验检疫部门进行体检,以获取有效的健康证明。如果出行目的地恰好是某一疫区,旅客需要进行必要的免疫预防疫苗接种。

④边防检查。填写出境卡,并连同护照、签证一并交边防检查站查验。中国旅客(包括港澳台地区居民)出境需交验有效的护照证件、签证。外国旅客,需交验有效护照、签证、出境登记卡,并在有效入境签证的规定期限内出境。

⑤安全检查。通过安全检查通道,向工作人员出示登机牌、有效证件和机票,并接受对随身携带的行李物品进行安全检查。

⑥海关检查。如果有物品申报,走红色通道,办理海关后续手续;如果没有,走绿色通道。

⑦候机及登机。根据登机牌所显示的登机口号在相应的候机厅候机休息,根据广播提示和航班信息显示进行登机,在登机口附近接受登机服务。

(2)国际航班到达流程主要包括检验检疫、边防检查、提取行李、海关检查和离开机场。

2. 旅客组织方式

民航旅客的组织方式有航空运输方式,主要包括班机运输、包机运输、补班运输和加班运输。大部分旅客购买定期航班客票进行班机运输,即航空公司、机场按照公布的班期时刻表及特定航班的飞行计划进行运输服务。但是遇到恶劣天气、不可抗拒的原因也会出现航班的不正常运输,如航班延误、航班取消、补班运输等情况。加班运输是指根据游客流量和需求临时增加的航班,一般是在定期航班的基础上加开的航班,临时航班主要针对某些旅游目的地国在某些时段上游客过于集中,为了满足游客的需求及尽快分流游客而增加的航班。

(二)货物运输生产组织

民航货物运输具有运输速度快、破损率低、运输空间跨度大、节约成本等优点,但是由于民航货运成本较高,相对比较适合运输贵重、鲜活、易腐等特殊货物。托运人在机场进行货物运输时,必须办理相关的托运手续,托运货物的包装和标识必须符合相关要求。

1. 航空货物生产组织流程

1)航空货物国内航班组织流程

(1)航空货物国内出港组织流程主要包括提出托运货物要求、判断货物是否符合航空运输规定、填写"货物托运书"、货物订舱、填制空货运单和货物安全检查等过程。

① 提出托运货物要求。货主根据运输需求提出托运货物的要求,货运员查询当日的"航班预报"是否有满足顾客要求的航班信息。如果当日航班中没有顾客满意的航班,货运员可通过电话、网上航班信息查询等方式进行相关查询,确定最终顾客满意的航班计划。

② 判断货物是否符合航空运输规定。民航货物必须按照《中国民用航空国内货物运输规则》进行运输,货物的种类、性质和包装等必须满足相应的规定,限制运输以及需经公安、检疫、工商等政府有关部门查验的货物,应提供相关部门出具的有效证明文件。收货人员对托运的特殊货物(鲜活、易腐、指定商品、中转货物),必须事先征得航空公司认可方可承运。

货物包装必须符合以下要求:

包装要求坚固、完好、轻便。在一般运输过程中能防止包装破裂、内件漏出散失;不因垛码、摩擦、震荡或因气压、气温变化而引起货物损坏或变质、损伤人员或污染飞机、设备及其他物品。包装外部不能有突出的棱角及钉、钩、刺等。

货物包装的体积、重量要求:

除了新闻稿件类,一般货物的体积长、宽、高合计不得少于 40 厘米,最小一边不得少于 5 厘米。宽体飞机载运的货物,每件货物重量一般不超过 250 千克,体积一般不超过 100 厘米×100 厘米×140 厘米。非宽体飞机载运的货物,每件货物重量一般不超过 80 千克,体积一般不超过 40 厘米×60 厘米×100 厘米。

③ 填写"货物托运书"。托运人需填写发货人、收货人的姓名和电话,在托运书上签字或盖章,并对其所填写内容的真实性、有效性负责。

④ 货物订舱。机场货运员根据货物的目的站、品名、件数、尺寸、实际重量、计费重量等相关数据,向货运配载部门提出订舱申请。若订舱的航班载量限制或舱位已满,货运员须征得顾客同意选择延迟航班或停止运输。

⑤ 填制空货运单。如果确定运输航班,货运员应按照《国内航空货运单填写规范》填制航空货运单,准确计量货物尺寸、重量,要求托运人交纳航空运费、库房操作费等相关费用,为货物制作、选择并贴挂识别标签及操作标签。最后要求顾客在运单上确认签字或盖章。

⑥ 货物安全检查。所有收运货物均需经过安全检查,安检人员确定货物安全后,交接入库待运。

(2) 航空货物国内到港组织流程主要包括到货通知、办理提货手续和提货等流程。

① 到货通知。进港柜台员工根据《国内柜台进出港操作规程》,对单货正常货物进行到货通知。

根据货物急缓程度,进港柜台人员按照货运单上的电话通知收货人(急件 2 小时内,普货 24 小时内)并在运单上标记通知时间和接电话人姓名。

②办理提货手续。收货人根据航班时刻和到货通知,携带有效身份证件和盖有收货单位公章的介绍信到货运公司柜台办理提货手续,柜台员工核对收货人提供的相关证件及文件,核对无误后开据"国内货物出库单",向收货人收取相应费用(搬运费、保管费等)。

③提货。收货人将"国内货物出库单"交与进港提货人员,提货人员对照出库单核对货物运单号码、件数,同时将货物提出库房,并与收货人完成清点,核查无误后,交与收货人,完成提货工作。

2)航空货物国际航班组织流程

(1)航空货物国际出港组织流程:

①提出托运货物要求。货主根据运输需求提出托运货物的要求,根据货主需求查询航班信息、舱位信息,了解相关信息。填写"国际货物托运书",在托运书上签字或盖章。

②判断货物是否符合航空运输规定。托运危险品货物需出具"危险物品申报单";动物、植物货物应出具"动物、植物检疫证明"。托运人还应提供进出口国的海关规定要求文件,以及销售者的商业发票副本;进口国海关要求的其他文件。所托运的货物包装、重量、尺寸等应符合《中国民用航空国际货物运输规则》,包装应适应、符合货物性质及运输条件和各航空公司的要求。

③货物的安全检查及交运。货运收货人员审核"国际货物托运书""航空货物、邮件安全检查申报单"等相关单据,审核无误后再交付安全检查人员进行货物安全检查。安全检查如未发现问题,货物直接存入仓库。

④填制空货运单。托运人根据货物的目的站、品名、件数、尺寸、实际重量、计费重量等相关数据填制航空货运单,并在货运单上确认签字或盖章。

⑤货物的报关、报检。报关、报检时托运人应提供该公司出口货物正本的商业发票、装箱单、售货合同、外汇核销单、商检证明(根据货物需要)、报关委托书等相关文件。待检验检疫、海关等放行后,把相关文件交予货运公司出港人员,货物等待出港。

(2)航空货物国际到港组织流程:

①获取货物到达信息。收货人接到货物到达通知或其他途径获得航班时刻信息。

②提/换单手续。携带有效身份证件(身份证、护照、军官证、士兵证、文职军人证、户口簿等)到货运公司换单柜台办理换单手续。工作人员确认无误后,获得"货运单"正本及随附文件留待报关工作。

③报关报检。待检验检疫和海关查验合格后放行。

④办理提货手续。货物通关放行后,提货人到货运柜台办理提货手续。提货人需提供加盖海关放行章和海关人员签字,以及检验检疫章的正本货运单,并在交纳操作费、保管费等相关费用获取发票后,方可办理货物提取。

⑤ 货物交接。提货人将"国际货运单"交与工作人员,工作人员开具"货物出库门单",并在库房门口验收货物,逐件清点件数检查包装和标签,核对无误后交付货物。

2. 货物运输生产组织方式

航空货物运输方式主要有班机运输、包机运输、集中托运、分批运输、航空快递业务和卡车航班等。

(1) 班机运输。指有固定开航时间、航线和停靠航站的飞机。通常为客货混合型飞机,货舱容量较小,运价较贵,但由于航期固定,不利于客户安排鲜活商品或急需商品的运送。

(2) 包机运输。适合于大宗货物运输,费率低于班机,但运送时间则比班机要长些。包机运输通常可分为整机包机和部分包机。

(3) 集中托运。指托运人将若干批单独发运的货物组成一整批,向航空公司办理托运,采用一份航空总运单集中发运到同一目的站,由托运人在目的地指定的代理收货,再根据托运人签发的航空分运单分拨给各实际收货人的运输方式,这是航空货物运输中开展得最为普遍的一种运输方式,也是航空货运代理的主要业务之一。

(4) 分批运输。指一笔成交的航空货物,分若干批次装运。在大宗货物交易中,买卖双方根据交货数量、运输条件和市场销售需要等因素,可进行分批运输。

(5) 航空快递业务。由快递公司与航空公司合作,向货主提供的快递服务,其业务包括:由快递公司派专人从发货人处提取货物后以最快航班将货物出运,飞抵目的地后,由专人接机提货,办妥进关手续后直接送达收货人,称为"桌到桌运输"。这是一种最为快捷的运输方式,特别适合于各种急需物品和文件资料。

(6) 卡车航班。指航空公司在货物始发地与中转航站、或中转航站与最终目的地之间固定开辟地面运输路线,与地面运输承运人签署外包协议,进行货物陆空联运的运输形式。卡车航班是作为航空运输的延伸服务来运作的。

(三) 包机运输生产组织

包机运输是相对于班机运输的,是指不定期开航的、不定航线、不定始发站、不定目的港、不定途经站的运输服务。包机运输的含义是指包机单位或个人提出申请,经承运人同意并签定包机合同,包用航空公司的飞机,在固定和非固定的航线上,按约定的起飞时间、航程、载运旅客及货物等。

包机运输通常可分为整机包机和部分包机。整机包机是指航空公司或包机代理公司按照合同中双方事先约定的条件和运价将整架飞机租给租机人,从一个或几个航空港将旅客或者货物运至指定目的地的运输方式。部分包机则是指由几家航空代理公司联合包租一架飞机,或者是由包机公司把一架飞机的舱位分别包给几家代理公司的运输形式。

1. 旅客包机运输生产组织

包机旅客首先确定行程,其次根据自身的出行需求确定行程或者飞行计划,选择合适的航空运输企业,再次根据运输企业提供的现有机型进行选择,最后提交包机飞行计划。

1）包机单位或个人提出飞行行程和计划

包机单位或个人根据自身需求,提出需要飞行的日期、起飞时刻、航段、乘客人数及喜好的机型。

2）计算报价

根据包机单位或个人的需求,挑选适合的飞机机型,并计算包机价格。

3）双方签订包机协议

客户了解包机价格和包机公司服务条款,签署包机合同。

4）提供乘客信息

包机单位或个人在起飞前按规定向包机公司提供乘客信息、餐食喜好、特殊需求等。

5）支付包机费用

包机单位或个人向包机公司支付全额包机款。

6）执行包机任务

包机公司为旅客提供专属地面保障服务、专属飞行服务。

2. 包机类型

包机根据类型分为民航包机和公务包机两大类。民航包机主要指租用民航公司的民航客机执行非周期性的非固定航线的飞行任务;公务包机主要指租用公务机公司的公务机执行非固定航线。

民航包机主要针对企业员工、旅行社团体出行等,民航包机的人均价格往往略低于同样人数单独订票的价格。国内大部分航空公司均提供民航机包机服务,如国航、东航、南航、春秋航空、吉祥航空等。由于民航包机业务极少,且多发生节假日前后,多数民航公司并无专门的包机部分,也无飞机专门从事包机执飞任务,而多是由普通客服热线转大客户部门进行接待,执飞也多由民航公司空闲飞机进行。

公务机包机由专门的公务机企业提供。

3. 包机费用

包机费用包括包机费、调机费和留机费等。

包机费的收费标准,按照客公里费率、座位数,并参考各机型的平均航速计算,即

$$包机费 = 任务小时数 \times 各机型任务小时单价$$

$$调机费 = 调机小时数 \times 各机型调机小时单价$$

留机费指在包机运输期间停留而产生的费用。如果包机单位或个人要求在执行包机期间作停留,在1小时之内不收留机费。凡超过1小时,从第二小时起,每停留1小时(不足半小时的按0.5小时计算,超过半小时不足1小时的按1小时计算),按该机型的1小时包机收费标准的20%作为留机费。非包机单位或个人的原因需停留1小时以上,不收留机费。

（四）公务机运输服务

公务机运输是航空运输的重要组成部分，公务机运输作为一种私人、企业及政府要员的出行方式，区别于传统的售票式客机航班。对于乘客，利用公务航空不仅能够节约时间，而且能够体现企业的正面形象，并满足乘客对旅途安全性和舒适性的要求，改善飞行中的工作环境。国内公务机公司主要有金鹿公务航空、东海公务航空、亚联公务航空、中一太客商务航空等。

公务机运输服务类型包括包机服务、飞机托管及综合服务。

1. 包机服务

包机服务可提供包机飞行、专机飞行、急救包机、旅游包机等包机运输服务。

2. 飞机托管

飞机托管是指飞机购买后交由飞机运营公司进行日常管理和运行。由于多数公务机的拥有者本身并不具有飞机驾驶资格，旗下企业也不具有民航的相关资质，因此就需将自己所拥有的飞机交由公务机运营公司进行管理和运行，托管的范围包括飞机引进、飞机日常维护、专属机组提供、飞机航线申请等。根据授权，公务机托管可以分为两类：自用型托管和经营性托管。

自用型托管指公务机公司仅负责飞机的维护、安全、机组飞行安排以及飞行航线申请等。拥有者无飞行需求时飞机停放在运行基地。

经营性托管指公务机公司负责飞机的维护、安全、机组飞行安排以及飞行航线申请的同时，在拥有者无飞行需求时，由公务机公司对外运营此飞机。运营收入由双方约定分配。

3. 综合服务

1) FBO

FBO 是 Fixed Base Operator 的英文缩写，中文为公务机固定基地运营商。它起源于美国，是为通用航空，尤其是为私人飞机和公务飞机服务的产业。一方面，FBO 代表包括公务机候机楼、与候机楼连接的停机坪、机库及维修车间等四部分组成的综合设施及建筑；另一方面，FBO 可以为公务机运行提供停机服务、飞机及乘客地面保障服务、加油服务、机组航务及签派服务、飞机航线维护及维修定检服务等。

2) MRO

MRO 是 Maintenance, Repair & Operations 的英文缩写，指向客户提供飞机维修、修理和大修的企业。

3) 地面服务

地面服务主要包括专属客户服务、国内地面代理服务、飞机清洁服务等。

（1）专属客户服务。根据旅客对于机场地面服务的特别需求与个人习惯，特别订制专属的公务机地面服务方案。例如：快速进出机场专用通道；专人地面全程跟随协调；行李特别看护运送；航班即时信息通报；VIP 个性化服务需求满足；客户服务习惯及个性化需求记录。

（2）国内地面代理服务。对代理航空公司或者航班进行 24 小时专人服务控制，航务飞行计划跟进，专人全程前站保障，代付各类第三方费用成本及机组旅客车辆、酒店、机票预订。

（3）飞机清洁服务。其主要工作内容包括航空器外部水洗清洁、客舱深度清洁、航前航后清洁打扫、客舱皮制物品保养、客舱地毯深度抽洗、机身打蜡抛光等。

四、机场运行管理

我国机场主要采用传统运行管理模式，部分大型枢纽机场采用 AOC/TOC（功能中心）运营模式。

1. 传统运行管理模式

传统运行管理模式主要是机场设有运行指挥中心，由指挥中心负责组织、协调、生产保障的一种运行模式。该模式强调机场范围内所有事务都服从统一指挥、统一调度的原则，指挥中心不仅负责飞行区范围的管理，而且兼顾候机楼内各项资源的协调，工作量较大。

2. AOC/TOC（功能中心）运营模式

AOC/TOC（功能中心）运营模式是指以区分机场运行管理区域和业务运行性质为基础，将机场运行管理划分为不同层次，按照机场全局运行管理、航站楼运行管理、场区运行管理等，建立分层次的功能中心，各功能中心既独立运行，又相互协作。各功能中心负责相关区域内的业务的开展和协调。

AOC 指机场运行中心，负责机场运行现场和飞行区安全运行管理工作。它是机场运行管理和应急指挥的核心，是机场日常航班安全生产和旅客服务现场的最高协调管理机构。其主要任务有机场全局的运行指挥、航班计划/航班动态更新和发布、资源分配/资源动态更新和发布、各功能中心的协调管理以及外场管理和飞行区安防等。

TOC 指航站楼运行管理中心，负责航站楼相关的日常生产运行、服务质量监督、安全防范以及楼内各类设备的运行管理等。它是航站楼管理核心，是楼内旅客服务和驻场单位服务的最高协调管理机构。其主要任务有楼内服务管理、楼内资源分配管理、楼内商业管理、楼内的安全管理和楼内设备设施监控管理。

第三节　民航机场的主要指标

机场是民航运输系统中的重要节点，在机场完成航空公司、旅客和货主的地面保障工作。机场所在城市的地理位置不同、规模大小不同、运营管理模式不同等都将影响到机场的运营管理效果。本节主要介绍反映机场运营效果的几个指标。

一、主要经济指标

机场的三大运营指标是旅客吞吐量、货邮吞吐量和飞机起降架次。

（一）旅客吞吐量

旅客吞吐量是民用机场的主要生产指标，指某机场在一定时间内由航空运输企业承运的进港（机场）和出港的旅客的数量，以人为计算单位。其中：成人和儿童按一人次计算，婴儿不计人次，则

$$旅客吞吐量 = 进港旅客人数 + 出港旅客人数 \qquad (3-1)$$

进港旅客指其旅程终止于本机场的旅客和联程旅客。

出港旅客指由本机场始发的旅客和转飞机的联程旅客。其中：始发旅客指在客票中列明的以本机场为起点始发乘机的旅客；联运旅客指购买联程客票在本机场转飞机的旅客。

过站旅客指仍要乘坐到达本机场的航班（同一航班号）继续其航程的旅客。过站旅客单独统计，但只统计一次。

2014年，我国机场主要生产指标保持平稳增长，旅客吞吐量83153.3万人次，比上年增长10.2%。其中，国内航线完成76063.8万人次，比上年增长10.1%（其中内地至香港、澳门和台湾地区航线为2738.1万人次，比上年增长12.1%）；国际航线完成7089.5万人次，比上年增长11.7%，详见图3-31。

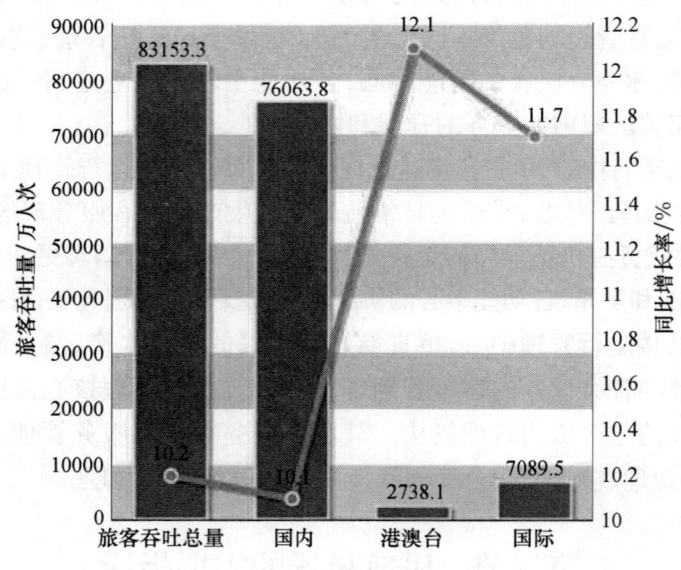

图3-31　2014年中国机场旅客吞吐量

（数据来源：中国民航局）

所有通航机场中，年旅客吞吐量100万人次以上的有64个，比上年增加3个，完成旅客吞吐量占全部机场旅客吞吐量的95.3%；年旅客吞吐量1000万人次以上的为24个，与上年持平，完成旅客吞吐量占全部机场旅客吞吐量的76.2%；北京、上海和广州三大城市机场旅客吞吐量占全部机场旅客吞吐量的28.3%。

（二）货邮吞吐量

机场货邮吞吐量是指某机场在一定时间内由航空运输企业承运的货物和邮件的进出港数量，以千克或者吨为计算单位。

2014年全国民航完成货邮吞吐量1356.1万吨，比上年增长7.8%。其中，国内航线完成885.5万吨，比上年增长6.7%（其中内地至香港、澳门和中国台湾地区航线为90.5万吨，比上年增长16.0%）；国际航线完成470.6万吨，比上年增长9.8%。数据参考图3-32。

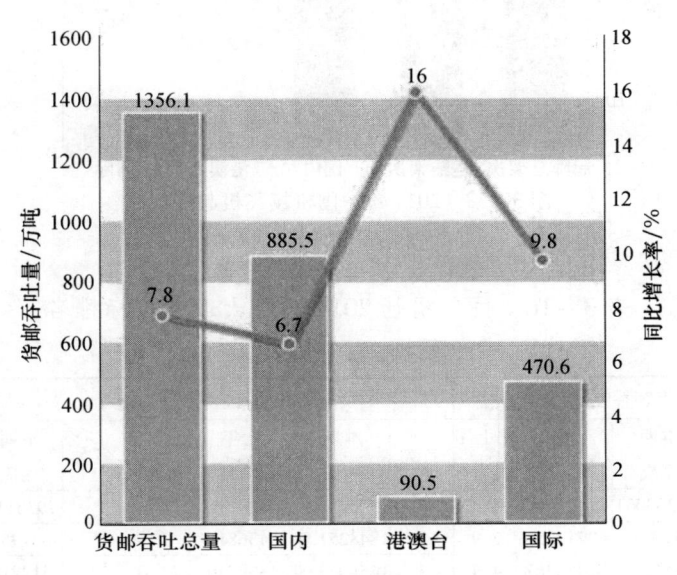

图3-32　2014年中国机场货邮吞吐量

（数据来源：中国民航局）

各机场中，年货邮吞吐量10000吨以上的有50个，与去年持平，完成货邮吞吐量占全部机场货邮吞吐量的98.5%；北京、上海和广州三大城市机场货邮吞吐量占全部机场货邮吞吐量的51.3%。

（三）飞机起降架次

飞机起降架次指一定时间内航空运输企业的航空器在某机场起飞和着陆的次数，主要指商务性质的起降，不包括飞行训练、航空体育等。

2014年全国民航飞机起降793.3万架次，比上年增长8.4%。起降架次中：国内航线735.0万架次，比上年增长8.3%（其中内地至香港、澳门和台湾地区航线为20.6万架次，比上年增长9.0%）；国际航线58.3万架次，比上年增长10.4%，详见图3-33。

民航机场的三大运营指标是反映机场规模、业务量和运营效果的主要指标，我国机场2014年三大指标排名情况详见表3-16。

图 3-33　2014 年中国机场飞机起降架次
（数据来源：中国民航局）

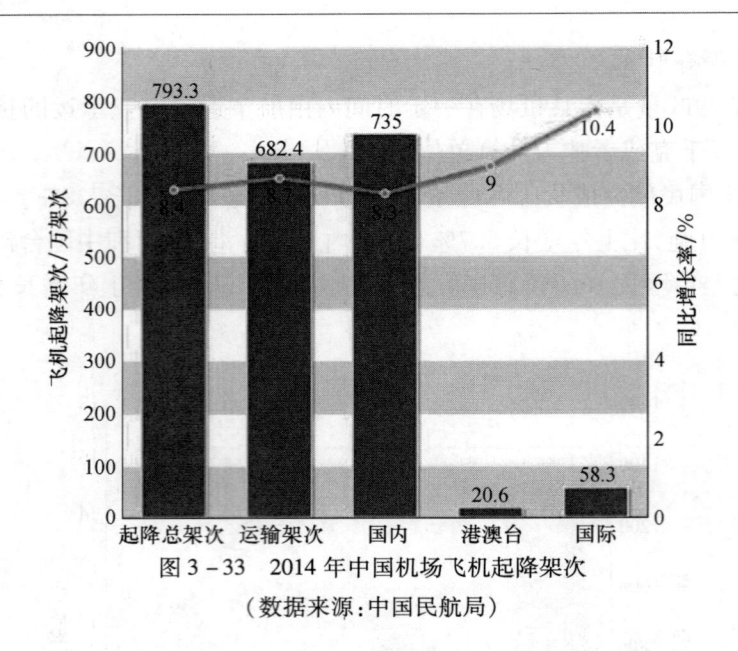

表 3-16　民航机场 2014 年三大运营指标排名

（数据来源：中国民航局）

机场	旅客吞吐量/人 名次	本期完成	上年同期	比上年增减%	货邮吞吐量/吨 名次	本期完成	上年同期	比上年增减%	起降架次/次 名次	本期完成	上年同期	比上年增减%
合计		831533051	754308682	10.2		13560841	12585175.1	7.8		7933110	7315440	8.4
北京/首都	1	86128313	83712355	2.9	2	1848251.5	1843681.1	0.2	1	581952	567757	2.5
广州/白云	2	54780346	52450262	4.4	3	1454043.8	1309746	11.0	2	412210	394403.0	4.5
上海/浦东	3	51687894	47189849	9.5	1	3181654.1	2928527	8.6	3	402105	371190.0	8.3
上海/虹桥	4	37971135	35599643	6.7	6	432176.4	435116	-0.7	7	253325	243916.0	3.9
成都/双流	5	37675232	33444618	12.6	5	545011.2	501391	8.7	6	270054	250532.0	7.8
深圳/宝安	6	36272701	32268457	12.4	4	963871.2	913472	5.5	4	286346	257446.0	11.2
昆明/长水	7	32230883	29688297	8.6	9	316672.4	293628	7.8	5	270529	255546.0	5.9
重庆/江北	8	29264363	25272039	15.8	12	302335.8	280150	7.9	9	238085	214574.0	11.0
西安/咸阳	9	29260755	26044673	12.3	15	186412.6	178858	4.2	8	245971	226041.0	8.8
杭州/萧山	10	25525862	22114103	15.4	7	398557.6	368095	8.3	11	213268	190639.0	11.9
厦门/高崎	11	20863786	19753016	5.6	10	306385.0	299491	2.3	12	174315	166837.0	4.5
长沙/黄花	12	18020501	16007212	12.6	20	125037.8	117589	6.3	14	152359	137843.0	10.5
武汉/天河	13	17277104	15706063	10.0	17	143029.6	129450	10.5	13	157596	148524.0	6.1
青岛/流亭	14	16411789	14516669	13.1	14	204419.4	186196	9.8	18	142452	129751.0	9.8
乌鲁木齐/地窝堡	15	16311140	15359170	6.2	16	162711.3	153275	6.2	19	142266	135874.0	4.7
南京/禄口	16	16283816	15011792	8.5	11	304324.8	255789	19.0	16	144278	134913.0	6.9
郑州/新郑	17	15805443	13139994	20.3	8	370420.7	255713	44.9	15	147696	127835.0	15.5
三亚/凤凰	18	14942356	12866869	16.1	29	75645.8	62946	20.2	24	102074	90748.0	12.5
海口/美兰	19	13853859	11935470	16.1	22	121131.4	111814	8.3	23	105861	94436.0	12.1
大连/周水子	20	13551223	14083131	-3.8	19	133490.0	132330	0.9	20	115284	107709.0	7.0

二、主要统计指标

(一) 出港航班

出港航班即离港航班,出港航班统计一般指一定时间内从某机场始发前往其他机场的航班的数量,以个为计算单位。例如,首都国际机场2015年7月21日,0:00至23:40国内出港航班数量为1688个(数据来源http://www.bcia.com.cn/)。

(二) 进港航班

进港航班统计一般指一定时间内到达某机场,并以此机场为目的站的航班的数量,以个为计算单位。例如,天津滨海国际机场2015年7月21日,0:00至23:55国内进港航班数量为184个(数据来源http://www.tbia.cn/cn/index.do)。

(三) 中转航班

中转航班也统称"中转联程"航班,中转联程主要指由航空公司内或者航空公司之间的航班通过中转到达目的地的运输方式,中转联程的衔接点称为转机点。

航空运输市场竞争日益激烈,航空公司为了有效利用航线资源,最大限度地占领航空运输市场,开展便捷的中转联程服务来吸引旅客,例如,在始发站机场办理通程的乘机手续,在转机点即中转机场不需要提取行李二次托运,行李可以实现"一票到底"。

(四) 过站航班

过站航班即经停航班,指在经停站短暂停留后,再次起飞前往目的站的航班。过站航班因为始发站和目的站路程相对较远,而客源又不充足,就在经停机场降落,飞机经过检查、维护、清洁等,再次上下旅客,增加客座率。

【知识链接】

1. 国内机场三字代码

机场三字代码简称"三字代码",由国际航空运输协会(International Air Transport Association,IATA)制定。IATA为世界上的国家、城市、机场、加入国际航空运输协会的航空公司制定了统一的编码。在空运中以三个英文字母简写航空机场名,称"机场三字代码"或"三字代码"。我国主要省份主要城市机场三字代码详见表3-17。

表3-17 我国主要省份主要城市机场三字代码

省份	名称	三字代码	机场名字
安徽省	安庆	AQG	天柱山机场
安徽省	池州	JUH	九华山机场
安徽省	阜阳	FUG	西关机场
安徽省	合肥	HFE	新桥国际机场
安徽省	黄山	TXN	屯溪机场
北京	北京南苑	NAY	南苑机场

（续）

省份	名称	三字代码	机场名字
北京	北京首都	PEK	首都国际机场
福建省	福州	FOC	长乐国际机场
福建省	晋江	JJN	晋江机场
福建省	连城	LCX	连城机场
福建省	武夷山	WUS	武夷山机场
福建省	厦门	XMN	高崎国际机场
甘肃省	酒泉	CHW	酒泉机场
甘肃省	敦煌	DNH	敦煌机场
甘肃省	庆阳	IQN	西峰镇机场
甘肃省	嘉峪关	JGN	嘉峪关机场
甘肃省	兰州	LHW	中川机场
广东省	广州	CAN	白云国际机场
广东省	佛山	FUO	沙堤机场
广东省	梅县	MXZ	梅县机场
广东省	揭阳/汕头	SWA	揭阳潮汕机场
广东省	深圳	SZX	宝安国际机场
广东省	湛江	ZHA	湛江机场
广东省	珠海	ZUH	三灶机场
广西省	北海	BHY	福城机场
广西省	桂林	KWL	两江国际机场
广西省	柳州	LZH	白莲机场
广西省	南宁	NNG	吴圩机场
广西省	梧州	WUZ	长洲岛机场
贵州省	兴义	ACX	兴义机场
广西省	百色	AEB	田阳机场
贵州省	贵阳	KWE	龙洞堡机场
贵州省	铜仁	TEN	大兴机场
贵州省	遵义	ZYI	遵义机场
贵州省	黎平	HZH	黎平机场
贵州省	安顺	AVA	黄果树机场
海南省	海口	HAK	美兰国际机场
海南省	三亚	SYX	凤凰国际机场

（续）

省份	名称	三字代码	机场名字
河北省	邯郸	HDG	邯郸机场
河北省	秦皇岛	SHP	山海关机场
河北省	石家庄	SJW	正定机场
河南省	安阳	AYN	安阳机场
河南省	郑州	CGO	新郑国际机场
河南省	洛阳	LYA	北郊机场
河南省	南阳	NNY	姜营机场
黑龙江省	大庆	DQA	萨尔图机场
黑龙江省	黑河	HEK	黑河机场
黑龙江省	哈尔滨	HRB	太平国际机场
黑龙江省	佳木斯	JMU	东郊机场
黑龙江省	牡丹江	MDG	海浪机场
黑龙江省	齐齐哈尔	NDG	三家子机场
湖北省	恩施	ENH	许家坪机场
湖北省	武汉	WUH	天河国际机场
湖北省	襄樊	XFN	刘集机场
湖北省	宜昌	YIH	三峡机场
湖南省	常德	CGD	桃花源机场
湖南省	长沙	CSX	黄花国际机场
湖南省	张家界	DYG	荷花机场
湖南省	芷江	HJJ	芷江机场
湖南省	永州	LLF	零陵机场
吉林省	长春	CGQ	龙嘉国际机场
吉林省	吉林	JIL	二台子机场
吉林省	通化	TNH	通化机场
江苏省	常州	CZX	奔牛机场
江苏省	连云港	LYG	白塔埠机场
江苏省	南京	NKG	禄口国际机场
江苏省	南通	NTG	兴东机场
江苏省	无锡	WUX	无锡机场
江苏省	徐州	XUZ	观音机场
江苏省	扬州泰州	YTY	扬州泰州机场

(续)

省份	名称	三字代码	机场名字
江苏省	盐城	YNZ	南洋机场
江苏省	苏州	SZV	光福机场
江西省	景德镇	JDZ	罗家机场
江西省	井冈山	JGS	井冈山机场
江西省	九江	JIU	庐山机场
江西省	南昌	KHN	昌北机场
江西省	赣州	KOW	黄金机场
辽宁省	鞍山	AOG	腾鳌机场
辽宁省	朝阳	CHG	朝阳机场
辽宁省	长海	CNI	大长山岛机场
辽宁省	丹东	DDG	浪头机场
辽宁省	大连	DLC	周水子国际机场
辽宁省	锦州	JNZ	小岭子机场
辽宁省	沈阳	SHE	桃仙国际机场
辽宁省	延吉	YNJ	朝阳川机场
内蒙古	包头	BAV	海兰泡机场
内蒙古	赤峰	CIF	土城子机场
内蒙古	鄂尔多斯	DSN	鄂尔多斯机场
内蒙古	呼和浩特	HET	白塔国际机场
内蒙古	海拉尔	HLD	东山机场
内蒙古	乌兰浩特	HLH	乌兰浩特机场
内蒙古	满洲里	NZH	西郊机场
内蒙古	通辽	TGO	通辽机场
内蒙古	乌海	WUA	乌海机场
内蒙古	锡林浩特	XIL	锡林浩特
宁夏	银川	INC	河东机场
青海省	格尔木	GOQ	格尔木机场
青海省	西宁	XNN	曹家堡机场
山东省	东营	DOY	永安机场
山东省	济宁	JNG	曲阜机场
山东省	青岛	TAO	流亭国际机场
山东省	济南	TNA	遥墙国际机场

（续）

省份	名称	三字代码	机场名字
山东省	潍坊	WEF	文登机场
山东省	威海	WEH	大水泊机场
山东省	烟台	YNT	莱山机场
山西省	长治	CIH	王村机场
山西省	大同	DAT	怀仁机场
山东省	临沂	LYI	临沂机场
山西省	太原	TYN	武宿机场
山西省	运城	YCU	关公机场
陕西省	安康	AKA	五里铺机场
陕西省	延安	ENY	二十里铺机场
陕西省	汉中	HZG	西关机场
陕西省	榆林	UYN	西沙机场
陕西省	西安	XIY	咸阳国际机场
上海	上海浦东	PVG	浦东国际机场
上海	上海虹桥	SHA	虹桥国际机场
四川省	成都	CTU	双流国际机场
四川省	达县	DAX	河市坝机场
四川省	广元	GNY	广元机场
四川省	九寨沟	JZH	黄龙机场
四川省	泸州	LZO	萱田机场
四川省	绵阳	MIG	南郊机场
四川省	南充	NAO	都尉坝机场
四川省	攀枝花	PZI	攀枝花机场
四川省	万州	WXN	万县机场
四川省	西昌	XIC	青山机场
四川省	宜宾	YBP	菜坝机场
天津	天津	TSN	滨海国际机场
西藏	昌都	BPX	昌都马草机场
西藏	拉萨	LXA	贡嘎机场
新疆	阿克苏	AKU	温宿机场
新疆	富蕴	FYN	可可托海机场
新疆	哈密	HMI	哈密机场

(续)

省份	名称	三字代码	机场名字
新疆	和田	HTN	和田机场
新疆	且末	IQM	且末机场
新疆	库车	KCA	库车机场
新疆	喀什	KHG	喀什机场
新疆	库尔勒	KRL	库尔勒机场
新疆	克拉玛依	KRY	克拉玛依机场
新疆	塔城	TCG	塔城机场
新疆	乌鲁木齐	URC	地窝堡国际机场
新疆	伊宁	YIN	伊宁机场
云南省	保山	BSD	保山机场
云南省	迪庆香格里拉	DIG	迪庆机场
云南省	大理	DLU	大理机场
云南省	西双版纳	JHG	景洪机场
云南省	昆明	KMG	巫家坝国际机场
云南省	丽江	LJG	丽江机场
云南省	临沧	LNJ	临沧机场
云南省	德宏芒市	LUM	芒市机场
云南省	思茅	SYM	思茅机场
云南省	昭通	ZAT	昭通机场
浙江省	杭州	HGH	萧山国际机场
浙江省	舟山	HSN	普陀山机场
浙江省	台州/黄岩	HYN	路桥机场
浙江省	衢州	JUZ	衢州机场
浙江省	宁波	NGB	栎社机场
浙江省	温州	WNZ	永强机场
浙江省	义乌	YIW	义乌机场
重庆	重庆	CKG	江北国际机场
香港	香港	HKG	香港国际机场
澳门	澳门	MFM	澳门国际机场

2. 国际机场三字代码

三字代码	地区名称	所属国家和地区	三字代码	地区名称	所属国家和地区
ABD	阿巴丹	伊朗	BSL	巴塞尔	瑞士
ABJ	阿比让	科特迪瓦	BUD	布达佩斯	匈牙利
ACC	阿克拉	加纳	BUE	布宜诺斯艾利斯	阿根廷
ADD	亚的斯亚贝巴	埃塞俄比亚	BUH	布加勒斯特	罗马尼亚
ADE	亚丁	也门	BWN	斯里巴加湾市	文莱
ADL	阿德莱德	澳大利亚	BXO	比绍	几内亚比绍
AKL	奥克兰	新西兰	BZV	布拉柴维尔	刚果(布)
ALG	阿尔及尔	阿尔及利亚	CAI	开罗	埃及
AMM	阿曼	约旦	CMN	卡萨布兰卡	摩洛哥
AMS	阿姆斯特丹	荷兰	CBR	堪培拉	澳大利亚
ANC	安克雷奇	美国	CCS	加拉加斯	委内瑞拉
ANK	安卡拉	土耳其	CCU	加尔各答	印度
ASM	阿斯马拉	厄立特里亚	CGN	科隆	德国
ASU	亚松森	巴拉圭	CGO	科托努	贝宁
ATH	雅典	希腊	CHC	克赖斯特彻奇	新西兰
AUH	阿布扎比	阿联酋	CHI	芝加哥	美国
AWK	威克岛	美国	CJU	济州	韩国
BAH	巴林	巴林	CKY	科纳克里	几内亚
BCN	巴塞罗那	西班牙	CMB	科伦坡	斯里兰卡
BEG	贝尔格莱德	塞尔维亚	CPH	哥本哈根	丹麦
BER	柏林	德国	CPT	开普敦	南非
BEY	贝鲁特	黎巴嫩	CUA	危地马拉城	危地马拉
BGF	班吉	中非	DAC	达卡	孟加拉
BGI	巴巴多斯	巴巴多斯	DAM	大马士革	叙利亚
BGO	卑尔根	挪威	DAR	达累斯萨拉姆	坦桑尼亚
BGW	巴格达	伊拉克	DEL	新德里	印度
BHX	伯明翰	英国	DEN	丹佛	美国
BIO	毕尔巴鄂	西班牙	DFW	达拉斯	美国
BJL	班珠尔	冈比亚	DHA	达曼	沙特阿拉伯
BJM	布琼布拉	布隆迪	DKR	达喀尔	塞内加尔
BKK	曼谷	泰国	DLA	杜阿拉	喀麦隆
BKO	巴马科	马里	DOH	多哈	卡塔尔
BMJ	波恩	德国	DRW	达尔文	澳大利亚
BOD	波尔多	法国	DTM	多特蒙德	德国
BOM	孟买	印度	DTT	底特律	美国
BOS	波士顿	美国	DXB	迪拜	阿联酋
BRE	不来梅	德国	FIH	金沙萨	刚果(金)
BRN	伯尔尼	瑞士	FLR	佛罗伦萨	意大利
BRU	布鲁塞尔	比利时	FNA	弗里敦	塞拉利昂
BSB	巴西利亚	巴西			

131

【本章小结】

民航机场是航空运输系统的重要组成部分，是为航空公司提供飞机起降和为旅客和货主提供地面服务的场所。机场的组成部分包括陆侧和空侧，机场的设施、设备主要在陆侧和空侧中，主要包括公共大厅、安检设施、联检设施、候机大厅、机场标识、助航灯光等。本章还重点介绍了机场的组织结构及运输生产组织流程。机场的规模大小、运营现状等通过一定的指标反映出来，本章详细讲解了机场的经济指标和统计指标。

【自我检测】

（1）民航机场分为哪些类？
（2）民航机场包括哪几个部分？
（3）民航机场的主要设施、设备有哪些？
（4）机场运行指挥中心的职能是什么？
（5）地面服务部的职能是什么？
（6）简述国际航班旅客的运输组织流程。
（7）机场的三大统计指标是什么？

第四章

民航销售代理

学习目标

航空运输的销售渠道分为直销和分销,民航销售代理是一种重要的分销方式。通过本章的学习,让学生掌握几种典型的销售渠道;了解民航销售代理定义和分类,了解我国航销售代理市场的发展趋势;掌握民航销售代理的资质管理及资质的申请流程;掌握民航销售代理分销管理模式;了解 BSP 代理人业务的申报程序;了解 BSP 代理人业务的业务流程及结算流程。

第一节 民航销售代理基本概念

一、民航销售代理的含义

民用航空运输销售代理业(以下简称空运销售代理业),是指受民用航空运输企业委托,在约定的授权范围内,以委托人名义代为处理航空客货运输销售及相关业务的营利性行业。

民用航空运输销售代理人(以下简称销售代理人),是指从事空运销售代理业的企业。

按照代理业务范围,分为下列两类:

(1) 一类空运销售代理业,经营国际航线或者中国香港、澳门、台湾地区航线的民用航空运输销售代理业务。

(2) 二类空运销售代理业,经营国内航线除中国香港、澳门、台湾地区航线外的民用航空运输销售代理业务。

二、民航销售代理管理沿革

中国民航 1950 年委托中国旅行社代办客运业务,以后逐步发展至今,民航销售代理制度已成为航空公司客票分销的主要渠道之一。

1987年经国务院批准出台了《民航运输销售代理管理规定》。

1988年4月12日,我国第一个民航销售代理—中国航空运输服务公司成立。

1992年12月,中国民航协会航空运输客货销售代理委员会的成立,标志着中国航空运输销售代理业已逐步形成规模。

1993年8月3日,中国民用航空总局颁布第37号令《民用航空运输销售业管理规定》,从政策上规范了我国民用航空运输销售代理业的行为,以保障旅客、民航运输企业和销售代理各方面合法权益。

2006年3月31日,民航总局和地区管理局分别将一类、二类空运销售代理资格认定和相关管理工作正式移交中国航协。此后,由中国航协及其代表机构依据有关规定开展航空运输销售代理资格认定工作,并进行监督检查和受理相关投诉,民航总局和地区管理局实施行业宏观管理。截止2012年,代理企业达8600多家。

第二节　民航销售代理管理模式

一、民航销售代理资质管理

根据《中国航空运输协会章程》和中国民用航空总局《关于移交航空运输销售代理资格认定工作的通知》(民航函[2006]141号)的有关规定,中国航协依法履行航空运输销售代理资格认可职能,有权颁发、换发、变更、注销资格认可证书,并对取得资格认可证书的销售代理企业进行监督管理。销售代理企业从事航空运输销售代理活动,应当取得中国航协颁发的资格认可证书。未取得资格认可证书的任何单位和个人,不得从事航空运输销售代理经营活动。航空运输企业(含外国航空运输企业)必须从经中国航协认可的销售代理企业中自主选择代理人从事本企业的委托销售事宜。

1. 销售代理资质分类

销售代理资质分为国际航空运输销售代理资质和国内航空运输销售代理资质。

国际航空运输销售代理资质,是指经营国际航线或者中国香港、澳门、台湾地区航线的民用航空旅客运输和货物运输销售代理资质(危险品除外)。

国内航空运输销售代理资质,是指经营国内航线除了中国香港、澳门、台湾地区航线的民用航空旅客运输和货物运输销售代理资质(危险品除外)。

2. 销售代理资质条件

(1)依法取得经工商行政管理机关注册登记的中华人民共和国企业法人营业执照。

(2)从事国际航空运输销售代理业务的,其实缴的注册资本应不少于人民币150万元;从事国内航空运输销售代理业务的,其实缴的注册资本应不少于人民币50万元。

(3)在中华人民共和国境内依法设立的中外合资、中外合作企业可以申请国际客运、国际货运、国内货运销售代理资质。其投资方中方出资数额占企业注册资本的比例应高于50%,外商投资的比例应当符合国家有关法律、法规的规定。外商企业不得独资设立销售代理企业或从事销售代理经营活动。

(4) 香港、澳门、台湾地区公司、企业、其他经济组织或个人在内地设立的企业从事销售代理经营活动的,投资比例应当符合国家有关规定。符合香港、澳门服务提供者定义的香港、澳门航空运输销售代理企业以合资、合营及独资形式申请销售代理资质,需提供《香港/澳门服务提供者证明书》。

(5) 国家法律、法规禁止或者限制投资销售代理业的企业或者单位,不得从事销售代理活动。

(6) 未取得中国航协颁发的资质认可证书,不得通过互联网开展销售代理活动;销售代理企业选择互联网进行销售代理经营活动的,应当按下列事项向中国航协备案:

① 互联网网站名称和域名;
② 网站性质、应用范围和所需主机地址;
③ 服务器或代理服务器的详细信息及其他书面资料;
④ 通过互联网开展销售活动的,应当符合国家法律、法规和行业的有关规定;
⑤ 有至少三名取得航空运输销售代理人员相应业务合格证书的从业人员;
⑥ 与开展业务相适应的固定的独立营业场所;
⑦ 有电信设备和其他必要的营业设施;
⑧ 其他必要条件。

3. 资质申请流程

资质申请流程详见图4-1。

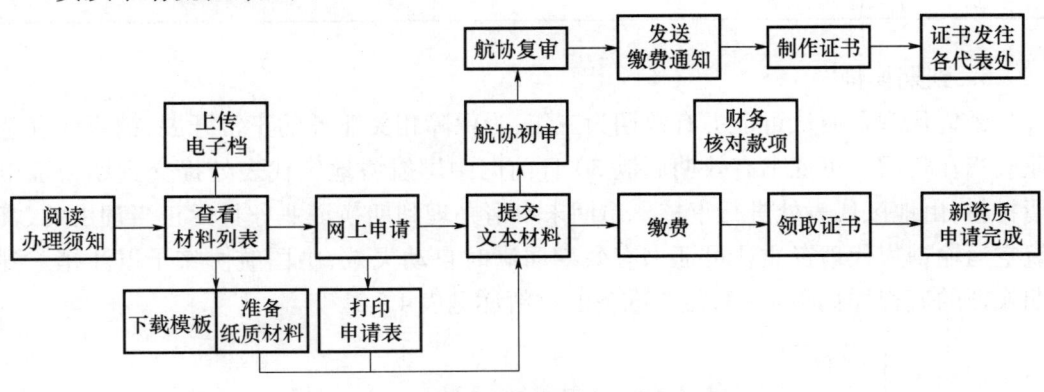

图4-1 民航销售代理资质申请办理流程

(资料来源:中国航空运输协会)

4. 年检

中国航协按年度对航空运输销售代理企业的资质认可证书进行年检,年检时间为每年的三月一日至六月三十日。年检内容包括:

(1) 资质认可证书的有效期;
(2) 注册事项的变更情况;

(3) 从业人员相应培训证书;

(4) 企业销售经营情况;

(5) 企业诚实信用及奖惩情况。

证书年检的流程详见图4-2,年检提供的材料详见表4-1。

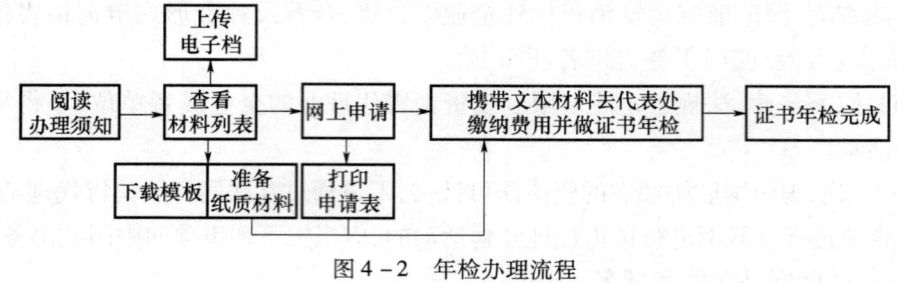

图4-2 年检办理流程

(资料来源:中国航空运输协会)

表4-1 年检业务需提供的材料清单

(资料来源:中国航空运输协会)

序号	申请材料名称(所需材料均需加盖申请企业公章)
1	《航空运输销售代理业务年检登记表》一份及申请书
2	《资质认可证书》正副本原件及复印件
3	通过工商年检的营业执照副本原件及复印件
4	本公司至少三名相应业务类别从业人员有效期内的岗位合格证书复印件(需审核原件)
5	授权委托书
6	其他必要材料

5. 到期换证

销售代理资质认可证书有效期为三年,为保障相关业务的正常开展,销售代理企业应当在资质认可证书有效期届满30日前向中国航协地区代表处提交到期换证申请材料,由地区代表处进行审核。逾期未申请办理到期换证业务且无正当理由的,其航空运输销售代理资质认可证书有效期届满时自动失效,中国航协将予以注销。到期换证的流程详见图4-3,需要准备的材料详见表4-2。

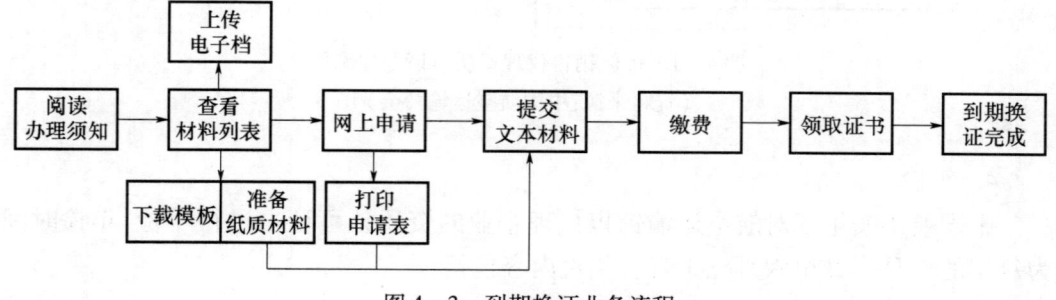

图4-3 到期换证业务流程

(资料来源:中国航空运输协会)

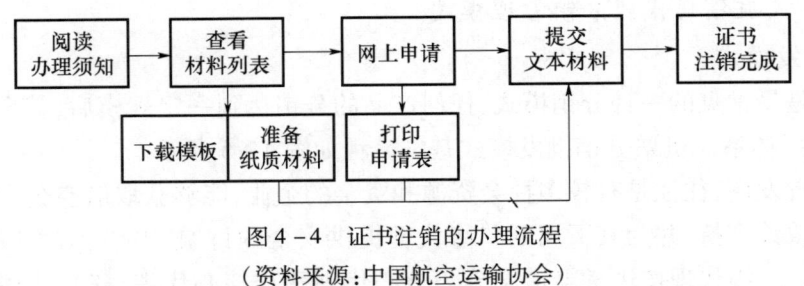

表 4-2 到期换证业务需提供的材料清单

（资料来源：中国航空运输协会）

序号	申请材料名称（所需提供材料均需加盖申请企业公章）
1	《航空运输销售代理业务到期换证登记表》一份及申请书
2	通过工商年检的企业法人营业执照副本或分支机构非法人营业执照副本原件及复印件
3	企业法人章程复印件
4	公司法定代表人的有效证件复印件及简历
5	公司业务负责人的有效证件复印件及简历
6	本公司至少三名相应业务类别从业人员有效期内的岗位合格证书复印件（需审核原件）
7	营业地址租赁协议及产权证明的复印件；营业场所内外彩色照片各一张；货运代理企业还应提供仓储场所证明文件及仓储场所内外彩色照片各一张
8	经注册会计师事务所出具的反映近期财务状况的审计报告复印件
9	（1）法人经济担保协议； （2）担保方企业法人营业执照； （3）经注册会计师事务所出具的反映担保方近期财务状况的审计报告或验资报告的复印件（担保方工商注册时间不足一年的需提供验资报告复印件）
10	资质认可证书正副本原件
11	服务质量承诺书
12	授权委托书
13	其他必要材料

6. 注销

因航空运输销售代理企业分立、合并、被撤销或者依法被宣告破产，不再从事航空运输销售代理业务的，应当及时向中国航协申请注销并上缴资质认可证书。

航空运输销售代理企业申请注销并向地区代表处提交全部注销资料后，中国航协将对外予以公告，公告期为 30 个工作日。公告期间未有单位或个人提出权利要求的，地区代表处完成资质注销审核工作后，代理企业即可办理注销手续。

销售代理企业的航空运输销售代理资质注销后将不予恢复。

航空运输销售代理企业申请注销的流程详见图 4-4，注销准备的材料详见表 4-3。

图 4-4 证书注销的办理流程

（资料来源：中国航空运输协会）

表4-3 注销业务需提供的材料清单

(资料来源：中国航空运输协会)

序号	申请材料名称(所需材料均需加盖申请企业公章)
1	《航空运输销售代理业务注销申请登记表》一份及申请书
2	投资主体同意注销批复
3	中国航协资质认可证书正副本原件
4	中国航协资质认可销售代理人牌照
5	授权委托书
6	其他必要材料

二、民航销售代理分销管理

(一)民航销售代理对航空公司销售的影响

1. 航空公司借助销售代理进行客票销售的益处

(1)方便了航空公司和顾客之间的交流,降低了市场销售的总成本。

(2)节约了航空公司在零售市场销售的大量开支。

(3)为旅客提供了许多补充性服务。

2. 销售代理给航空公司销售带来的弊端

(1)大型批发商和全国性网上代理机构同航空公司的议价权发生了逆转,一些航空公司的代理费甚至超过10%以上,航空公司的经营利润大幅缩水。

(2)中介代理为抢夺客户,甚至将航空公司给予的佣金纷纷在市场上让利返给终端客户,导致航空公司对市场价格方面的失控,损害航空公司的收益管理能力。

(3)越来越激烈的代理争抢客户的竞争,导致代理向航空公司屏蔽终端客户的基本信息资料,没有客户的基本资料必然会导致航空公司无法理解客户的需求,从而不能够提供良好的服务,会损失大量客户。

(4)航空公司对客户的了解和需求洞察严重不足,导致航空公司的产品开发能力和市场拓展能力严重降低,航空公司患上战略短视症,不知道客户在哪、客户是谁、客户需要什么,以及如何更好的为客户进行服务。

(二)民航销售代理分销管理模式

1. 批发模式

批发是最常见的一种分销模式,任何产品的分销达到一定规模后,就会自然形成"批发零售"体系。机票分销批发模式基本流程如图4-5所示。

作为批发商,往往是有较多社会资源和资金的企业,能够获取航空公司较好的产品和价格政策支持,并为其下属的二级代理提供安全的订票、出票、结算服务甚至是经营场地。二级代理按进货渠道又分为核心代理和非核心代理,核心代理的预订和

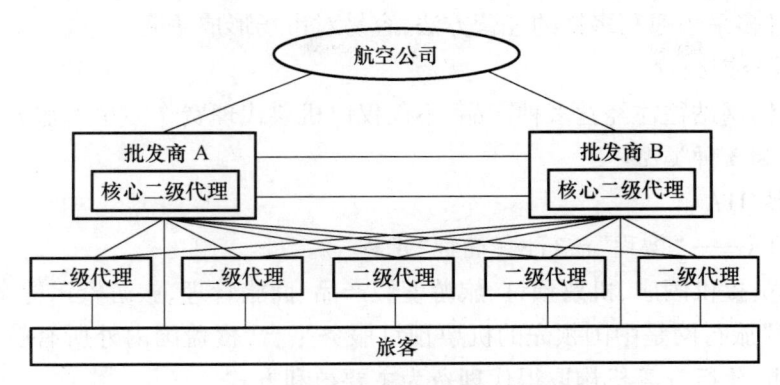

```
                    航空公司
                   /        \
          批发商 A ———————— 批发商 B
          核心二级代理        核心二级代理
         /   |    |    |    |    \
    二级代理 二级代理 二级代理 二级代理 二级代理
         \___|____|____|____|____/
                    旅客
```

图4-5 机票分销批发模式流程

(资料来源:杨涛,崔艳萍. 民航销售模式的研究及启示铁道运输与经济,35(9期))

出票完全依附于一个固定的批发商,而非核心代理不完全绑定一个批发商,通过多家询价的方式,最终选择最优价格的批发商。

2. 在线分销模式

在线分销(Online Travel Agency,OTA)是近年来新兴的机票分销模式,只有航空公司、在线分销商和旅客三个环节,与批发模式相比业务流程简单。目前我国规模较大的在线分销商有"携程"旅行网、"艺龙"等,都是由经营酒店业务逐渐发展到机票分销领域。由于我国的客户成熟度、消费环境、服务能力等存在差异,在线分销商采用呼叫中心、网站、手机客户端等方式在线分销。

3. 差旅管理公司模式

差旅管理公司是专门为企业提供出差相关(机票、酒店为主)管理服务的公司。国外专业的差旅管理公司,如美国运通公司(AMEX)、嘉信力商务旅行管理有限公司(CWT)等在2002年前后采取合资公司的形式进入中国市场。与在线分销模式不同,差旅管理商不再是渠道控制者,也不是传统意义上的航空代理,而是企业的差旅管家。在国外,差旅管理公司更多地依靠向企业收取服务费,而不是依赖航空公司的代理费生存。

三、民航销售代理运营管理

1. 佣金制度

我国销售代理一直以来实行的是佣金制度,销售代理企业与航空公司签订销售代理协议,航空公司根据协议和销售政策向代理人支付代理费。然而,随着航空公司利润的逐年降低,零佣金已经成为全球性趋势,10年前美国、新加坡等国就已经实施,近年来亚洲一些国家包括我国、日本、韩国、泰国、马来西亚、印度尼西亚、菲律宾也陆续实施零佣金政策。随着航空公司直销力度加大,销售中间环节将逐渐减少。电子机票全面推广后,中小机票代理商由于资金及技术力量问题,将面临业务量的大幅萎缩,但超级代理公司的子公司分布于全国各地,售票量大,能从航空公司得到更多佣金，而且多采用薄利多销的经营方法，容易对市场形成垄断。

2. 在线分销经营

在线分销网站往往经营多种产品，不仅仅以机票代理费作为单一盈利来源，盈利模式可以分为3种类型。

1）典型OTA

典型OTA——"携程"旅行网（简称"携程"）。

它为会员提供酒店、机票预订、旅游度假产品、商旅管理、旅游资讯等全方位旅行服务，"携程"旅行网是中国领先的机票预订服务平台，覆盖国内外所有航线，以从航空公司、酒店、旅行社等机构取得代理费为主要盈利方式。

"携程"定位于旅游业的电子商务公司，历经十多年的不断实践和探索最终发现：通过保证信息在各地酒店、航空公司和消费者之间顺畅地流通，完成全国范围内的酒店和机票产品预定来获取代理销售佣金的商业模式，即"携程模式"。在"携程"出现之前提供酒店和机票预定服务的公司都是区域性的，没有哪家公司能在全国范围内订酒店和机票，且没有一家公司能做到全天候服务。这种分散的服务方式让质量控制难以执行。"携程"正是找到了这一产业缝隙，并将它与互联网结合，才获得今天的成功。如今的"携程"扮演着航空公司和酒店的分销商的角色，它建立了庞大的酒店及机票产品供需方数据库，它能做到一只手掌控全国范围内上千万的会员，另一只手向酒店和航空公司获取更低的折扣，自己则从中获取佣金。全国各地的机票业务、订房业务都可以经"携程"呼叫中心以及IT后台统一处理，机票的出票时间和价格、酒店的预约时间和价格，甚至员工的服务质量也都能得到监控。六西格玛管理使"携程"能将客人打给呼叫中心电话的等待时间控制在国际通行的20秒以内，将接听比例从80%提高到90%以上，将服务客户的电话时长缩减到今天的150秒左右。而且，由于"携程"整合的是信息层面的资源，其可以几乎零成本地加入新的航线、酒店产品的预定。

2）旅游搜索平台

旅游搜索平台——"去哪儿"网。它为消费者提供机票、酒店、度假产品搜索，提供旅游产品团购及其他旅游信息服务，为旅游行业合作伙伴提供网站、手机客户端等解决方案。"去哪儿"网不仅对接航空公司和酒店，而且与"携程""艺龙"等线上旅游分销商合作，可以通过"去哪儿"网购买"携程"和"艺龙"的机票，"携程"和"艺龙"按点击次数向"去哪儿"网支付费用。同时，"去哪儿"网为中小OTA提供线上交易支付平台的资信，使中心OTA能够在网上与客户完成交易，中小OTA按支付费用比例向去哪儿网付费。另外，搜索平台的广告价值也成为"去哪儿"网的收入来源。

去哪儿网是机票销售领域知名的垂直搜索引擎，消费者进入其界面，输入出发和到达城市、出行时间，进行有针对性的搜索，系统就会按照消费者的自定义排序，将相关搜索结果进行呈现。消费者选择好符合自己需求的机票后，通过网页跳转，进入机票真实销售商的网站，完成相关购票操作。

3) 金融商旅服务公司

金融商旅服务公司——易商旅电子商务有限公司（简称易商旅）。它为航空公司、机票代理人、集团客户等产业链的各个环节提供全方位的咨询服务,销售综合运营、技术系统、代理商资金授信、电子商务化进程等服务。易商旅的创新在于与国内主流银行建立合作关系,联合银行为机票代理公司提供零抵押、担保授信,根据代理人出票情况垫付资金给航空公司。代理人在一定的信用账期后进行还款。一方面极大地缓解了代理商的资金压力,有助于代理商扩大销售规模;另一方面航空公司资金周转效率也大幅提高,易商旅从航空公司和代理商获得一定比例手续费收入。

4) 竞价平台

竞价平台——票盟、51BOOK。"票盟平台"为商家搭建起一个机票销售互助网络营销平台,浏览者或潜在客户通过这个平台上可以进行整个交易、交流过程,价格等相关内容,与同类航空公司或者供应商相比,从而选择价格最优、服务最好的机票供应商,集单程、往返、联程、团队等航线于一体的订单创建与费用支付。其首页结合各类航司咨询和旅游咨询的重点信息,结合国家政策发布,确保信息的及时性和权威性。重点展示重要信息(如会员登录、平台最新动态、最新航空公司信息、国家各项规定等),使浏览者能够迅速通过平台的服务内容及信息了解最新的动态。平台账户类型分为管理员账户、采购账户、供应账户、企业子账户等,不同的账户权限分别不同,从而简化各项功能键,增加一键式操作和在线客服咨询功能。

现在国内主流竞价平台有十多家,各个平台的产品和营销模式都很相近。首先,吸引全国各地区大型代理企业上线作为供应商,由供应商提供查询定座配置接口,并且提供销售代理费政策;其次,广泛吸引全国代理企业,以及为数更多的上线采购商;最后,平台通过"支付宝"等在线支付工具,完成供应商和采购商的结算、出票全过程。对于航空公司、消费者、代理企业,竞价平台的优劣势十分明显,分析如下:

(1) 竞价平台对于航空公司的优劣势分析。

优势:加快航空公司机票销售的速度,但航空公司在某时段、某航段的载运能力是有限的,这一优势带给航空公司的利润增加并不十分明显。

劣势:首先,代理费用增加。通过全国各地区大型代理企业在"平台"上提供的优厚代理费率,事实上让全国的中小代理都享受到航空公司的出港地代理费政策,这直接导致了航空公司代理费用的增加。其次,竞价平台的快速发展,实际上对航空公司大力推进的网站直销带来巨大冲击,特别是航空公司网站针对代理企业的B2B直销。

(2) 竞价平台对于消费者的优劣势分析。

优势:竞价平台从表面上可以为消费者提供价格更低的机票,但是消费者风险较大。

劣势:首先,虚假行程单严重侵害了消费者利益。由于采购商和供应商往往不在一个城市,互不相识且大多数采购商为不正规代理人,所以大多数竞价平台操作的基本规则是供应商不提供电子客票行程单。其次,旅客购买机票的售后服务的缺失。

竞价平台销售的机票大多是销售单位和填开单位不一致的情况,因此如果旅客购买了机票,在航班起飞、延误提示方面,在签转退票方面,都得不到应有的服务,出现问题以后,由于无法知道准确的代理企业信息,没有办法进行投诉,往往只能自行承担损失。

(3) 竞价平台对于代理人的优劣势分析。

优势:对一些大型代理企业而言,通过竞价平台销售,可以在较短时间内快速扩张规模,完成航空公司销售任务和比例,以获取更好的代理费政策。对一些中小代理企业来说,竞价平台上大型代理企业投放的代理费政策往往比航空公司给其自身的优厚得多,客观上帮助其提高了利润水平。

劣势:首先,造成代理企业间的无序恶性竞争。为了获取更好的代理政策和返点,完成航空公司规定的任务量和比例,不少代理企业将航空公司给予的代理政策全部放在竞价平台上,有的甚至将还没有拿到手的奖励也放出去,以此吸引采购商进行采购。代理企业一方面为了抢占市场份额,获取更高的代理费点数而放弃利润;另一方面为了生存发展,保住现有的高代理费水平,又去追求更高的市场份额满足航空公司的要求,这已经成为部分代理企业的一个死循环。其次,削弱了正规代理企业的竞争力和服务水平。机票竞价平台给那些内部管理水平不高、市场营销能力不强的代理企业提供了便利通道,只要敢于放高返点政策,全国的票代都会帮你来卖票,往往在短时间内造成销售额突飞猛进的情形。这就导致代理企业没有把精力放在企业经营管理、拓展客户渠道、以服务来吸引客户的市场营销管理上,造成企业经营管理和服务水平的严重下降。最后,代理企业面临着巨大的违约风险。对供应商代理企业来说,面向全国的竞价平台销售能帮助其快速获取市场份额,但是无法保证其采购商对消费的销售行为的正规性,被消费者投诉到相关管理部门,面临着较大的政策风险。

3. 专业差旅服务费

我国差旅管理公司的主要盈利方式是向企业收取服务费和向航空公司收取代理费。对航空公司而言,差旅管理商掌握着高端企业客户和高价值的预订,并且拥有较高的服务水平。随着企业规模的扩大、差旅费用支出的增加,差旅管理的作用会越来越得到重视,因此,差旅管理业务对客户的价值会得到不断提升。

第三节 BSP 代理人业务

一、BSP 代理人申报程序

中国开账与结算计划(Billing & Settlement Plan,BSP)是国际航空运输协会(IATA)根据航空公司及其销售代理人的需要,依据适用的决议而建立的。由国际航协BSP 委员会第 67 届大会通过并经中国民用航空总局批准后实施,供 BSP 航空公司批准的,并被国际航协认可的客运销售代理人之间使用的,清算和结算账目的销售结算系统。

20世纪90年代初,中国经济的迅猛发展为民用航空运输的发展提供了广大的市场,代理人应运而生、星罗棋布。代理人行业在中国是一个年轻的行业,它在发展中存在许多问题。这对于想迈入国际市场、与国际标准接轨的中国民用航空运输业来说,选择已在国际上运作了二十多年的BSP项目进入中国市场是最佳决断。

1995年初,在三家国际航空运输协会(简称"国际航协")会员航空公司——中国国际航空公司、中国东方航空公司和中国南方航空公司的要求下和中国民用航空总局的批准下,在中国建立国际航协BSP项目的可行性研究付诸实施。由13家中外航空公司组成的中国BSP可行性研究委员会及其两个工作小组,历时四个月的可行性研究,于同年6月30日向中国BSP委员会(由55家中外航空公司组成)提交了中国BSP可行性研究报告并获得一致通过。之后,中国BSP的国际销售在1995年7月31日开始试运行,1996年8月1日开始正式运行。1996年9月1日,中国BSP延伸至国内销售的试运行开始,1997年1月1日,中国BSP国内销售进入正式运行。

1. 国内客运代理人资格申请程序

(1) 前提条件。申请单位必须是中国航空运输协会批准的国内客运代理人;财务状况良好,无任何不良行为;申请单位的股东、董事、管理人员从未在任何已从国际航协代理人名册中予以除名或已收到违约通知却仍未偿清债务的代理单位担任过董事、股东、管理人员职务。

(2) 准备纸质文件,包括:《企业法人营业执照》副本的复印件、中国航空运输协会批准的《二类客运资格认可证书》副本的复印件、已填妥的《存档记录》、经营场所房屋文件复印件、营业场所内、外部彩色照片各一张(可打印)、公司抬头纸、已填妥的《国际航协认可国内客运代理人申请书》。

(3) 缴纳费用、代理人单方签署协议、公告。

(4) 办理担保。

(5) 批准代理人的申请。

(6) 开启BSP票款专用账户。

2. 国际客运代理人资格申请程序

(1) 申请成为国际航协认可国际客运代理人的前提条件:必须是中国民航总局批准的国际客运销售代理人(即持有中航协一类资格认可证书);公司财务状况良好,无任何不良行为;申请单位的股东、董事、管理人员从未在任何已从国际航协代理人名册中予以除名或已收到违约通知却仍未偿清债务的代理单位担任过董事、股东、管理人员职务。

(2) 获取申请资料:国际客运存档记录和国际客运(二升一)存档记录、IATA客运代理人申请表-英文、代理人自主上传审计报告操作手册、人员状况表(staff form)、安全设施清单、英文名称声明。

(3) 提交材料：企业法人工商营业执照正本或副本复印件，中国航协（CATA）颁发的一类、二类资格证书副本复印件，经注册会计师事务所出具的近期财务审计报告扫描件(.PDF 格式)，经营场所房屋证明文件(如以公司名义签署的租房合同、房产证、购房合同等)，营业场所内、外部彩色照片各一张(可打印)，公司抬头纸。

(4) 缴纳费用、代理人单方签署协议、公告。

(5) 办理担保。

(6) 批准代理人的申请。

(7) 开启 BSP 票款专用账户。

二、BSP 代理人的业务流程

代理人加入 BSP 运作前的准备工作：

取得国际航协认可资格的代理人需按照以下程序办理加入 BSP 运作手续：

(1) 与当地中国工商银行签订《BSP 资金清算委托书》，办理 BSP 票款专用账户；

(2) 与当地的中航信凯亚分公司联系申请安装并使用自动打票机；

(3) 与国际航协客户服务部联系，申请 ASD 用户登录密码；

(4) 根据国际航协 ASD 网站所提供的《中国 BSP 航空公司名单》同各相关航空公司联系申请取得航空公司授权(国际航协 ASD 网站：www.iata-asd.com)；

(5) 向国际航协客户服务部提交《BSP 资金清算委托书》扫描件；

(6) 上述事宜办理完毕后，代理人可通过 ASD 网站查询了解国际航协有关规则规定、《中国 BSP 报告/划款日期表》、申请领取 BSP 电子客票。

三、BSP 代理人的结算业务

加入 BSP 运作的代理人按照担保金额申请空白票号，用于向旅客填开机票，代理人收到票款后，根据账单在划款日期内向清算银行汇款，清算银行根据机票的销售情况向航空公司结算。具体结算流程如图 4-6 所示。

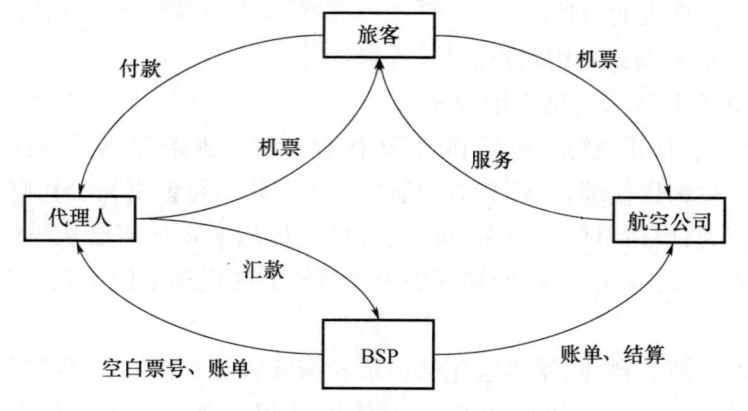

图 4-6 代理人结算业务流程

【知识链接】

民用航空运输销售代理业(以下简称空运销售代理业),是指受民用航空运输企业委托,在约定的授权范围内,以委托人名义代为处理航空客货运输销售及其相关业务的营利性行业。民用航空运输销售代理人(以下简称销售代理人),是指从事空运销售代理业的企业。我国主要航空销售代理公司有腾邦集团、网赢科技等。

1. 深圳市网赢科技有限公司

深圳市网赢科技有限公司(www.et-win.com)成立于2004年11月,总部位于深圳,注册资本1000万人民币,现有员工500余人,主要业务为民航软件开发及国际国内电子客票分销。

深圳市网赢科技有限公司是在深圳市达志成贸易有限公司的发展基础上设立的。深圳市达志成贸易有限公司成立于1997年,是经中国民用航空总局及深圳市工商局批准设立的专业经营国内、国际民航客运分销业务的一类客运销售代理公司。公司是中国国际航空运输协会(IATA)会员,是民航三大集团国航、南航、东航在深圳地区指定的核心销售代理人,同时具有深航、厦航、川航、山东航、海航、上航等国内航空公司所有代理权,年销售额位居深圳前三名。目前,达志成公司在深圳航空客票代理行业已经享有一定的知名度和影响力,多年的行业经验积累为公司的进一步发展打下了坚实的基础。

2. 深圳市叁叁零航空服务有限公司

深圳市叁叁零航空服务有限公司(简称330航空)于2005年10月注册成立,是一家集国内、国际机票、酒店预定、旅游咨询等于一体的专业航空客运企业。公司总部地处福田区繁华商务地段,内设散客部、团队部、客户服务部等内部组织机构。它是深圳销售范围较广、服务规模较大、综合实力较强的大型民航服务企业。

公司发展至今,先后与国航、南航、深航、海航等全国所有航空公司签订了销售代理协议,在合作中保持良好的合作关系。面对激烈的市场竞争,叁叁零航空服务有限公司积极探索航空代理市场运营的新特点新规律,提出"以服务创新推动业务发展"的策略,对传统呆板业务进行挖掘,大力拓展新的业务领域。相继开展的订票积分送免票、免费送票、电话订票机场取票等新服务,成为航空代理业务的新概念,使航空代理业的发展又迈上了一个新台阶。两年成熟运营,现直接民航定座GDS系统连接,提供最具权威"机票实时查询预定"服务,并与国内、外各航空公司建立良好的密切合作关系。

作为国内专业的机票产品网络服务分销商,可提供国内唯一的自助式和车载式机票销售平台。机票产品涵括国内外400多家航空公司的10000多条航线,可提供国内主要航空公司全部电子客票产品。

3. 深圳市华正商旅航空服务有限公司

深圳市华正商旅航空服务有限公司(简称华正)是专门从事国际、国内航空代理销售业务及旅行、酒店预订的专业商旅服务公司。目前华正已和国内外各大航空公司合作，覆盖国内外绝大多数航线。

华正拥有行业内规模领先的统一的机票预订系统，可以做到订票点和送票点的不同。华正的国际机票可以实现"异地出发，本地订票、取票"，极大地方便了顾客。华正还开通了各大航空公司电子客票产品，客人可用信用卡支付方式购买电子客票，无须等待送票，直接至机场办理登机，出行更便捷。

面向国内外各大企业与集团公司，以提升企业整体商旅管理水平与资源整合能力为服务宗旨，华正依托遍及全国范围的行业资源网络，以及与酒店、航空公司、旅行社等各大供应商建立的长期良好稳定的合作关系，为公司客户全力提供商旅资源的选择、整合与优化。对于一个有一定规模的企业来说，差旅费用及相关的开支成为仅次于工资的第二大可控费用，因此差旅管理是企业成本管理的一个重要组成部分。该公司致力于为企业设计最佳的差旅方案，为企业节省更多差旅费用。

4. 飞宇天下国际旅行社有限公司

深圳市飞宇天下国际旅行社有限公司前身为深圳市飞宇天下商务服务有限公司，成立于2006年8月18日，目前主要从事专业国际机票代理业务，逐步向集机票、酒店、签证、旅游服务于一体的综合性商旅服务型企业发展。公司总部设立在深圳。

旗下包括深圳市易飞天下航空服务有限公司（国际航空运输协会批准的一类代理公司）、武汉分公司、重庆分公司、青岛分公司、长沙分公司、西安分公司、成都分公司、南京分公司、杭州分公司，共有员工180余人，90%以上为本科学历。公司致力为旅客提供专业、省钱的国际机票。因为专一，所以专业。

公司以培养自立自强有理想之人为目标，坚持以选贤任能为同事晋升准则，管理范围达到10人以上（含10人）的岗位坚持民主选举产生管理者，为各位同事提供一个公平、公正、公开、平等的晋升发展平台，打造一个"同事自豪，客户信赖"的优秀品牌企业。

5. 马可孛罗科技有限公司

深圳马可孛罗科技有限公司于2014年7月成立于深圳市前海自贸区，受国际航空运输协会IATA认证为TIDS成员，注册资本500万，在海外拥有香港以及英国两家分公司，已获中国前三的投资机构近千万投资。

公司旗下主要有两大品牌：PKFARE.COM是公司向全球遍布四大洲超过30个国家和地区的合作伙伴提供国际机票酒店等旅游产品的交易平台及相关服务；功夫旅行（www.gongfutrip.com）是公司面向中文地区移动互联网用户提供的APP工具，目前主要向用户提供有别于传统预订工具的国际机票查询预订服务。

除此以外，北京乐途国际旅行社（国际航空运输协会IATA会员）、美国LGS LLC（美国国际航空代理网络IATAN会员）是深圳马可孛罗科技有限公司的关联公司，在中国以及美国开展国际机票、境外酒店、境外旅行目的地业务。作为一家立足于移动互联网，背靠全球商务资源网络的在线旅行公司，团队成员1/2以上来自腾讯、ZTE、金蝶等IT公司的资深PM和开发岗位,剩余均为资深的出境旅行专家。

6. 在路上(北京)航空服务有限公司

在路上(北京)航空服务有限公司(简称在路上)是华北民航管理局批准的机票业务代理商,主要从事旅游团队在国内外的航空运输服务公司。2006年正式组建。公司是IATA(国际航空运输协会)及中国BSP成员,与东航、南航、国航、海航建立起长期的合作关系。

在路上,作为国内资深的航空产品解决方案提供商,致力于为入境、出境和差旅客户解决一系列航空交通问题。围绕客户的需求持续创新、致力于帮助客户提升工作效率以节约成本。凭借创新的产品、高效完善的供应链以及强大的战略执行力,与国内外83家国际航空公司建立销售代理关系,为10多个国家1300多家客户提供服务。

主要服务对象涵盖政府机构、世界500强企业、旅行社、劳务派遣、会展公司、外企商会、科研院所、外国使馆。公司在全球7个城市设立了11个分公司。

经过近十年的发展,公司由小到大,由弱到强,目前拥有国内国际上百家知名旅游企业为合作伙伴,稳定的客户群体和稳定的业务增长率。公司现有客户数百家,年营业额近12亿元,和国际旅游大批发商建立了良好的合作关系。与Intrepid Travel Pty Ltd、Vacances Sinorama Inc、Eagle Business Consultant(HK)Ltd等海外客户在旅游、机票方面有深入的业务合作。公司与Intrepid Travel Pty Ltd、Vacances Sinorama Inc、Eagle Business Consultant(HK)Ltd年交易额均逼近200万美元大关,同时与国内其他知名旅行社的年合作额度已经超过5000万元人民币。

7. 腾邦国际商业服务股份有限公司

深圳市腾邦国际商业服务股份有限公司(简称腾邦国际)是中国商业服务第一股(股票代码:300178),是国家商务部首批"商贸服务典型企业",国家科技部"现代服务业创新发展示范企业",国家级高新技术企业。腾邦国际通过遍布全球的服务网络,为客户提供专业商业服务解决方案,业务涵盖机票酒店、会展旅游、差旅管理、金融服务四大板块。

其商旅服务主要包括:OTA在线预订,腾邦国际的OTA通过腾邦国际飞人网、24小时预订热线以及移动客户端(腾邦旅行)三大预订平台,为广大消费者提供机票酒店、差旅管理和旅游度假等全方位的旅行产品预订服务;TMC差旅管理,腾邦国际企业差旅管理是协助企业对差旅活动进行整体规划和执行监控,优化差旅管理流程与政策,整合采购资源,降低差旅成本并提高出行效率;B2B商旅分销,腾邦B2B分销模式针对商旅代理的核心需求,提供一整套的商旅行业解决方案,让商旅代理"做生意,更容易"。

其金融服务主要有腾付通——第三方支付品牌和融易行——小额贷款品牌。"腾付通"作为腾邦国际支付品牌,先后获得了人民银行颁发的互联网支付、移动电话支付和银行卡收单支付业务许可证。为机票商旅、电子商务、数字娱乐、保险行业、基金理财提供交易保障;"融易行"小额贷款借力前海金融创新理念,依托腾邦国际优势,为各中小微企业和个人提供优质快捷的资金服务。"融易行"作为小贷行业的新生代,快速推出了"循环贷"、"接力贷"及"连锁贷"等多个系列产品。

【本章小结】

客票销售是航空运输过程的重要组成部分,是旅客和航空公司接触的第一个环节。航空公司的客票销售可以通过不同的分销方式进行,其中销售代理公司是其中的一种常见模式,本章主要讲解了民航销售代理的基本知识、管理模式和BSP业务的办理等。

【自我检测】

(1) 民航销售代理的含义是什么?
(2) 销售代理资质分为哪几类?
(3) 航空销售代理分销模式有哪些?
(4) BSP代理人的申报流程是什么?

第五章
世界航空运输发展现状及趋势

学习目标

航空运输具有国际化的特点,世界航空运输业的发展会对各国的航空运输市场产生一定的影响。通过本章的学习让学生了解世界航空运输发展现状及发展趋势;掌握航权的定义和分类;了解航空运输联盟的运作方式;了解世界上主要的航空运输联盟;了解航空公司兼并重组的发展史及典型案例。

伴随着航空技术的进步和民航运输组织管理水平的提高,世界民航业一直处于快速增长的态势,先进的、大型民用运输机主宰着航空市场,民航服务水平也显著提高。到目前,全球形成了以北美、欧洲和亚太地区为主的三大航空市场,共占全球市场份额接近90%。从20世纪80年代以来,受经济全球化、发达国家放松航空管制以及向后工业化转变等一系列因素的影响驱动,世界民航业的发展格局和发展趋势已经和正在发生着深刻变化。

世界民航业的发展现状和发展趋势主要体现在以下几个方面:在新兴市场国家,航空旅客出行增多带动国际航空运输市场增长,大力发展民航业成为国家和地区战略的重要组成部分;各国政府逐渐放松航空管制,通过双边和多边谈判,达成"天空开放"协议,航空运输业进一步实现自由化;随着航空运输业的进一步自由化,航空公司采用航空联盟、并购重组、企业交叉持股等手段扩展航线网络,发挥协同效应,提升运行效率;以美国西南航空公司为代表的低成本航空经营模式,通过严格的成本控制,以低廉的机票价格吸引旅客,不仅快速抢占市场份额,而且推动航空运输业从豪华、奢侈型向大众、经济型转变;民航运输业与高速公路网络、高速铁路网络和城市轨道交通相连接,形成相互衔接、优势互补的一体化综合交通运输体系。

第一节　世界航空运输发展概况

一、航空运输自由化进程

随着经济全球化,航空运输自由化已成为国际航空业发展不可逆转的趋势。航空运输自由化对各国航空运输市场都产生了积极影响,同时也给我国民航企业的经营和政府的管理带来了一定的机遇和挑战。民航强国的道路上我们需要顺应世界航空运输的发展趋势和发展要求,准确把握航空运输自由化发展趋势和内涵,抓住机遇、迎接挑战。

1. 航空运输自由化的相关概念

1）航空运输自由化的定义

国际航空运输自由化主要是指改革国际航空运输的管理体制和方法,从政府对空运企业国际航空运输经营活动进行详尽管理过渡到更多地依靠市场力量予以调节,给予空运企业更多的经营权利和灵活性。

有些国家(如美国)称国际航空运输自由化为"放松管制",国际民航组织(ICAO)则采用"自由化"这种提法。由于民航运输业属于高度管制的行业,ICAO建议各国政府应该对高度管制的产业如民航运输业,应尽可能减少限制,给予航空公司、机场及相关服务业更多的"自由"。这些"自由"是相对而言的,仅限于经济意义上的行为,而非安全与保安方面的任意"自由"。

2）放松管制(deregulation)

放松管制又称取消管制,是指放松或取消一些管制,如把有关企业进入、定价和投资等方面的管制从许可制变为申报制等。放松管制主要是取消一些经济性的管制,而对社会性管制的放松则需要谨慎。放松管制的主要特点是向受管制行业引入竞争机制,其目的是提高服务质量,降低收费水平,使费率结构更加合理,以及促进技术创新等。

20世纪70年代中期开始,公众对管制所强加的经济负担的不满意状况,加上经济学家对各种具体的管制方案的批评,引发了一场强有力的,旨在废除许多特定的管制方案的政治运动。要求废除的第一个主要管制方案是对于航空公司的管制制度。在西方国家,放松管制的产业包括航空、地面运输(铁路、公路运输)、银行、广播、电话、电信、电力、邮政等。

"放松管制"最开始是美国的国内法规,1978年美国通过"航空公司放松管制法"(The Airline Deregulation Act),对航空运输业的管理体制进行以自由竞争为核心的市场化改造。

3）天空开放

天空开放的建议最早是由美国时任总统艾森豪威尔提出的。1955年7月,美、英、法、苏在日内瓦举行的高级会议上,艾森豪威尔向苏联提出了开放天空的建议,即美苏相互允许对方利用侦察机对己方军事设施进行空中侦察,以避免由于猜忌而造成的紧张。

(1) 早期的天空开放概念。国际航空运输自由化,是以美国为主导开始的,由国内航空运输自由化扩展到国际航空运输自由化,在推行自由化政策的过程中,美国政府提出天空开放的定义,具体如下:通航地点、指定承运人、运力班次方面不限制;业务权不限制,包括通航点、以远权、换机型不限制;运价管理自由化;包机、货运、结汇自由化;代码共享不限制;可自办地面服务;收费非歧视性;使用和引入电脑服务系统不限制。以上主要是针对航权而言的。

(2) 不断演变的天空开放概念。近年来,天空开放已经突破了初期的业务权的自由化,而涉及航空公司所有权和控制权、空中交通管制权等领域。专家认为,20世纪美国实行的放松管制和天空开放,主要是是针对航空公司制定的,空中交通管制和机场等垄断服务商并不包括在内,按照全球航空运输业向自由化发展的趋势,天空开放的涉及范围将更加广泛。

(3) "天空开放"航空协议。"天空开放"航空协议是一种政府间航空运输自由化的协定。例如,2005年美国和印度签署一份"开放天空"协议,根据协议美印两国的航空公司可以按照乘客需求自行选择航线和航运目的地,"协议为两国航空公司规定了开放线路、载客量、发机次数、目的地和机票价格,以及协作开发市场的机会,包括与印度航空运营商共同分享航空代码等"。协议还规定,美印两国的货运航空公司都可以在另一国内单独开展运营业务,不需要直接与本国保持联系。

2. 航空运输自由化的内涵

航空运输自由化的内涵主要体现在以下几个方面:

(1) 航空承运人所有权和控制权制度。航空承运人所有权和控制权包括指定和授权、确定有关权力、内部投资、经营、租赁、联盟、代码共享和特许经营权、特殊安全问题等,是一个比较复杂的问题,影响到自由化未来的发展及财务方面的顺畅。国际化的、直接的、简单的和透明的所有权、控制权制度可以为安全和经济提供"便利之旗",使其不受束缚和"倾销"的影响。全球对所有权和控制权的理解还能为更敏感、更复杂的国内航空运输权提供参考,减少对安全问题的顾虑和最惠国准入的忧虑。

(2) 市场准入。包括航权,以远的第三、第四业务权,航线灵活性,运力及航班密度,机场准入,时刻等等。随着航空运输量的增加,空域的使用受到一定的限制,因此,考虑到空域越来越拥挤的情况及机场容量的限制,机场准入等问题已引起特别的关注。国际航空服务协议的不断完善和执行,对航空运输和飞越权的第一、第二业务权的自由化影响非常大。

(3) 产品分销。包括销售网络准入、电子商务、计算机订座系统等。1996年ICAO修改了有关规则和计算机订座系统运行的相关守则,并意识到修改的守则可以应用到国际运输电子网络上,但是后来网络技术和计算机订座系统的发展,使得守则很难在实际操作中实现。

（4）公平竞争及保障。包括所适用竞争法的集中整合，国家援助，社会政策的协调，航空公司和保险公司服务的可持续发展，避免掠夺性降价和倾销，对发展中国家的优惠措施和有效参与等。对发展中国家来说，自由化进程中，公平竞争及保障在日益解除管制的环境中日趋重要。

（5）运输条件和乘客保障。解除管制后大量航空公司涌入市场，带来服务质量的下降，导致了美国和欧盟的乘客提议，由拉美民航委员会提出解决方案，并由美国航协，亚太航协和国际航协（IATA）优先推荐操作。

（6）不受管辖的摩擦。目前，有许多不受管辖的事件正不断发生，并造成突发困难，如旅客拒绝登机、残疾人、吸烟旅客及跨国兼并或联盟所引发冲突时的困难等。ICAO曾于1989年发布关于使用竞争法对冲突问题的处理指导，但目前仍然在探讨阶段。

（7）争议解决。与WTO相比，目前，国际航空运输在制度上存在明显不足，争议通常旷日持久、花费昂贵而又不能得到实际的解决。ICAO于1997年开发了新的争议解决机制并制定一份航空专家名单负责争论的处理，这项举措更强化了争议解决机制，特别是对于区域航空服务协议来讲更为适用。

（8）航空服务协议限制和透明度。它是国际航空运输与WTO相比的又一个缺陷。根据《芝加哥公约》的第81、83章，所有协议都应在ICAO归档，ICAO正着手扩充航空服务双边协议数据库（published as Doc 9511），使区域协议及协议原文更方便获得。

对航空运输自由化的提议还包括：经济合作与发展组织（OECD）开发的航空运输货运双边及多边协议自由化模型，WTO向服务贸易总协定（GATS）和联合国贸易与发展会议（UNCTAD）提议的由世界旅游组织支持的旅游附件，以及亚太经合组织（APEC）成员签订的多边"天空开放"协议。

ICAO在航空公司所有权及控制权、市场准入、关税规则、市场分销、运费条件及竞争法、航空公司可持续发展的安全保障分析，及保证发展中国家的参与等方面，已着手在目前资料和经验基础上发展航空服务协议自由化模板，包括双边或多边（根据各国选择）的安全、市场准入及保障等，推动双边和多边协议的发展和扩大。

3. 航空运输自由化的分类

1）按照自由化实施范围划分

按照自由化实施范围划分，航空运输自由化包括国内航空运输自由化和国际航空运输自由化两个方面。

（1）国内航空运输自由化。指对本国的民航企业基本取消行政干预（放松管制），在市场准入、价格、航线资源配置等方面按市场化原则进行管理，企业经营活动基本不受人为限制。

（2）国际航空运输自由化。它分双边自由化、区域或有限多边自由化和全球范围内的自由化三个层次。

双边自由化指在双边航空协定中准予对方进入本国（或本地区）市场。它是目前各国扩展国际民航服务的最主要方式。双边自由化的最突出表现是"天空开放"协定的大量增加，这些协定规定充分的市场准入，在指定企业、航线权、运力、班次、代号共享和运价等方面不受限制。

区域或有限多边自由化的基本目标是在有关成员国之间提供更大的市场并改进服务。目前全球共有十余个多边区域性自由化协定，涵盖了欧洲、中南美洲、非洲、中东、东南亚等地区。

在全球的范围内，世界贸易组织（WTO）达成的服务贸易总协定（GATS）于1995年生效。其中关于航空运输服务的附件将航空器维修和保养、航空运输的销售和营销以及计算机订座系统这三项服务纳入GATS的框架。2000年世界贸易组织曾讨论航空运输服务内容进行扩展的可能，但目前还未达成全球性的一致意见。

2）从自由化的实施主体划分

从自由化的实施主体划分，又分为管理方面的自由化和产业的自由化。管理方面的自由化是指政府取消对国际、国内市场和企业的严格管理，更多地发挥市场机制的作用，逐步实行非管制政策。产业的自由化是指企业按照市场经济原则开展公平竞争，防止和控制滥用优势地位、运力倾销、掠夺性定价、国家补贴等不公平竞争行为，使所有航空企业都能持续、有效地参与国际航空运输。

（1）管理的自由化。国际航空运输管理方面的自由化主要包含以下三方面内容：

① 国际航班过境协定。根据这一协定，成员国之间应该相互交换定期航班的飞越和非业务性经停权。该协定是航空运输多边主义的基础，对国际航空运输的发展做出了重要贡献。其缔约国从1994年的99个增加到2003年2月的119个。

② 双边自由化。即在双边航空协定中准予对方进入本国（或本地区）市场。在1995年至2002年间，共缔结了650个以上的双边航空协定（包括修订或谅解备忘录）。双边自由化的最突出表现是"天空开放"协定的大量增加。这些协定规定充分的市场准入，在指定企业、航线权、运力、班次、代号共享和运价等方面不受限制。

③ 区域和有限多边自由化。即以地区或次地区的国家集团为基础的航空运输服务自由化。区域或有限多边自由化的基本目标，是在有关成员国之间提供更大的市场并改进服务。目前全球共有10个多边区域性自由化协定，涵盖了欧洲、中南美洲、非洲、中东、东南亚等地区。

（2）产业的自由化。产业的自由化主要地体现在航空联盟的出现和快速增加上。

目前，全世界已有600多个这样的联盟协议，联盟成员通过联合营销、联合运营、联合购买以及相互投资参股等多种合作形式，具体包括代号共享、包座、在营销、运价、余留运力控制和常客计划方面的合作、航班时刻协调、办公室和机场设施共享、合资和连锁经营等,以实现在共享航空资源、扩大市场势力的同时降低成本的目的。目前,在全球范围已形成四个大的航空联盟,市场份额占全球的50%以上。

二、国际航空运输自由化的发展

(一)国际航空运输自由化进程

1944年国际民航组织成立,航空运输自由化也最早发端于1944年,当时,美国提出国际民航实行"开放天空"的建议,但在各国普遍对民航实行政府严格管制的条件下,这一建议没有得到其他国家的响应。

20世纪70年代起,经济理论和实践的发展,使人们逐渐认识到民航业具有更多的竞争性,于是以美国为代表的航空发达国家开始对该产业实行放松管制和自由化(Deregulation and Liberalization)政策。

1978年,美国开始实施放松管制政策,使其国内民航发生了许多积极的变化,对国际航空市场也带来了一定影响。1978年10月24日美国颁布《民航放松管制法》部分解除对航空市场的政府管制。1981年10月,正式取消CAB对航线进行规制的权力。1983年6月,中止CAB对美国国内航空运价进行管制的权力,1985年美国颁布《民用航空委员会废止法》,1985年6月,CAB完成历史使命被解散,其部分职能移交美国运输部(DOT)和美国司法部(DOJ),1989年美国全面解决民航的价格管制,实行进入与退出的自由,兼并和联盟的自由。

在对国内放松管制的基础上,适应本国企业的需要,美国对外推行自由化政策,要求在双边或多边航空协定中互相开放对方市场,允许民航企业自由进入。1992年,美国与荷兰签订第一份"天空开放"(Open Sky)双边协定,自此之后,航空运输自由化趋势加速发展。

1987年,欧洲民用航空会议(ECAC)首先建议采取行动放松欧洲航空运输市场管制,其中包括在国际航空协议中允许部分运力和票价自由化。在此基础上,欧盟开始了航空自由化的进程,清除了原先市场准入和竞争的机制障碍,创立了真正的单一市场。

1993年1月1日,著名的"第三套自由化系列方案"开始实施。使欧洲航空自由化改革达到了顶峰。这是民用航空运输史上第一次由第三套方案引导欧盟所有国家的航空承运人都建立共同的批准许可标准,并引入"欧盟航空承运人"的概念替代了原有的国家所有权和控制权限制。欧盟航空承运人是指欧盟中的航空公司必须由欧盟成员国国家或成员国的国民拥有绝大多数股权和有效控制权,任何满足这个条件的航空公司只要符合安全和财务规定,在欧盟成员国内有注册地和主要运营场所,就可以得到批准许可进行运营。一旦欧盟成员国授予运营许可,该航空公司几乎就可以在EEA的任何一条航线上实施航权,还可以根据其对市场的商业判断自主决定票价。

美洲、亚洲、中美洲各国也开展了航空运输自由化的实践,形成了中美洲六国模式、印度模式、澳—新模式、南美"安第斯集团"模式等不同的航空运输自由化模式。

2002年11月,欧洲法院判决英、德等8个欧盟国家和美国签署的双边航空协议中有关公司所有权、航线票价、订票系统等条款违反了欧盟相关法律,对没有和美国签署协议的欧盟国家构成了歧视,因此欧委会表示,如果欧盟作为一个整体与美国达成协议,一方面可以替代成员国与美国分别签署协议,另一方面可以继续保持跨大西洋航空市场的开放。

2003年国际民航组织第五次全球航空运输大会召开,大会通过了《国际航空运输全球原则宣言》,制订了自由化进程的管理框架,包括保证公平竞争、安全并确保发展中国家有效与持续参与国际航空运输体系的措施,以推动全球自由化进程,满足全球经济和公众旅行的需求。该宣言基本上应对了国际航空运输自由化带来的变化,对推进国际航空运输自由化进程将起重要的指导作用。

目前,航空运输自由化已被世界绝大多数国家所接受。在世界航空运输自由化的进程中,自由化的变革收到了预期的效果,为各国民航业带来了许多积极的变化,自由化鼓励了创新,并推动了有利于乘客的竞争,产生了多赢的效果,如产业规模的扩大、效率的提高、服务的改善等。但是航空运输自由化又是一把"双刃剑",航空运输业的自由化、私有化及地区性促进了航空运输规则的演变,全球化、联盟及租赁的普遍性也导致了一些商业惯例的改变,不断变化的环境必然带来新的问题与挑战,民航自由化造成了航空公司垄断竞争越来越激烈、枢纽机场拥挤、天空开放的单边性、安全与保安方面出现漏洞等问题。

(二)中国航空运输自由化进程

新中国成立以来,中国民航开始了新的发展,民用航空是政府的一个重要部门,政府对民航进行垂直领导,民航业在此时从属于军事,是个半军事化行业。因此,在计划经济体制下,民航业的一切活动都由政府的行政命令安排,管制存在于民航系统的各个方面,计划经济体制严重束缚了航空运输的发展,使得在改革开放之前的近30年的时间里,航空运输的发展缓慢,远远满足不了市场的需要。

在我国改革开放的政策下,民航业经历了自由化的进程,首先从国内民航业的自由化开始,主要是体制方面的放松管制。之后的30年来,民航经过阶段性、系统性的变革,从一个军事化的行业发展成为一个现代化的、对国民经济和社会发展起到重要作用的全球第二大航空运输系统。

截至2007年底,我国与110个国家正式签署了双边航空运输协定,其中的2/3以上是在1978年改革开放以后新订立的。现在每周有2869个定期客运航班和589个定期货运航班往返于中国与世界主要国家之间。

1. 中国国内航空运输"自由化"

1) 1978年至1987年,民航业企业化之路

1978年10月9日,国家领导人指示民航要用经济观点管理。1980年2月14日,国家领导人指出:民航一定要企业化。同年3月5日,中国政府决定民航脱离军队建

制,把中国民航局从隶属于空军改为国务院直属机构,实行企业化管理。这期间中国民航局是政企合一,既是主管民航事务的政府部门,又是以"中国民航(CAAC)"名义直接经营航空运输、通用航空业务的全国性企业。

1980年到1986年间,民航按照走企业化道路的要求,进行了以经济核算制度和人事劳动制度为核心的一系列管理制度上的改革。改革极大促进了民航生产力的发展,到1986年底,民航的运输总周转量、旅客运输量、货邮运输量分别是1978年的5.2倍、4.3倍、3.5倍。

2) 1987年至2002年,民航管理体制和民航投资体制的自由化

(1) 民航管理体制自由化之路。根据中央1984年《关于改革经济体制的决定》,从1987年开始,民航实施了以政企分开,管理局、航空公司、机场分设为主要内容的体制改革。主要体现在以下几个方面:

构造行业行政管理体制框架。1987年到1992年分别在北京、上海、广州、成都、西安、沈阳设立民航华北、华东、中南、西南、西北、东北六个地区管理局,主管所辖地区的民用航空事务。在各省(区、市)建立省(区、市)局,各省(区、市)局根据授权承担部分政府职能,同时绝大部分省(区、市)局与机场合一,实行企业化运营,从而形成民航总局—地区管理局—省(区、市)局三级行政管理体制。

组建航空运输企业和通用航空企业。1987年到1992年,将原六个地区管理局的航空运输和通用航空业务、资产和人员分离出来,组建了中国国际、东方、南方、北方、西南和西北六大骨干航空公司。从1990年到1994年,按照航空公司与机场分设原则,对原设有飞机基地的部分民航省(区、市)局进行改革,将其原从事的航空运输和通用航空业务分离出来,并以此为基础组建航空公司的分(子)公司。各航空运输和通用航空企业自主经营、自负盈亏、平等竞争。

成立独立的机场管理机构。在民航地区管理局与航空公司和机场分设的改革中,在原地区管理局所在地成立了北京首都、上海虹桥、广州白云、成都双流、西安咸阳和沈阳桃仙机场。原设有飞机基地的民航省(区、市)局在航空公司分(子)公司成立后,与航空公司独立存在,机场管理成为其主要任务。

改革空中交通管理体制。将原各机构的空中交通管理业务(包括航行管制、航行情报、通信导航、气象保证等)相对分立出来,组建相对独立的民航空中交通管理系统。

改革航空运输服务保障系统。将原民航各级管理机构从事的围绕航空主业的服务保障性业务分离出来,组建专业性企事业单位。在1987年到1992年间分别组建中国航空油料总公司、中国航空器材进出口总公司、计算机中心和中国航空结算中心等。

(2) 民航投资体制自由化,允许多方资本投入民航企业和机场。从1988年到1994年,民航先后制定允许地方政府、国内企业和公民投资民航企业和机场的规定。一部分省市政府、国内企业纷纷独立投资或与民航总局、中央企业合资,组建了20余

家航空运输公司和20余家通用航空公司,形成了新的航空公司诞生的高潮。在此期间,还进行了直属机场下放地方管理和地方投资建设并管理机场的改革试点。

1994年、2002年两次颁布了外商投资民航业的相关规定,允许外资投资于除空中交通管理以外的民航业所有领域。通过外国政府贷款、中外合资、外商独资、融资租赁、海外上市等方式,民航累计利用外资达300多亿美元。东方航空公司、南方航空公司、首都机场、中国航信等企业先后在香港、纽约等境外上市,一批外商投资的飞机维修公司和配餐公司纷纷诞生。

3) 2002年至今,政企彻底分离、政资分离和行业重组

民航在2002—2004年进行了"航空运输企业联合重组、机场属地化管理"为主要内容的改革。

对原民航总局直属的9家航空公司进行联合重组,成立了中国航空集团公司、中国东方航空集团公司和中国南方航空集团公司,交由国务院国有资产管理委员会管理。对原民航总局直接管理的航空运输服务保障企业进行改革重组,分别成立了中国航空器材进出口集团公司、中国航空油料集团公司和中国航空信息集团公司,交由国务院国有资产管理委员会管理。中国民航的这次重组有悖于市场调节规律,市场不但没有完成优胜劣汰的使命,反而让亏损巨大、效率低下的企业做大,占有市场。

机场属地化,除了首都机场和西藏区内机场,原民航总局直属的机场全部移交地方政府管理。民航行业管理部门进行了机构、职能的调整,撤销民航省(区、市)局,将"民航总局—地区管理局—省(区、市)局"三级行政管理,改为"民航总局—地区管理局—民航省(区、市)安全监督管理办公室"两级行政管理,其中省(区、市)安全监督管理办公室是地区管理局的派驻机构。改革空中交通管理体制,形成了总局空管局—地区空管局—空管中心(站)三级管理与运营的体制架构,并进而按照"政事分开、运行一体化"原则进一步理顺空管体制。改革民用航空公安体制,加强航空保安工作,组建了空中警察队伍。

4) 民航在市场准入、价格等方面的放松管制

随着我国民航以市场为导向的自由化改革也不断深化,2005年《国内投资民用航空业规定》正式发布施行,放宽对所有权的限制,鼓励民营资本进入民航业,目前已有多家民营航空公司参与国内市场竞争。放松航线准入、航班安排和设置运营基地的管制。放松价格管制,航空公司以政府确定的基准价为基础,在规定的浮度内自主确定价格,对旅游航线、多种运输方式竞争激烈的短途航线和独家经营航线,完全实行市场价格。

2. 中国国际航空运输自由化

1) 中美航空运输自由化的发展

在中国已签订的双边航空运输协定中,中美间的航权安排是开放度最高的双边协议之一,中美民航市场已成为中国最大的、最具发展潜力的国际航空运输市场之一。

1980年9月17日，中美在美国华盛顿签署了中美建交以来的第一个航空运输协定。

1986年3月，中美两国签署了《中国民用航空局与美国联邦航空局民航技术合作协议备忘录》，双方同意在涉及航空安全的各个领域开展交流与合作。

从1980年至2007年间，中美之间的航空运输协议，以1980年《航空运输协议》为基础，进行了五次修订，其分别是：1982年8月19日签署的修订1980年《航空运输协议》的议定书；1992年2月10日签署的修订1980年《航空运输协议》的议定书；1999年4月8日签署的修订1980年《航空运输协议》的议定书；2004年7月24日签署的修订1980年《航空运输协议》的议定书；2007年7月9日签署的修订1980年《航空运输协议》的议定书。

1980年《航空运输协议》进行的五次修订中，2004年和2007年的修订是两次重要的修订。2004年的修订是一种大范围的修订，涉及的面更加深入，不仅包括了运力、航班班次等内容，而且还增加了许多以前没有的内容，如建立货运枢纽等。应该说，2004年《议定书》包括了多层次、多方面的航空运输问题。2007年《议定书》在2004年《议定书》的基础上，对指定航空公司的数量、运力和代码共享等内容进行了进一步修订。

2007年7月9日中国民用航空总局局长杨元元与美国运输部部长玛丽·彼得斯在美国西雅图签署新的中美民用航空运输协定议定书。根据新协议，中国空运企业可立即不受限制地进入中美航空运输市场。在维持2004年协议有关包机、第三方代号共享、客运第五业务权等规定的基础上，2011年两国航空货运市场将过渡到全面开放，2007年至2012年美国至中国东部地区的客运运力将在2004年协议的基础上逐年增加各方共70班/周，中国中部地区（安徽、湖南、湖北、江西、河南、山西）至美国的直达航空运输市场完全开放。

中美两国间的航空运输自由化的实践为两国带来了积极的影响。

中美两国间航空运输市场由2003年的70万人次、20万吨货邮扩展至2012年的268万人次、57.7万吨货邮，分别增长了3.8倍和2.9倍。双方运力投入也由2003年的双方共108班/周增至目前的443班/周，增长了3.1倍。

据民航局的统计资料，2013年夏秋航季，中美两国间共有16家航空公司每周经营443班客货运航班。中方共有8家航空公司执行中美间定期航班，每周总班次187班，其中客运86班，货运101班。美方共有8家航空公司经营中美间定期航班，每周总班次为256班，其中客班119班，货班137班。

2）中韩航空运输自由化

中韩自1990年即已逐步开始了自由化进程，旅客运输量平均以每年25.1%的增长量增加，2005年达到635万人次，货运量达30万吨。韩国已成为中国最大的航空目的地国，30多个中国城市机场开通了6个韩国城市的定期与非定期航班，而中国也已成为韩国最大的贸易伙伴、旅游目的地与投资国。

根据两国元首在2003年7月9日签订的上海共同宣言,2006年5月,中韩航空自由化进程又有了新的内容:双方约定在2010年夏秋时刻完全开放第三、四业务权,中国开放山东、海南两省与韩国间没有任何限制的第三、四业务权。

中韩与中美航空自由化的进程却如此不同,究其原因:一方面是因为区域性航空自由化发展相对容易,政治与经济的驱动力比较成熟;另一方面中国民用航空企业的竞争力也是一个主要的影响因素。"中美模式"与"中韩模式"是中国在国际航空自由化进程中两个较典型的案例。

3) 中国航空运输自由化的其他内容

(1) 海南成为天空开放试点。2003年中国民航加大天空开放力度,2003年3月24日,国家民航总局正式批复,建议将海南作为中国民航开放第三、四、五航权的试点地区。海南成为首个开放第三、四、五航权的试点省份,海南又成为中国航空业开放的"天空特区"。开放第三、四、五航权,意味着取消了长期以来国与国"航空对等"的限制,各国航空公司可以根据市场需求,确定是否开辟通往某国某机场的航线,而且承运人的数量、交通量、班次、运营规则和机型均不受限制。同年12月24日,哈萨克斯坦航空公司执飞了海南航权开放试点后的第一个国际航班:阿拉木图—成都—三亚航班。当年,海南就新开和恢复了23条国际、地区航线,其中新开辟国际航线12条,新增国际航班306架次。

(2) 航空公司自由化战略联盟。我国航空公司自由化起步较晚,但发展较快。从1992年中国国际航空公司与芬兰航签订赫尔辛基—北京航线的包座协议以来,我国航空公司与外国航空公司进行多方面的合作,形式有航线联营、代码共享、收入分摊、战略联盟等。例如:中国国际航空公司目前与汉莎航等60多个航空公司签订了代码共享协议,与美国阿拉斯加航和西部航等签订了战略联盟协议;东方航空公司与美利坚航、法航、全日空等多家航空公司签订了包座或代码共享协议;南方航空公司则与荷兰航、美国美达航等签订了代码共享和常旅客合作协议。总体而言,由于我国航空公司的整体竞争实力与外航差距较大,在国际航线上的市场份额一直低于外航(基本维持在40%左右),因此对参与更广泛、深入的自由化存在一定顾虑,特别是对战略联盟的参与程度不够,目前还没有一家公司加入全球性的航空联盟。

在"积极、渐进、有序、安全"的原则下,中国与亚太、北美、欧洲的42个国家和地区在近5年中签订并建立了航权与服务的双边合作协议及协调机制,同时与东盟尝试了区域性的航空自由化。

三、天空开放与航权

"开放天空",是国际航空运输发展过程中适合国际间航空运输的一个概念,是放松管制政策由国内推向国际的结果,指在尊重各国主权包括领空主权的前提下,各国之间相互给予自由进入对方航空运输市场的权利,即相互开放航空运输市场。

在国际航空运输自由化的进程中,航空运输自由化由国内的"放松管制"转向国际航空运输的"天空开放",天空开放是航空运输发展的趋势;航权的开放是国际航空运输自由化的具体表现形式。航权开放就是在《芝加哥公约》里航空主权概念的基础上,根据双边或多边协议,向协议国的民航飞机开放航权。

1. "航权"的历史渊源

"航权"按国际惯例被称为"空中自由"。Traffic rights 航权的概念起源于 1944 年"芝加哥会议",也称之为"空中自由"(Freedoms of the Air)权,其法律根据是 1944 年的《国际航班过境协定》和《国际航空运输协定》的规定。

1919 年 10 月 13 日,32 个国家签署了巴黎《空中航行管理公约》,对空中航行明确了法律规范,其核心是确定了领空主权原则。但该公约除了在第 15 条中提到飞越、建立国际空中航路、开辟和经营定期国际航线等问题,并没有涉及航空运输的商务问题。

1928 年 2 月 20 日,美洲 16 国签订了《哈瓦那泛美商业航空公约》。该公约第 21 条规定:"从事国际商业航空的一缔约国的任何航空器,可以在抵达另一缔约国的一个机场卸下旅客和其一部分货物,继续飞往该国另一个或另几个机场,以便卸下剩余的旅客和货物,并可以同样方式装上前往一个或几个外国的旅客和货物,但航空器必须遵守其飞经国的法律要求,这些法律要求对从事国际航行的本国航空器和外国航空器应当是一样的,并应通过适当途径通知各缔约国和泛美联盟。"但由于当时的拉丁美洲成员国普遍采取保护主义政策,使这一条款并未产生作用。

1944 年 11 月 1 日由美国等共 52 个国家代表在芝加哥召开了国际民用航空会议。美国宣称,为了建造永久的和平,在承认每个国家的主权和平等的同时,应施行国际贸易的完全空中自由。而以英国为首的一些国家,针对美国的贸易自由论,提出了经济管制论。经过激烈争论,签订了《国际民用航空公约》。同时在《芝加哥公约》之外,签订了《国际航班过境协定》(通称"两大自由协定")和《国际航空运输协定》(统称"五大自由协定")。协定具体规定如下:

"每一缔约国给予其他缔约国以下定期国际航班的空中自由:

(1) 不降停而飞越其领土的权利;

(2) 非商业性降停的权利;

(3) 卸下来自航空器国籍国领土的旅客、货物、邮件的权利;

(4) 装载前往航空器国籍国领土的旅客、货物、邮件的权利;

(5) 装卸前往或来自任何其他缔约国领土的旅客、货物、邮件的权利。"

以上是航权的历史渊源。航空运输不局限在国内,也可以是国家和国家之间完成的运输活动,如果涉及不同的国家就会有航空市场的准入政策或标准,这个标准需要通过在国家和国家之间,或者是在世界范围内制定出一种航空运输权利来支持,这就是"航权"概念的起源。

在之后的航空运输自由化的实践中,除了上述"五大空中自由",还发展成"第 6、7、8 种空中自由",甚至还有"第 9 种空中自由"。WTO《服务贸易总协定》的"航空运输附件"中把 Traffic Rights 一词,定义为"运营权",它包含航线权、业务权(或航权)、经营权、运力权、运价权五种权利。

2. 航权的定义

航权狭义的定义:航空权简称"航权",是国际航空运输中的过境权利和运输业务权利,也称国际航空运输的业务或空中自由权,专指 9 种空中自由权。

航权广义的定义:基本的市场准入权或经营权,包括航线、业务、指定、运力、定价等五种基本权利,又称硬权力,同时还有商务和相关活动的权利,及辅助权利或者软权力。

一般把航权这么定义:航权是世界航空业通过国际民航组织制定的一种国家性质的航空运输权利,因为航空运输只要超出自己的国界就涉及到其他国家的主权,国际航空运输就需要一个在全球行业范围内有一个统一的规定,航权就属于这个规定其中的一部分。

3. 航权的分类

1) 第一航权:领空飞越权

一国或地区的航空公司不降落而飞越他国或地区领土的权利,如图 5 – 1 所示。

其中:Home——承运人国籍国或航权国;Country A——双边协议另一缔约国或授权国;Country B——双边协议中的目的地国家。

例如:北京—巴黎(BJS – PAR)中间途经俄罗斯;北京—东京(BJS – TYO)中间经过朝鲜。中国作为航权国要和俄罗斯和朝鲜分别签署第一航权。

2) 第二航权:技术经停权

一国或地区的航空公司在飞至另一国或地区途中,为技术需要(如添加燃料、飞机故障或气象原因备降)而降落其他协议国家或地区的权利,但不得作任何业务性工作,如上下客、货、邮,如图 5 – 2 所示。

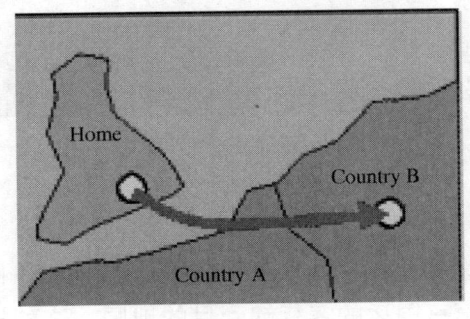

图 5 – 1　第一航权 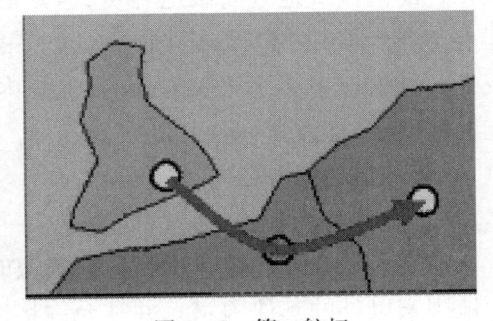　　　　　　　　图 5 – 2　第二航权

一般国际航班的航程比较远,航空公司飞远程航线,由于距离太远无法从始发地直接的飞到目的地,需要选择一个地方中途加油或者清洁客舱等技术工作,那么在这个地方的起降就叫做技术经停。技术经停权,仅允许用于做非商业的活动。

例如:上海—安克雷奇—芝加哥(SHA – ANC – CHI),中间在安克雷奇技术经停,进行加油维修等工作,但是不可以上下客、货、邮,做各种营运活动。

3) 第三航权:目的地下客权

某国或地区的航空公司自其国籍国或地区载运客货至另协议国或地区的权利,可以在协议国境内卸下乘客、邮件或货物,如图 5-3 所示。

4) 第四航权:目的地上客权

某国或地区的航空公司自协议国地区载运乘客、邮件或货物返回其协议国或地区的权利,如图 5-4 所示。

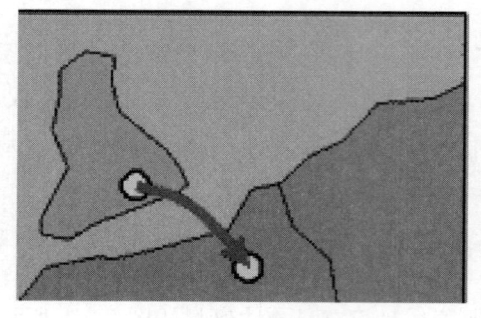

图 5-3　第三航权 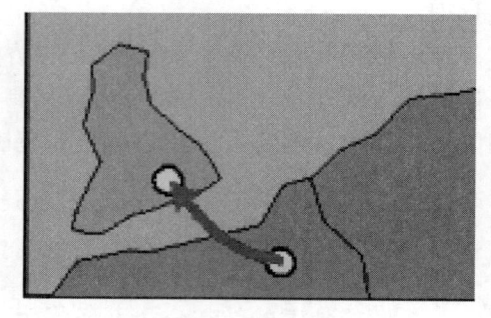　　　　　图 5-4　第四航权

航空公司要飞国际航线,就是要进行国际客、货运输,将本国的客货运到其他国家,将其他国家的客货运到本国,这种最基本的商业活动权利就是第三、四航权。因此,第三航权和第四航权经常绑定在一起签署,因为如果 A 国的航空公司只拥有第三航权,就会造成从 B 国回程时空载,而只拥有第四航权,就会造成去 B 国的航程空载。

5) 第五航权:中间点权或延远权

某国或地区的航空公司在其登记国或地区以外的两国或地区间载运客货,但其班机的起点与终点必须为其登记国或地区。第五航权在各种航权中属于比较复杂的,也是内容最丰富的航权,如图 5-5 所示。

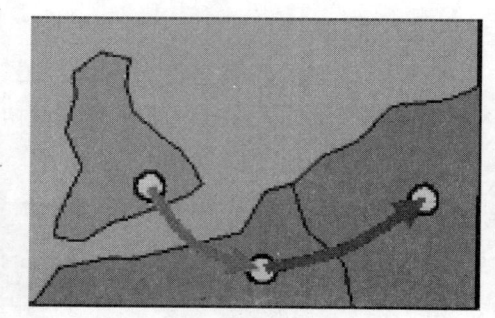

图 5-5　第五航权

第五航权的分类:

(1) 承运人本国(第一国始发地)—中途经停第三国—目的地国(第二国)。

承运人从本国运输客货到另一国家时中途经过第三国(也就是始发地国家和目的地国家以外的其他国家),并被允许将途经第三国运的客货卸到目的地国。这种权利是第五航权的一种。

例如,2003 年中国政府首次对外国航空公司开放第五航权,厦门高崎国际机场是我国对外开放第五航权的试点,只对新加坡开放。开通第五航权后,新加坡货运航空每周三个航班,从新加坡飞经中国厦门、南京至美国洛杉矶、芝加哥、安克雷奇再返回,并在厦门、南京有装卸国际货物的权利。

(2)承运人本国(第一国始发地)—目的地国(第二国)—以远点第三国。

第五航权的第二种是以远点国家的运输,承运人将自己国家始发的客货运到目的地国家,同时又被允许从目的地国家上客货,并被允许运到另一国家。

例如,中国和泰国的双边协定同意中国承运人将泰国的客货运往东南亚的另一个国家,并同意将东南亚另一个国家的客货运到泰国,中国承运人选择新加坡,就组成了中国—泰国—新加坡航线。

从以上两种航权的形式可以看出只有在同时具有这两种第五航权时,承运人就可以完整的使用这些权利了,否则,即使获得了其中之一,也很难进行操作。第五航权之所以复杂,就是因为,它涉及多个双边协定,并且在不同的协定中意味着不同种类的航权。第五航权的开放意味着外航不仅要分享对飞国之间的市场,同时还要分享到第三国的市场资源。

以上五种航权是1944年芝加哥会议上就确立的,第六、七、八航权是随着民航业的发展演变出来的。

6)第六航权:桥梁权

某国或地区的航空公司在境外两国或地区间载运客货且中经其登记国或地区(此为第三及第四自由的结合)的权利,如图5-6所示。

例如:伦敦—北京—汉城,国航将源自英国的旅客运经北京后再运到韩国。

7)第七航权:基地权(完全第三国运输权)

某国或地区的航空公司完全在其本国或地区领域以外经营独立的航线,在境外两国或地区间载运客货的权利,如图5-7所示。

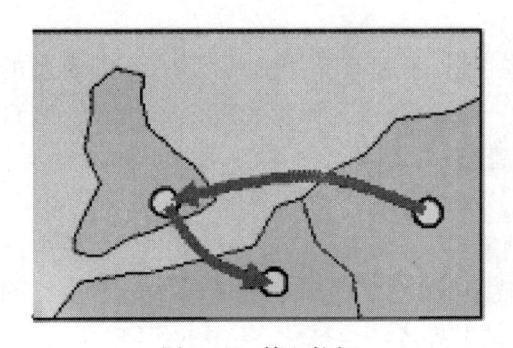

图5-6 第六航权 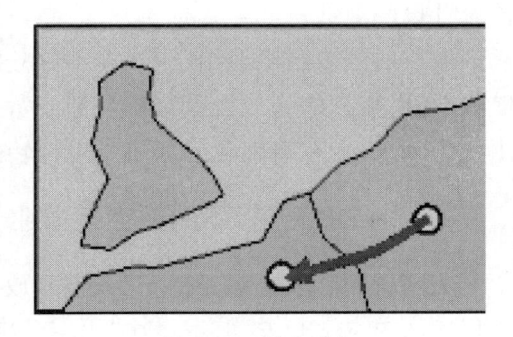　　　　　　图5-7 第七航权

这种航线是(A)国的航空公司完全以(B)国的城市为基地,把(B)国看作像自己的国家一样,从(B)国开始经营完全在(A)国境外的运输业务。

例如,第二次世界大战结束后,由于日本战败,美国将日本当作了自己在海外的基地,拥有了日本的第七航权,进行以日本为基地的运输业务。例如:北京—大阪(BJS-OSA)UA承运。

再如,随着欧盟一体化进程的深化,欧盟各国家开始相互向欧盟内其他国家开放第七航权,如德国拥有了法国巴黎的第七航权,则有这样的航线:巴黎—伦敦(PAR-

LON)LH 承运。

8) 第八航权:连续国内运输权

某国或地区的航空公司在他国或地区领域内两地间载运客货的权利(境内经营权),即授权国门户点到授权国境内一点的飞行自由,如图 5-8 所示。

9) 第九航权:非连续国内运输权

本国航机可以到协议国作国内航线运营,即可以在授权国国内各点之间飞行的自由,如图 5-9 所示。

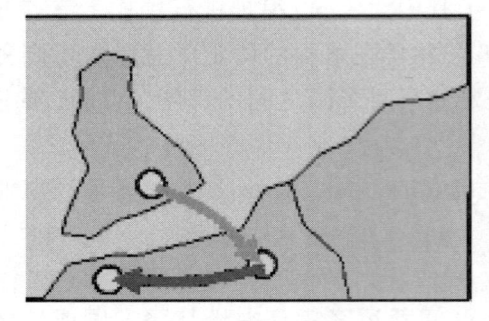

图 5-8　第八航权 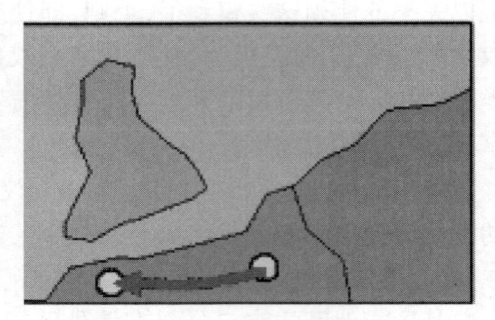　　　　　图 5-9　第九航权

第九航权是指上述第八航权分为连续的和非连续的两种,如果是"非连续的国内载运权"即为第九航权。值得留意的是第八航权和第九航权的区别,虽然两者都是关于在另外一个国家内运输客货,但是,第八航权所谓的 cabotage,只能是从自己国家的一条航线在别国的延长。但是第九航权所谓的 full cabotage,可以是完全在另外一个国家开设的航线。

航权的演变已经经历了 60 多年,在这些年里,不断有新的航线增加,不断有新的航权放开,航权的开放已经是国际航空界的一个大趋势。随着经济全球化和航空自由化的到来,航权自由化已经是不可逆转的趋势。

四、"自由天空"下的航空运输业

美国就国际航空运输提出"天空开放"政策,加快了国际航空运输市场自由化的进程。从根本上来说,航空运输"天空开放"是世界经济全球化,各国的经济、贸易、文化交流日益频繁的必然结果。"自由天空"下的航空运输业实现了飞速的发展,主要表现在以下几个方面。

1. 航空运输量不断增长

随着航空自由化的推进,航空运输全球化趋势的加强,跨区域的社会经济活动日益频繁,航空运输业在全球经济发展中的地位日渐突出。从全球范围来看,根据国际航空运输协会发布的《2012—2016 年全球航空业预测报告》,全球航空客运量每年将实现 5.3% 的递增,2016 年全球航空客运量与 2011 年相比将增加 8 亿人次,预计将达 36 亿人次。其中各国境内支线航班将贡献 5 亿人次的增幅,国际航线则比 2011 年增长3亿人次。航空货运也将呈现增长态势,预计到2016年全球航空货运总量将达到3450万吨。

2. 自由协定数量不断增多

在过去时间里,世界航空运输已经从航空运输自由化的趋势中获益良多。地区性天空开放以欧盟和南美为代表,东盟10个国家在2008年实现了航空货运的地区性开放,2010年实现航空客运的开放,2015年建立东盟多个国家的共同航空市场。南美和非洲也正在形成统一的地区性空运市场。迄今为止,全世界已经有超过145个国家签订了多达400个基于双边基础上的天空开放协定,其中有超过100份协定对货运方面完全开放第七种航空自由权。在此基础上,国际民航组织从2008年开始,每年在不同地区举办国际民航组织航空运输谈判会议(ICAN),给各国提供一站式方式进行双边谈判,大大提高了谈判过程的效率。这预示着将有越来越多的自由协定会加速签订,包括天空开放协定。

随着自由协定包括天空开放协定数量的不断增多,许多国家在采用多边主义交换商业权利上已经达成了更广泛的共识。超过16个地区性多边政府间协定或安排已经被采用,其中包括承诺缔结完全自由化的协定,这些协定,涵盖了欧洲、中南美洲、非洲、中东、东南亚等地区。除此之外,东南亚地区还有两个具体到区域的协定,一个涵盖IMT——增长三角区,由印度尼西亚、马来西亚和泰国订立;另一个涵盖BIMP——东盟东部增长区,由文莱、印度尼西亚、马来西亚和菲律宾订立。亚太经济合作组织(APEC)五个成员国于2001年也签订了Kona协定,秘鲁和萨摩亚于2002年加入。

3. 航空联盟快速发展壮大

近年来的自由化发展也主要地体现在航空联盟的出现和快速增加上。目前全世界已有600多个这样的联盟协议,联盟成员通过联合营销、联合运营、联合购买以及相互投资参股等多种形式合作,具体包括代号共享、包座、在营销、运价、余留运力控制和常客计划方面的合作、航班时刻协调、办公室和机场设施共享、合资和连锁经营等,以实现在共享航空资源、扩大市场势力的同时降低成本的目的。目前世界排名前40位的航空公司绝大部分都加入了不同的联盟,在全球范围已形成三个大的航空联盟,即星空联盟(Star Alliance,1997年成立)、天合联盟(Sky Team,2000年成立)和寰宇一家(One World,1998年成立),其市场份额占全球的50%以上。

4. 低成本航空公司出现并快速发展

民航自由化体现在国内民航运输方面主要是"放松管制",实行航空公司进入与退出的自由以及兼并和联盟的自由。由此诞生了很多新的航空公司,其中由美国西南航空公司开创的低成本航空经营模式,通过严格的成本控制,以低廉的机票价格吸引旅客,不仅快速抢占市场份额,而且推动航空运输业从豪华、奢侈型向大众、经济型转变。

美国西南航空公司是全球第一家低成本航空公司,于1971年设立,其成功引发了航空运输业的低成本革命,欧洲和亚太地区也相继出现了以瑞安航空、亚洲航空为代表的区域性低成本航空公司。航空运输业属于资金密集型行业,为实现业务的快速发展,这些新兴崛起的低成本航空公司纷纷通过资本市场开拓融资渠道,并通过出色的业绩赢得投资者对低成本业务模式的认可。自1984年美国西南航空公司上市以来,截至2013年12月31日,共有20余家低成本航空公司先后上市,其中作为行业标杆的瑞安航空和美国西南航空近期市值分别达到800亿元和900亿元人民币。

从增长趋势来看,过去20多年中,低成本航空增长速度普遍高于航空业平均水平。未来几年低成本航空将保持两位数的增长率,而民航业增长率在5%以下。2015年,其市场份额达到30%,预计到2020年低成本航空市场份额将有望突破40%。

5. 航空公司间的合作和竞争出现新变化

随着发展环境越来越恶劣、竞争越来越激烈和合作越来越广泛,航空公司之间的合作与竞争出现了新的变化。特别是受2008年经济危机影响,国际油价大幅上升,有效需求不足,市场竞争激烈。同时,为了顺应经济全球化和航空运输自由化与多边化的发展趋势,一些世界先进的航空公司正在通过兼并和重组,实现规模扩张。多项研究表明,未来的多边化将对大型和环境处优的航空公司有利。所以,这些航空公司加速兼并和重组就不仅是被动的变革,更是为将来适应世界航空运输自由化和多边化的新环境作准备。

航空运输自由化促进了世界航空运输的发展,展望自由化未来发展趋势,欧美各国对发展中国家航空运输市场的步步紧逼,已经显示出世界航空运输业"天空开放"的大趋势不容逆转。但"天空开放"涉及民航业众多利益主体,特别是涉及国家主权和国防安全,谈判课题复杂、进程缓慢,发展中国家也在积极研究如何应对"天空开放"。

大多数国家主要采用渐进式"天空开放"计划,因此短期内尚不存在达成全球性多边民航协定的可能性。但未来20年,以美欧为主的发达国家觊觎发展中国家航空运输市场,天空开放是总趋势,世界航空运输大市场将逐步形成。

第二节 航空联盟

一、战略联盟和航空公司战略联盟定义

1. 战略联盟

战略联盟的概念最早由美国DEC公司总裁简·霍普兰德(J. Hopland)和管理学家罗杰·奈格尔(R. Nigel)提出,他们认为,战略联盟指的是由两个或两个以上有着共同战略利益和对等经营实力的企业,为达到共同拥有市场、共同使用资源等战略目标,通过各种协议、契约而结成的优势互补或优势相长、风险共担、生产要素水平式双

向或多向流动的一种松散的合作模式。有的观点认为战略联盟为巨型跨国公司采用,但这绝不仅限于跨国公司,作为一种企业经营战略,它同样适用于小规模经营的企业。

2. 航空公司战略联盟

航空公司是具有很强行业特点的企业,因此航空公司战略联盟(简称航空联盟)主要指两个或两个以上的航空公司为合理利用航线网络及其他资源,签订战略合作协议,通过代码共享、特许经营权、包租舱位等形式联合实现战略联盟目标。航空联盟是航空公司全球化和网络化发展需要的一种体现,它提供了全球性的航空网络,加强了国际间的联系并使跨国旅客在旅行时更方便。

二、航空联盟的发展现状

全球航空联盟的产生是国际航空运输市场竞争的结果。通过航空联盟,大型航空公司在国际航线中可以绕过航权的限制,以联盟的手段和联营的模式实现公司战略的发展。同时,随着航空顾客旅行需求越来越趋向全球化和个性化,目的地越来越分散,旅客对某一家航空公司的忠诚度呈降低趋势,因此航空公司之间结成联盟,可实现航空产品的差异化,满足旅客的国际旅行需要。此外,航空公司通过航空联盟,可提高航线的市场占有率,并通过联合采购的形式降低采购成本及金融风险,同时实现航空公司间的产品优惠,减少重复投资,提高市场竞争力。

随着经济全球化的深入,航空公司联盟化已成为世界民航业趋势。航空公司联盟组织是建立在双边合作基础上,多家航空公司间的一种多边管理模式,其目的是为了提升网络、产品和服务规模优势,为旅客提供更方便和优质的服务,提升市场份额和航空公司收益水平。有效利用联盟的强劲枢纽做辐射,通过代码共享、常旅客计划共享手段,联盟成员在不需要投入任何资源的情况下就能增加运力和航班密度。

1978 年,从美国放松管制开始,航空运输自由化的脚步从未停止,国际航空运输自由化也通过航空联盟的方式体现出来。1987 年,美国联合航空公司率先与英国航空公司达成市场营销联盟,这标志着航空联盟时代的到来。

20 世纪 90 年代初,航空市场运力过剩,越来越多的国家为了减轻财政负担,航空运输业出现私有化趋势,甚至国外的航空公司可以参股,这一时期航空公司拥有外国航空公司的所有权成为占领国外市场的一种有效方式,许多航空公司纷纷走上投资参股的联盟之路。

20 世纪 90 年代中期,随着世界经济全球化,航空运输也逐步全球化,这一阶段的航空运输自由化发展也很迅速,美国在全世界范围内积极推行天空开放政策,欧盟进行区域航空自由化,国际航空运输市场新的格局已经形成,许多航空公司为了在运输市场中处于优势地位,保持足够的竞争力,联合联盟成员扩大现有联盟的规模。例如,1996 年英国航空公司宣布和美利坚航空公司结成广泛的战略联盟。

到21世纪初全球范围内的航空联盟总数超过500个,涉及航空公司超过150个,表5-1是近年来航空公司联盟的发展状况。世界航空客运量排名前50名的航空公司中,大部分已成为航空联盟成员,成员公司占据了80%的市场份额。

表5-1 航空公司联盟数量

(数据来源:airline business(1995—2003))

年份	1995	1996	1997	2000	2002
联盟数量/个	324	390	363	500	550
参与的航空公司/个	153	159	177	160	150

目前,世界上主流的航空联盟共三家,即全球航空三大联盟,分别是星空联盟(Star Alliance)、寰宇一家(One world Alliance)、天合联盟(Sky Team Alliance)。据2013年统计,在全球客运市场,三大联盟的市场份额共占60%以上,其中星空联盟占约24%,寰宇一家占约18%,天合联盟占约19%;在大中华地区(含港台)客运市场,星空联盟占约28%,寰宇一家占约13%,天合联盟占约32%。

三、世界主要航空联盟

1. 星空联盟

1)基本情况

星空联盟(Star Alliance)成立于1997年,总部位于德国法兰克福,是世界上第一家全球性航空公司联盟,也是全球规模最大的航空策略联盟。星空联盟英语名称和标志(图5-10)代表了最初成立时的五个成员:北欧航空(Scandinavian Airlines)、泰国国际航空(Thai Airways International)、加拿大航空(Air Canada)、汉莎航空(Lufthansa)以及联合航空(United Airlines)。这个前所未有的航空联盟,将航线网络、贵宾候机室、值机服务、票务及其他服务融为一体,无论客户位于世界何处,都可以提高其旅游体验。

图5-10 星空联盟标识

星空联盟成立的主要宗旨是希望由各成员所串联而成的环球航空网络,提供乘客一致的高品质服务以及全球认可的识别标志,并提高每个联盟成员在本地及全球所提供的服务质量及发展统一的产品服务。

星空联盟自成立以来发展迅速,已经拥有28家正式成员,航线涵盖了194个国家以及1330个机场。星空联盟的标语是"地球连结的方式"(The way the Earth connects)。其基本情况如表5-2所列。

表 5-2　星空联盟基本情况

（数据来源：http://www.staralliance.com/cn/）

成员航空公司/个	28	通航国家/个	192
员工数量/个	432603	飞机/架	4657
每日航次/班	18500	机场/个	1330
年旅客运量/百万个	641.10	贵宾候机室/个	>1000

注：以上数据为 2015 年 8 月统计结果

2）主要成员

星空联盟的主要成员航空公司有加拿大航空（Air Canada）、联合航空（United Airlines）、全美航空（US Airways）、中国国际航空（Air China）、日空（ANA）、韩亚航空（Asiana）、新加坡航空（Singapore Airlines）、泰国航空（Thai Airways International）、奥地利航空（Austrian）、英伦航空（British Midland International，BMI）、波兰航空（LOT Polish Airlines）、德国汉莎航空（Lufthansa）、北欧航空（Scandinavian Airlines，SAS）、瑞士国际航空（Swiss International Air Lines，隶属德国汉莎航空集团）、葡萄牙航空（TAP Portugal）、西班牙斯班航空（Spanair，隶属北欧航空集团）、南非航空（South African Airways）、新西兰航空（Air New Zealand）等。以上主要成员航空公司的标识详见图 5-11。

图 5-11　星空联盟主要成员航空公司标识

3）合作方式

星空联盟主要的合作方式包括扩大代码共享（Code-Sharing）规模、常旅客计划（Frequent Flyer Program，FFP）的点数分享、航线分布网的串连与飞行时间表的协调、在各地机场的服务柜台与贵宾室共享、与共同执行形象提升活动。

星空联盟优惠包括常旅客计划、星空联盟金卡/银卡等级、贵宾休息室、获得里程数/积分、星空联盟奖励、星空联盟升级奖励、转机、同一屋檐计划（成员航空公司在同一航站楼运营）。

星空联盟产品和服务包括高端旅客服务、环球特惠套票、不正常航班处置、协调一致的行李政策和流程、航班实时信息、通程登机、里程累积等。

对于一般的乘机旅客来说，享受星空联盟的服务则比较简单，只需申办成员航空公司提供的独立常旅客计划中的任何一个，就可以将搭乘不同航空公司班机的里程累积在同一个常旅客计划 FFP 里。除此之外，原本是跨公司的转机延远航段也视为同一家公司内部航线的衔接，因此在票价上较有机会享有更多优惠。

4）星空联盟的特点

（1）联盟规模庞大。星空联盟是全球最大的航空公司策略性联盟，星空联盟的庞大飞行航线网涵盖190多个国家、1300多个目的地。总共拥有运营客机4600余架，年运送旅客逾6亿人次。

（2）联盟合作紧密。星空联盟在代码共享、联合地面服务、联合产品开发和市场销售、共同信息平台、联合维修、联合购买、机队协调、统一标志方面已经有着成熟的合作基础。星空联盟有强大的联盟内部合作机制。星空联盟是由28家航空公司组成的一个多边网络，其中大部分成员都与联盟中其他成员签订了协议。这些协议具有一定的排他性约束，在加强对内合作的同时，也拒绝星空联盟成员与该联盟集团以外的成员展开合作。

（3）航线网络覆盖面广。联盟成员中的美国联合航空、德国汉莎航空、奥地利航空和新加坡航空属于大型全球性航空公司，有着连接各大洲主要城市的庞大航线网络，其他航空公司也在各自区域有着较强的运输能力。具有多个国际性枢纽机场——法兰克福、纽约、东京、新加坡、洛杉矶和伦敦等。

（4）和中国联系紧密，航线网络遍布中国各大城市。目前已有新加坡航空、全日空、泰国航空、韩亚航空、加拿大航空、美国联合航空、汉莎航空、北欧航空、奥地利航空9家成员直接进入中国内地航空运输市场，并且国航是星空联盟的成员，航点有北京、天津、青岛、南京、成都、西安、重庆、上海、杭州、桂林、广州、深圳、哈尔滨、长春、厦门、昆明、沈阳等城市。其中，北京、上海、广州是星空联盟在中国主要的枢纽，除此之外，其他城市通过新加坡航空、全日空、泰国航空、韩亚航空的洲内航线与国际枢纽连接起来。

2. 寰宇一家

1）基本情况

1998年9月，美国航空公司、英国航空公司、原加拿大航空公司（Canadian Airlines，现已被Air Canada收购）、国泰航空公司及澳洲航空公司（澳大利亚康达斯）宣布有意合组航空联盟。1999年2月1日正式成立的国际性航空公司联盟寰宇一家（Oneworld Alliance）。其成员航空公司及其附属航空公司亦在航班时间、票务、代码共享（共挂班号、班号共享）、乘客转机、飞行常客计划、机场贵宾室以及降低支出等多方面进行合作。寰宇一家的标识如图5－12所示，其基本情况如表5－3所列。

图5－12　寰宇一家标识

表5－3　寰宇一家基本情况

（数据来源：http://zh.oneworld.com）

成员航空公司/个	16	通航国家/个	154
员工数量/个	—	飞机/架	3428
每日航次/班	14296	机场/个	1015
年旅客运量/百万个	512.8	贵宾候机室/个	650

注：以上数据为2015年8月统计结果

2）主要成员

寰宇一家合作联盟成员主要有柏林航空、美国航空、英国航空、国泰航空、芬兰航空、西班牙国家航空、日本航空、智利国家航空、巴西天马航空（TAM）、马来西亚航空、澳洲航空、卡塔尔航空、皇家约旦航空、S7 航空、斯里兰卡航空、oneworld 同盟航空公司、墨西哥航空。以上航空公司的标识详见图 5-13。

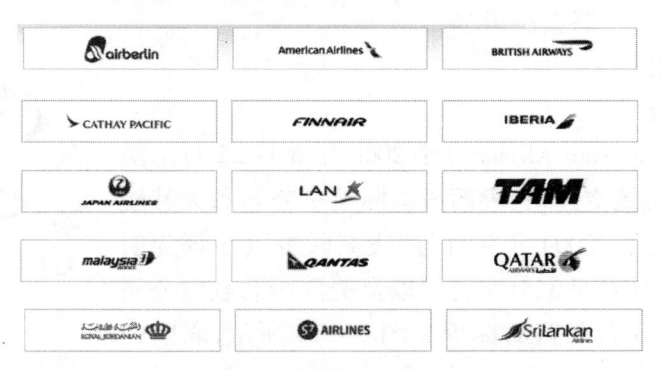

图 5-13　寰宇一家主要成员航空公司标识

3）合作方式

寰宇一家联盟合作伙伴为旅客提供超过任何独立航空公司网络的优惠。寰宇一家联盟航空公司的会员，其奖励及特权均可在寰宇一家联盟航空公司中享用。当旅客以有效票价乘坐任何寰宇一家联盟航空公司的有效航班时，将为自己的积分计划赢取里程奖励计划。旅客可以在全球联盟成员目的地实施里程兑换。会员航空公司的常旅客计划有各自不同的名称，寰宇一家相应创造不同级别——翡翠级、蓝宝石级和红宝石级，确保旅客获得其会员级别相应的特权。寰宇一家联盟航空公司旅客乘坐任何寰宇一家航空公司的航班可提供任意一间会员航空公司的贵宾候机厅。提供旅客在寰宇一家会员航空公司之间顺利转机的服务。为旅客提供所有会员航空公司之间国际联运电子客票服务，有助于旅客通过航线网络采取任何承运航空公司的组合形式。

4）寰宇一家的特点

（1）航线网络覆盖面广。寰宇一家飞行航线网涵盖共约 154 个国家的 1015 个目的地。运营 3428 架飞机，每年运送大约 5 亿乘客。在三大航空联盟中，寰宇一家提供了覆盖最全面、选择最广泛的环球机票。

（2）英航美航处于核心地位。英国航空、美国航空是联盟支撑国际航线网络的主要成员，五大区域均有较多航点。国际级枢纽包括香港、纽约、伦敦、东京。成员中的芬兰航空、西班牙伊比利亚航空、匈牙利航空等成员的国际航线较少，在联盟中发挥的主要作用是为其他成员提供远程客源。

（3）成员之间合作不深入，处于商业联盟性质。寰宇一家联盟属于商业性联盟，在成员间彼此合作上没有继续深入，只有部分成员签订了代码共享协议，统一了定票

171

系统、协调了时刻安排,因此属于较为脆弱的航空联盟。寰宇一家成员对内可以加强合作互助优惠,对外不受排他性规定的限制,联盟成员可以自由地与其他航空联盟成员合作。

(4)在中国的航空市场占有率低。寰宇一家是目前三大联盟中唯一一个在中国还没有合作伙伴的联盟,联盟成员在中国开辟的航点及在北京、上海、广州的运输能力较星空联盟和天合联盟少得多。

3. 天合联盟

1)基本情况

天合联盟(SkyTeam Alliance)是2000年6月22日由法国航空公司、达美航空公司、墨西哥国际航空公司和大韩航空公司联合成立的。2004年9月与"飞翼联盟"(也译为航翼联盟)合并后,荷兰皇家航空公司以及美国西北航空公司亦成为其会员。天合联盟的标识如图5-14所示,联盟的基本情况详见表5-4。

图5-14 天合联盟标识

表5-4 天合联盟基本情况

(数据来源:http://www.skyteam.com/zh/)

成员航空公司/个	20	通航国家/个	179
员工数量/个	481691	飞机/架	3054
每日航次/班	16270	机场/个	1057
年旅客运量/百万个	602	贵宾候机室/个	636

注:以上数据为2015年8月统计结果。

2)主要成员

天合联盟集结全球各地的航空公司及航线网络。这些成员包括俄罗斯国际航空、阿根廷航空、墨西哥航空、西班牙欧洲航空、法国航空、意大利航空、中华航空、中国东方航空、中国南方航空、捷克航空、达美航空、印尼鹰航、肯尼亚航空、荷兰皇家航空、大韩航空、黎巴嫩中东航空、沙特阿拉伯航空、罗马尼亚航空、上海航空、越南航空以及厦门航空,航空公司的标识依次详见图5-15。

图5-15 天合联盟主要成员航空公司标识

3）合作方式

天合联盟通过联盟内所有航空公司的航班信息、座位信息和价格信息，帮旅客预定机票和座位，把中转旅客通过联盟航空公司的国内航线送到对方国家的各个城市。

联盟的发展得益于其给旅客及联盟成员带来的日益明显的利益。联盟通过其伙伴关系向旅客提供了更多的实惠，包括各成员间常旅客计划合作，共享机场贵宾室，提供更多的目的点、更便捷的航班安排、联程订座和登记手续，更顺利的中转连接，实现全球旅客服务支援和"无缝隙"服务。对于其成员，全球联盟则以低成本扩展航线网络、扩大市场份额、增加客源和收入而带来了更多的商机，并且可以在法律允许的条件下实行联合销售、联合采购，降低成本，充分利用信息技术协调发展。天合联盟的"环游世界"套票、"畅游欧洲"套票、"畅游美洲"套票、"畅游亚洲"套票等优惠机票可为旅客节省更多的购票支出。

4）天合联盟特点

（1）航线网络覆盖面广。天合联盟航线网络航班通往共179个国家的900多个城市。运营将近3000余架飞机，每年运送大约6亿乘客。天合联盟的突然壮大是由于2004年9月荷兰皇家、美国西北和大陆航空三大航空的加入。

（2）北美洲航线密集。天合联盟有三家大型美国航空公司，在北美地区的实力超过星空联盟。该联盟成员运营的枢纽有阿姆斯特丹、巴黎、纽约、亚特兰大、东京、广州。

（3）成员之间合作相对较紧密。天合联盟对外合作，介于星空联盟与寰宇一家之间。天合联盟对内鼓励联盟成员彼此加强合作，在联盟成员市场占优势地区合作，签署具有一定排他性的约束协议。在联盟未覆盖或市场较弱地区，联盟成员又允许与联盟外成员合作，前提是需要备案并征得当地市场联盟成员的同意。

（4）四家成员稳扎中国市场。荷兰皇家航空、法国航空、美国西北航空在中国内地的航点有北京、上海、广州，大韩航空的航点还有青岛、沈阳、天津、三亚、西安、厦门、烟台、昆明、济南、延吉和武汉。北京、上海和广州成为该联盟在中国强有力的枢纽。我国的东航、南航、厦航、华航四家航空公司都是天合联盟成员。

4. 其他航空联盟

1）阿提哈德航空联盟

阿提哈德航空联盟于2014年成立，是中东阿提哈德航空公司通过股权投资参股模式，成立的一家全新航空联盟。联盟由阿提哈德航空主导，通过投资、参股联盟成员，使联盟航空公司成为利益共同体。阿提哈德航空联盟，除了阿提哈德航空，还有柏林航空、塞尔维亚航空、塞舌尔航空、印度捷特航空、达尔文航空加入。

阿提哈德航空拥有柏林航空29.1%的股份、塞尔维亚航空49%的股份、塞舍尔航空40%的股份、印度捷特航空24%的股份。另外，还参股维珍澳大利亚航空21.24%的股份、爱尔兰航空4.11%股份、瑞士阿提哈德区域航空33.3%的股份、意大利航空49%的股权。

联盟成员从共同利益角度出发,彼此合作更为稳固。有着共同利益的内部代码共享和股权联盟伙伴关系,已经促进阿提哈德航空的有机增长,为阿提哈德航空带来的客流预计达 140 万人次(同比增长 28%),并贡献了 4.71 亿美元的收入,占阿提哈德航空客运收入的 23%。

2) 廉价航空公司联盟

澳大利亚捷星航空公司(Jetstar Airways Pty Ltd,简称"捷星航空")与马来西亚亚洲航空公司(AirAsia Berhad)两家廉价航空公司 2010 年组成全球首个廉价航空公司联盟。

廉价航空联盟的成立将有助减少成本并进一步降低两家航空公司的票价。两家公司合作协议的关键部分是对下一代窄体航机携手提出规格建议,以便最大程度满足未来低价航空旅客的需求,该协议的合作发展领域还包括对飞机部件和备用配件实行共用库存,在工程、维修供应及服务等方面联合采购,在机场旅客和停机坪飞机服务上资源共享等。

对于两家廉价航空公司来说,联盟的实际意义则在于可以提升飞机及零部件采购的议价能力。对于廉价航空的旅客而言,低廉的价格才是他们选择廉价航空的根本原因,两家廉价航空公司在共享资源、航线互补的同时,更重要的是拥有相似的运营理念,致力打造成各自区内最大的廉价航空公司。

四、航空联盟产生的原因

1. 全球经济一体化

随着全球经济一体化和航空运输自由化的发展,航空运输市场的争夺不再局限于国内市场,逐渐由国内向国际市场推进,随着航空运输市场的竞争越来越激烈,采取合作竞争的方式是获取利益的有效手段,因此航空公司之间进行联盟是空运企业走向全球化,实现规模收益的一个路径。

2. 信息和网络技术的发展

随着科技的进步,信息和网络技术得到很大的发展,并且应用到航空运输业中,航空公司的运输和管理模式随着科技的进步不断更新,先进航空企业的运营、管理方式在联盟成员之间互相传播。航空公司战略联盟使航空企业获得新知识、新技能,而信息和网络技术的发展促进和推动航空公司间的信息沟通、传播。

3. 节约成本增加运输量,实现利益最大化

航空联盟同样以追求规模经济的贸易利益为最大目的。航空运输业在资本运营方面上具有投入成本高、周期长的特点,启动成本大部分是沉没成本;而在空间方面,航线通过网络的作用,具无限扩展性。航空联盟所设立的统一的售票中心、统一的管理和信息中心、统一订购飞机及其零部件和机上用品,减少相互重叠的航线、航班,分享使用各自的机场和其他基础设施等,由此固定资本的分摊可以大大降低成本。此外,联盟中成员公司专门营运自己熟悉的航线,在竞争中占有地理、气候等飞行条件

的优势,专门航线的分工可实现联盟的优势互补。同时,通过联盟的航空网络可以扩大原有的市场份额,增加运输产量。

4. 扩大市场份额,提高航空公司竞争力

垄断竞争是国际航空运输市场的显著特性。对于航空运输市场来说,由于一条国际线一般只有两三家航空公司参与经营,在市场进入与退出方面则是"进出两难"。因为国际航线的开辟必须经过政府之间漫长的双边谈判,障碍很多,并且一旦参与航线经营,不能随意退出。全球航空联盟的建立,可以达到扩大市场份额,协调共同的飞行计划、市场和销售的目的,在市场上形成更有利的竞争力。

5. 满足航空运输市场需求和旅客需求

全球性的航空联盟上具有一定的市场需求。随着世界经济全球化的发展,航空公司为吸引更广的客货源,急于将自己的航线网络全球化,原有的航空公司之间的航线合作已不能适应开拓国际市场的需要,而联盟则可以使航空公司利用自己合作伙伴现有的航线和飞机等,绕过国家之间市场准入的限制,达到在国际市场上快速扩张势力的目的。

另外,在旅客需求方面,随着商务旅客的不断增长及商务旅客运输需求的变化,这些旅客出行目的地变得更加的分散化,这些旅客需要更加畅通和便捷的无缝隙航空运输服务,各国航空公司仅凭自己的能力很难达到旅客的要求,全球航空联盟可以提供这种服务,航空联盟是运输服务在不同的地理位置进行,并形成网络服务,为乘客提供更多的航班,直达更多的目的地。

例如,达美航空公司在亚特兰大哈兹菲尔德国际机场为天合联盟的乘客提供更多的转机选择,每天从此机场有4442个航班飞往227个目的地。再如,由于联盟可以提供更方便的订票和登机服务,越来越多的旅客偏爱单一品牌的航空网络。天合联盟成员的659个机场和市区订票处为乘客提供所有成员航空公司航班信息和订票服务。乘客转乘天合联盟各成员公司航班时,在全球451个机场中的任何一个机场只需办一次值机手续,免去一般转机的一切繁琐,大大节省了乘客的宝贵时间。

五、航空公司联盟的种类

1. 根据联盟深度划分

航空公司联盟根据联盟深度可以分为三种类型:第一种为简单的航线联盟;第二种为大范围的商业联盟;第三种为产权联盟。第二种和第三种被理论界称为"战略联盟",因为这种方式需要企业全方位参与并做出战略层面的承诺。目前的航空运输市场中,航空公司联盟主要类型为第一、二种类型。在三种类型的联盟中,航空公司合作的方式各不相同,但基本包括在上述国际民航组织归纳出的范围中。

2. 根据参与联盟的航空公司数量划分

可以将联盟分为一对一的联盟和多家航空公司联盟,还可以从地理范围上来看,航空公司联盟分为国内联盟、区域性国际联盟和全球性国际联盟。

六、航空联盟的运作方式

全球联盟的运作主要有三种形式：由个别航空公司占主导地位驱动战略的联盟、针对具体市场建立反垄断豁免的联合经营和选择性联盟。

1. 由个别航空公司占主导地位驱动战略的联盟

由个别航空公司占主导地位驱动战略的联盟，航空联盟有非常核心的航空公司，最典型的是星空联盟。

2. 针对具体市场建立反垄断豁免的联合经营

针对具体市场建立反垄断豁免的联合经营方式在多家航空联盟中都已经有了具体的表现。维珍集团主席理查德·布兰森以往多年强烈批评航空联盟，特别是针对联盟成员在跨大西洋航线之间的联合经营（寰宇一家成员美国航空、英国航空和伊比利亚之间的公司）。但是现在顺应国际航空运输发展的趋势，一向特立独行的想法发生了改变。布兰森在接受一家孟买电视台采访时说过"维珍航空一直以来都很享受独立运营。但是我们的竞争对手都加入了航空联盟，为了生存，我们需要加入一个联盟"。

2013年6月24日，达美航空公司和维珍航空公司详细公布了双方的班号共享协议。该协议为乘客提供覆盖北美及英国66个目的地108条航线的无缝中转服务。除了公布班号共享协议，达美航空还宣布已成功收购维珍航空49%股权——此次收购标志着两家公司将全面联手成为完整的合资企业。维珍航空将在91条达美航线上使用其航班号，包括跨大西洋航线及美国国内航线。达美航空将在17条维珍航线上使用其航班号。

3. 选择性联盟

选择性联盟指针对特定合作伙伴的市场选择伙伴，而且这个伙伴不一定是航空联盟的成员。

例如，寰宇一家成员美国航空公司与没有入盟的海湾承运人阿提哈德航空建立了代码共享合作，后者不仅是寰宇一家成员柏林航空公司的股东，而且是天合联盟法荷航的代码共享合作伙伴。与此同时，寰宇一家成员澳洲航空公司与没有入盟的海湾承运人阿联酋航空公司签署了联合协作协议。阿联酋航空与澳洲航空将整合他们各自的航线网络和协调定价、合作销售及协调航班时刻。为此，澳洲航空抛弃了其长期的联合服务协议（JSA）伙伴，同时也是寰宇一家的创始成员英国航空。

选择性联盟合作中，低成本航空公司也发挥了更大的作用。例如，加拿大西捷公司正在与加拿大航空和星空联盟成员开展合作，维珍澳大利亚航空同澳航结盟，捷蓝航空与爱尔兰航空公司形成了伙伴关系。其中捷蓝航空不是航空联盟的成员，但已与联盟成员和非联盟成员建立了超过20个伙伴关系。

七、航空联盟的合作方式

航空联盟的合作方式分为较低层次的"非股权营销联盟"和较高层次的"股权联盟"。

非股权营销联盟如航空公司之间相互利用候机楼设备、联合建立计算机订座系统、订立飞机湿租合同等,而最重要的则是签订"代码共享"协议。具体的非股权营销联盟主要包括:代码共享、收益共享、特许权加盟、湿租、联合购买、联合提供服务、特许经营权、地面业务和设施共享、联合营销、共享计算机订票系统。

股权联盟主要是股权交换,目前航空公司采取股权联盟方式的不是很多。

1. 代码共享

1)代码共享的定义

代码共享(code-sharing)是一家航空公司营销而由另一家航空公司运营的航班,即旅客在全程旅行中有一段航程或全程航程在 A 航空公司购买的机票,实际乘坐的是 B 航空公司航班,那么 A 和 B 的此航班号为代码共享。

代码共享对航空公司而言,不仅可以在不投入成本的情况下完善航线网络、扩大市场份额,而且越过了某些相对封闭的航空市场的壁垒。对于旅客而言,则可以享受到更加便捷、丰富的服务,如众多的航班和时刻选择、一体化的转机服务、优惠的环球票价、共享的休息厅以及常旅客计划等。正因为代码共享优化了航空公司的资源,并使旅客受益匪浅,所以它于 20 世纪 70 年代在美国国内市场诞生后,短短 20 年便已成为全球航空运输业内最流行的合作方式。

2)代码共享的分类

完全代号共享,指共享航空公司和承运航空公司用各自的航班号共同销售同一航班,而不限制各自的座位数。

包座代号共享,指共享航空公司和承运航空公司达成合作协议,购买承运航空公司某一航班的固定座位数,共享航空公司只能在此范围内用自己的航班号进行销售。包座代号共享又根据所包座位能否在一定期限之前归还承运航空公司,分为锁定包座和灵活包座代号共享。从代号共享的深度和广度来分,又可分为战略性的网式共享和战术性的航线共享。

2. 收益共享

收益共享指两个或者多个航空公司共享通过联合合作产生的收益。

3. 特许权加盟

特许权加盟主要指一家航空公司允许另一家航空公司使用其名字、飞机专用标志、制服和品牌等形象或者允许另一个航空公司经营本航空公司的部分业务等。授权航空公司向被授权航空公司出售这些特权,作为被授予特许经营权的航空公司支付特许权的相关费用。

4. 湿租

湿租是航空公司之间的一种特殊飞机租赁方式,其在提供飞机的同时提供机组和乘务组为对方服务,而且在租赁过程中,被租赁飞机的标志不变,飞机号不变,承租期内不论是否经营,均按一定标准向承租方收取租赁费,发生的固定费用均由承租方负担。

湿租飞机对航空公司来说有很多益处,它不仅缓解了航空公司在运输繁忙时运力不足的矛盾,而且为航空公司节约了大量的资金。

5. 联合购买

联合购买指两个或多个航空公司达成协议联合购买飞机设备和保险等。

6. 航空公司联合提供服务

航空公司联合提供服务指两个或多个航空公司提供联合的飞行服务。

7. 特许经营权

特许经营权指某航空公司将其部分运营管理权通过合约的形式交由联盟成员航空公司进行管理。

8. 地面业务和设施共享

地面业务和设施共享指某航空公司与其他航空公司签订协议,共享部分资源,如某特定站点的服务人员及设施、设备等。

9. 联合营销

联合营销指某航空公司和其他航空公司或多个航空公司共同营销其联合提供的某种服务。

10. 共享计算机订票系统

共享计算机订票系统指两个或多个航空公司之间共享计算机订票系统。

第三节 航空公司的兼并与重组

20世纪90年代以来,国际航空运输自由化趋势明显,航空运输市场逐步开放,随着市场准入标准的降低,航空公司的数量逐渐增加,民航运力逐步增多,面对日益激烈的航空运输之争,各个航空公司的竞争力参差不齐,世界民用航空运输企业纷纷踏上了联合、兼并、重组之路。这种发展的新思路既降低了运营成本,也扩大了航空公司的通达范围,提高了市场占有率。

由于民航业规模经济特征非常明显,规模扩大将大大降低运营成本,提高利润率。而随着世界经济一体化进程的加快,航空运输市场国际化、全球化的大趋势,全球航空业兼并的浪潮还将继续。

一、航空公司兼并与重组的概念

1. 企业兼并重组

企业兼并重组指在企业竞争中,一部分企业因为某些原因无法继续正常运行,考虑到员工等各方面利益,按照一定的程序进行的企业兼并和股权转让,从而实现企业的转型,达到企业重组的目的。

2. 航空公司兼并和重组

航空公司兼并重组是航空运输市场竞争的结果,是航空公司利用市场的手段,通过一定的程序对某个或某些航空公司进行的企业兼并和股权转让,也就是积极利用并购方式来调整产业结构和推进产业战略,提升自己的市场竞争力和市场适应力。

二、航空公司兼并重组的主要形式

(1)承担债务式:兼并航空公司承担被兼并航空公司的全部债权债务,接收被兼并方全部资产,安置被兼并方全部职工,从而成为被兼并航空公司的出资者;

(2)出资购买式:兼并航空公司出资购买被兼并航空公司的全部资产;

(3)控股式:兼并方通过收购或资产转换等方式,取得被兼并航空公司的控股权;

(4)授权经营式:被兼并航空公司的出资者将被兼并航空公司全部资产授权给兼并方经营;

(5)合并式:两个或两个以上航空公司通过签订协议实现合并,组成一个新的企业。

三、企业兼并重组的发展

世界范围内的企业并购

随着经济全球化的趋势,企业向着大规模发展,兼并重组的事件不断发生。全球共发生过五次较大的企业并购浪潮。五次企业并购浪潮分别发生在19世纪末、20世纪初的世纪之交;第一次世界大战之后的20年代;第二次世界大战以后的五六十年代;美元危机和石油危机之后的七八十年代;20世纪90年代中后期,以美、日、欧为主的发达国家的企业又掀起了新一轮的并购高潮,即第四次并购浪潮;1993年,全球企业并购交易金额达到2000亿美元,拉开了第五次企业并购浪潮的序幕。

1)第一次并购浪潮以横向并购为主

19世纪下半叶,随着科技的进步,社会生产力得到了极大的发展,为运输、冶金、石化、机械等行业的大规模并购创造了条件,各个行业中的许多企业通过资本集中组成了规模巨大的垄断公司。在1899年美国并购高峰时期,公司并购达到1200起,并购的资产额达到22亿美元。在1895—1904年的并购高潮中,美国有约75%的公司因并购而消失。在工业革命发源地英国,并购活动也大幅增长,在1880—1981年间,有665家中小型企业通过兼并组成了74家大型企业,垄断着主要的工业部门。后起的资本主义国家德国的工业革命完成得比较晚,但企业并购重组的发展也很快。在这股并购浪潮中,大企业在各行各业的市场份额迅速提高,形成了比较大规模的垄断。

2）第二次并购浪潮以纵向并购为主

在20世纪20年代(1925—1930)发生的第二次并购浪潮中,那些在第一次并购浪潮中形成的大型企业继续进行并购,进一步增强经济实力,扩展对市场的垄断地位,这一时期并购的典型特征是纵向并购为主,即把一个部门的各个生产环节统一在一个企业联合体内,形成纵向托拉斯组织,约有85%的企业并购属于纵向并购。通过这些并购,主要工业国家普遍形成了竞争市场被一家或几家企业垄断的局面。

3）第三次并购浪潮以混合并购为主

第二次世界大战后,各国经济经过20世纪40年代后和50年代的逐步恢复,在60年代迎来了经济发展的黄金时期,随着第三次科技革命的兴起,一系列新的科技成就得到广泛应用,社会生产力实现迅猛发展。主要发达国家都进行了大规模的固定资产投资。在这一时期,以混合并购为特征的第三次并购浪潮来临,其规模、速度均超过了前两次并购浪潮。

4）第四次并购浪潮以金融杠杆并购为主

1980—1988年,企业并购规模巨大、数量繁多,总数达到20000起,多元化的相关产品间的"战略驱动"并购取代了"混合并购"。此次并购的特征:企业并购以融资并购为主,交易规模大;并购企业范围扩展到国外企业;出现了小企业并购大企业的现象;金融界为并购提供了方便。

5）第五次并购浪潮以全球跨国并购为主

20世纪90年代以来,随着经济全球化、一体化的发展,跨国并购成为对外直接投资的主导方式。第五次企业并购浪潮的规模和交易额之大,是20世纪所有的企业并购浪潮中前所未有的。从统计数据看,1987年全球跨国并购仅有约740亿美元,1990年就达到1500亿美元,1995年,美国企业并购价值达到4500亿美元,仅2000年,全球企业并购金额创下34600亿美元的历史纪录,从2004年开始新的企业并购大潮,到2006年达到创纪录的高峰,全球并购总额达到3.5万亿美元。2007年1—4月并购协议总额已达2万亿美元,增幅达60%。从中长期的发展趋势来看,跨国并购还将得到继续发展。

第五次企业并购浪潮发生在人类社会由工业社会走向以全球化、一体化和信息化为特征的知识经济社会的转折时期。这次并购的特点是全方位综合并购,不仅产业包括金融、金属及其开采、发电、地产、传媒、消费品等,而且从地区讲也不再是以美国为主导,欧洲已超过美国,特别是发展中国家参与形成崛起之势。

我国最早的企业并购发生在1984年,正值第四次企业并购浪潮之际。由于当时我国企业并购尚处于试点和探索阶段,因此,第四次企业并购浪潮以及前三次并购浪潮对我国企业并购的影响并不大。而第五次企业并购浪潮开始后,尤其是1997年之后,我国企业的并购也进入了快速发展阶段,国外的并购理论、理念、思潮以及在并购浪潮中使用的各种并购模式、工具及其手段开始对我国经济发展和企业并购产生了比较明显的影响。

四、航空公司企业兼并重组的历史轨迹

随着世界范围内企业并购的不断推进,航空公司也在此次浪潮中经历着重生。自从1978年美国卡特政府实施"天空开放"政策以来,至今已有30多年,航空运输业已经成为全球最开放、自由化程度最高的行业,航空运输市场的竞争也最激烈。竞争不仅仅局限于国内航空公司之间,随着航空运输自由化进程的推进,竞争也变得国际化。面对竞争日益激烈的航空运输市场,部分航空企业面临生存危机,使兼并重组成为可能。

仅1980—1996年,全球空运业就发生了200多起航空公司并购案。30多年来,航空公司兼并重组的方式多种多样,步步升级。纵观航空公司兼并重组的历史,大体经历三个阶段。

1. 国内航空公司兼并重组

国内航空公司兼并重组主要从20世纪70年代中期至80年代中期。在"天空开放"政策刺激下,各国航空业收购浪潮风起云涌,其主要特征是强者收购兼并弱者即"弱肉强食",主要局限于各国国内的航空企业。

2. 强强联合,冲向国际航空运输市场

此阶段从20世纪80年代中期至20世纪末。由于中东石油危机和全球国营公司股份化和私有化浪潮所诱发和推动,航空公司为了拓展自己的国际市场,开始进行新一轮的重组,其主要特征是强强联合,目标由国内转向国际,力争国际市场竞争的有利地位。如1987年,英国航空公司收购本国第二大航空公司英国金狮航空公司(英国最大的民营航空公司);1990年,法国航空公司收购法国联合航空公司和法国内航空,一跃成为世界第四大航空公司;1992年,澳大利亚快达航空公司收购本国第二大航空公司澳大利亚航;2000年,加拿大航空公司与本国第二大航空公司加拿大国际航合并。

强强兼并使国际航空市场开始出现寡头垄断局面。例如,英国航空公司占本国市场份额的70%,法国航空公司占本国市场份额的88%,加拿大航空公司占本国市场份额的94%。美国前三大航空公司垄断其国内市场份额50%以上。寡头垄断是航空市场激烈竞争的必然趋势和结果,是由民航业的特点和规模经济效应决定的。

3. 洲际合并和航空联盟

洲际合并和航空联盟阶段始于21世纪初,由美国"911"事件、石油价格高和金融危机等一连串危机所引发,这一阶段的大型航空公司已经在国内形成寡头垄断,逐步觊觎国际航空运输市场,主要由各国载旗航空公司之间进行合作和重组,出现了航空寡头之间的国际合并和洲际航空的联盟。其间,各国政府插手干预和协调的味道越来越浓,其目标是瓜分全球航空市场势力范围。第三阶段重组主要有以下特征:

（1）联合重组升级为国家之间航空寡头的重组，显现欧洲"抱团"的新动向。2004年，法国航空公司与荷兰皇家航空公司重组为法荷航空集团。2006年，德国汉莎航空公司将陷入财务困境的瑞士国际航空纳入旗下。自此，法荷航空集团和德国汉莎航空公司超越原世界第一大航空公司美利坚航空公司，成为世界第一、第二大航空公司。2008年，德国汉莎航空公司又收购了奥地利航空公司；意大利航空公司宣布与法荷集团结成战略合作伙伴。目前，欧洲形成了由法航、德国汉莎航、英航三大寡头垄断的格局。欧洲各国打破空域界限，实行欧洲"单一天空计划"，"欧洲抱团"现象已经延伸到空域和飞机制造领域。

（2）三大国际航空联盟瓜分世界航空运输市场。航空联盟可以绕开国家间双边协定的限制，轻而易举地进入对方国家的航空市场；联盟成员通过代码共享、网络互联、枢纽互通、客源互补、一致服务标准、相互地面保障、分摊国际收入、统一购置飞机和燃油等协同效应，达到建立全球航线网络、扩大市场份额、降低成本、增加收入的目的。据2013年统计，在全球客运市场，三大联盟的市场份额共占60%以上，其中星空联盟占约24%，寰宇一家占约18%，天合联盟占约19%。

（3）货运寡头通过国际间兼并收购主导国际航空货运市场。由于航空公司仅为航空货运提供中间空运服务，而大货运商或物流公司在航空货运中处于主导地位，因此航空货运市场份额主要被货运寡头垄断，据统计，世界15家顶级货运代理商控制了61%的国际航空货运市场份额，这些货运代理商通过频频收购兼并，使其业务高度集中。例如：1998年，排名世界前10的瑞士丹莎国际货运代理公司收购了北欧排名靠前的瑞典ASG货运公司和北美排名第一的AEI货运代理公司；1999年，丹莎又被德国邮政集团收购。2005年，德国邮政收购英国货运代理公司英国空运公司，将它和丹莎一起并入敦豪（DHL）旗下。又如，2001年，美国的联合包裹运送服务公司（UPS）收购了美国的飞驰物流公司（Fritz Companies），UPS原来只承担70千克以内业务，与UPS公司形成互补，飞驰专营UPS公司较少涉及的70~500千克级范围的物流业务。

航空公司的兼并和重组是伴随着国际经济全球化的趋势及国际航空运输自由化的发展而来的，每一次航空重组，都是航空界的一次变革，这种变革由国内向国际市场蔓延。重组对象由国内弱者到国内强者，再至国际强者；重组的形式由国内的弱肉强食到强强联合，再到国际寡头之间联盟；重组目标就是争夺航空运输市场，由争夺国内市场逐步过渡到争夺局部国际市场，再到全球市场。

五、航空公司兼并与重组的典型案例

（一）中国国内航空公司兼并与重组

1. 中国民航重组大变革

随着我国改革开放政策的不断推进，市场经济体制、市场供求关系发生了很大的变化，再加上国际航空业竞争的日益激烈，中国民航管理体制和运营机制方面的一系列深层次问题逐步显现,如运输能力分散、企业规模小、负债率高、竞争不规范、资源浪费、缺乏现代企业制度建设等。中国民航已经不能适应日益激烈的市场竞争,因此,中国民航的战略重组势在必行。

1) 民航直属航空企业重组

2002年2月5日,民航重组方案正式出台;2002年3月,国务院批准《民航体制改革方案》,10月11日,民航三大航空集团公司和三大民航服务保障集团公司同时挂牌成立,标志着中国民航的重组基本完成。

民航总局按照"企业自愿、政府引导"的原则,对9家直属的航空运输企业和4家服务保障企业进行联合重组,实行政企分开,从而形成三大航空集团(中国航空集团、南方航空集团、东方航空集团,重组后的三大集团基本情况详见表5-5)和三大民航服务保障集团(中国航空油料集团公司、中国航材进出口有限责任公司、中国民航信息集团公司)。重组后的航空企业具体情况如下。

表5-5 中国民航重组后三大航空集团基本格局

集团	资产/亿元	飞机数/架	员工数/万人	航线/条	主要成员
国航	560.5	118	2.3	339	原国航、西南航、中航
南航	501	180	2.5	606	原南航、北航、新疆航、中原航、贵州航、夏航、福建航、邮政、川航
东航	473	118	3.4	437	原东航、西北航、云南航、通用航、长城航、武汉航

中国航空集团公司:以中国国际航空公司为主体,联合中国航空总公司和中国西南航空公司。中国航空集团公司组建后,保留中国国际航空公司的名称,对联合三方进行主辅业分离,航空运输主业及关联资产划入中国国际航空公司,统一使用中国国际航空公司的标识。

中国东方航空集团公司:以东方航空集团公司为主体,兼并中国西北航空公司,联合云南航空公司。中国东方航空集团公司组建后,保留中国东方航空股份有限公司的名称,对中国西北航空公司和云南航空公司进行主辅业分离,将航空运输主业及关联资产规范纳入中国东方航空股份有限公司,统一使用中国东方航空集团公司的标识。

中国南方航空集团公司:以南方航空(集团)公司为主体,联合中国北方航空公司和新疆航空公司。中国南方航空集团公司组建后,保留中国南方航空股份有限公司的名称,对原中国北方航空公司和新疆航空公司进行主辅业分离,将航空运输主业及关联资产规范纳入中国南方航空股份有限公司,统一使用中国南方航空集团公司的标识。

中国民航信息集团公司是以民航计算机信息中心为主体、将中国航空结算中心整体并入而组建的国有企业,其资产总额达47亿元人民币。中国民航信息集团公司成立后,适时地把中国航空结算中心的主业及关联资产规范纳入中国民航信息网络股份有限公司。

中国航空油料集团公司是在中国航空油料总公司基础上组建的国有大型航空运输服务保障企业,其资产总额达 152 亿元人民币。中国航空油料集团公司组建后,进行主辅业分离,吸收国内航空运输企业和石油、石化企业对主业进行股份制改造。

中国航空器材进出口集团公司是在中国航空器材进出口总公司基础上组建的国有企业,其资产总额达 19 亿元人民币。中国航空器材进出口集团公司组建后,联合国内航空运输企业对主营业务进行重组。

2) 中国地方航空公司重组

随着中国民航直属企业的重组不断推进,根据民航总局的航线分配方案,除了三大航空集团公司和海航、上航,其他地方航空公司丧失了大部分的干线资源。地方航空公司也不甘落后,自发开始战略重组。众多地方航空公司将面临被市场淘汰、向三大集团靠拢、独资经营三种结局。

(1) 中国中天航空企业集团(简称"中天集团")。2001 年 7 月,由上海航空、山东航空、深圳航空、四川航空、武汉航空和中国邮政航空等六家地方航空公司组建而成的中国中天航空企业集团正式成立。据当时计算,"中天集团"拥有 100 架客机,市场网络遍布全国,其规模足以同三大集团中任何一强抗衡。但是作为一个松散型企业集团,真正运作起来相当艰难。各家地方航空公司相对独立,各自为战,尤其在中国民航总局调整航线政策后,整个"中天集团"实质上已经名存实亡。

(2) 海南航空。海南航空公司以资产为纽带的重组与兼并则颇见成效。继 2000 年兼并陕西长安航空有限公司后,2001 年 2 月 28 日,民航重组方案刚一出台,海航再出惊人之举:出资 51% 控股经营中国新华航空公司;2001 年 7 月 6 日,出资 89.06%,控股经营山西航空有限责任公司;同年还增加了对长安航空有限责任公司的投资。

(3) 山东航空集团。山东航空公司作为航空业最早的上市公司之一,在民航重组方案出台之前,曾主动要求负债兼并西北航但没有获批。2002 年 3 月,山东航空集团公司正式成立,下辖 10 个合资控股企业。2002 年,山东航出资 3500 万元入股川航。

(4) 上海航空。上海航空公司于 2002 年出资 3500 万元,控股四川航空股份有限公司总股本的 10%,在中国民航六大集团挂牌的同一天,上航也在上交所成功上市。

中国民航经历重组后,三大航空集团公司控股、参股了 14 家航空运输企业,海航也控股、参股了新华航、山西航、长安航和杨子江快运等 4 家航空运输企业(其基本格局详见表 5 - 6),另外还有上海航、山东航、深航、联航等地方航空公司。这样,基本形成了以三大航空集团为主体的航空运输企业结构,比较适应目前我国航空运输市场的需要。

表 5-6　重组后主要地方航空公司基本格局

集团	资产/亿元	飞机数/架	航线/条
上海航空	64.76	25	134
海南航空	150	73	300
山东航空	20.3	27	240
深圳航空	30	16	30

2. 中国东方航空和上海航空重组

2009年6月,东航和上航联合重组工作开始启动,由东航换股吸收合并上航的方式完成。重组后的新东航将占据上海航空市场50%左右的市场份额。至此,中国内地民航市场形成了东航、国航、南航三足鼎立的格局。中国东方航空和上海航空重组是中国民航史上首度涉及两家上市公司的联合重组。

重组后,东航和上航全面推进业务领域合作,客运营销系统实现了航线运力共同编排、价格舱位共同行动、销售渠道共同管理;机务维护、地面服务、货运及运行控制系统也广泛开展了业务合作,市场竞争力明显增强。此外,新东航将通过统一维修、统一采购和统一保障,有效避免重复投资,降低经营成本,推动公司良性发展。

联合重组后,新东航的运行资产超过1500亿元人民币,拥有大中型飞机331架,通航点达到151个。通航纽约、洛杉矶、巴黎、法兰克福等全球主要城市,总体规模步入世界较大航空公司之列。

(二) 国际航空公司兼并与重组

1. 美国联合航空公司与美国大陆航空公司宣布合并

2010年5月,美国大陆航空公司(Continental Airlines)及美国联合航空公司(United Air Lines)宣布了最终合并协议,建立国际领先的航空公司。此次合并采取了换股方式,将两家世界顶级航空公司汇聚在一起,新公司的控股公司命名为"美国联合大陆控股有限公司"(UnitedContinental Holdings),相关营销品牌结合两家公司的设计。公司旗下的飞机会采用美国大陆航空的标志及颜色,并印有United(美联航)的名字及为合并而设计的标语Let's fly together,新公司的企业及运营总部设于芝加哥。

新合并的公司提供优化的服务,把美国东海岸、西海岸、南部及中西部地区等主要枢纽与亚洲、欧洲、拉丁美洲、非洲及中东等地区紧密连接起来。新合并的公司拥有包括美国四个最大城市在内的10个航空枢纽,并为一直备受忽略的中小型社区提供更为优质的服务。新合并的航空公司继续为现有社区服务。目前,两家公司每年运送超过1.44亿名乘客飞往全球59个国家的370个目的地。

合并后的公司具有崭新的低油耗机队(按客舱组合进行调整),以及在美国主要航空网络运营商中拥有最佳的飞机订货单。通过在全球范围内投资具有竞争力的产品、提升技术、翻新及更换旧飞机,新公司具备了强劲的经济实力,从而提升客户旅行体验。

2. 美国 AMR 集团和全美航空集团联合重组

2013年2月,美国航空公司母公司 AMR 集团和全美航空集团联合宣布,两家公司的董事会已通过一份明确的合并协议。据此协议,两家公司通过整合组建全球最大的航空公司美国航空集团公司,根据 2013 年 2 月 13 日全美航空的股票收盘价,新公司的市值约为 110 亿美元。

全新美国航空将拥有完善的全球飞行网络,每日有近 6700 个航班飞往 50 多个国家的超过 330 个目的地,全球员工超过 100000 名。合并后成立的航空公司凭借其规模、广度和能力,以更高的效率和盈利能力参与全球市场竞争。旅客很快通过在新公司更加广泛的全球飞行网络以及更加强大的寰宇一家联盟中享受到更多实惠和更完善的服务。全美航空退出星空联盟,并加入到寰宇一家联盟中。凭借更广泛的全球飞行网络和强劲的财政基础,全新美国航空为旅客、社区、员工和利益相关方带来显著实惠。

3. 海航的跨境重组

海航集团(HNA Group)2012 年 10 月在巴黎宣布完成对法国蓝鹰航空(AIGLE AZUR)48% 股权收购,成为仅次于法国 Go Fast 集团的蓝鹰航空第二大股东,这也是国内航空公司首次投资欧洲航空公司。收购 48% 的股权实际上是受限于欧盟外资持有本地航空公司股权不能超过 49% 的限制。

蓝鹰航空公司基地位于法国巴黎奥利机场和戴高乐机场,收购之时,该公司拥有 450 名员工,运营 12 架空客 A320 系列飞机,航线网络覆盖法国境内至阿尔及利亚等地的 30 个航点,2011 年运输旅客 180 万人次。除了客运,蓝鹰航空还提供包机、货运和飞机湿租服务,并获得了 IATA 的操作安全审核认证(IOSA)。

海航集团以海航航空控股有限公司(HNA Aviation Holdings Co., Ltd)为主体完成整个收购项目。根据双方协议,蓝鹰航空成立由五名代表组成的执行委员会作为其最高管理机构,海航集团占据其中两个席位。此外,海航集团还有权指派一名执行委员兼任蓝鹰航空副总裁,并指派一名副财务总监。

4. 跨境并购之法国航空—荷兰皇家航空集团

法国航空公司(简称法航)在 2004 年 5 月收购荷兰皇家航空公司,法航以 8.33 亿欧元(9.9570 亿美元),获取了荷兰皇家航空公司的 89% 的控制权。两家公司发表联合声明,荷航股东们已让出 4176 万股,约为该航空公司资本的 89.2%。

根据联合协议,两家航空公司组成一家联合控股公司,因此组成了法航荷航集团(Air France-KLM)。Air France-KLM 在法国的法律之下成立,而总部则设于巴黎戴高乐国际机场。法航荷航集团 Air France-KLM 是法国及荷兰的主要航空公司,其中荷兰皇家航空总部设于阿姆斯特丹,主要是经营以阿姆斯特丹史基浦机场(Schiphol Airport)为航空枢纽的部分。这种合作方式是对两家航空公司完全控股的方式,同时法航与荷航维持双品牌的独立经营。

合并后的法航荷航集团拥有 10 万名员工,每年接待旅客量达 7000 万人,并通过

565架飞机的机队抵达225个目的地。新集团的营业额因此排名世界首位,并且成为欧洲的行业龙头。2015年财富世界500强排行榜排名第365位,其历年营业收入详见图5-16。

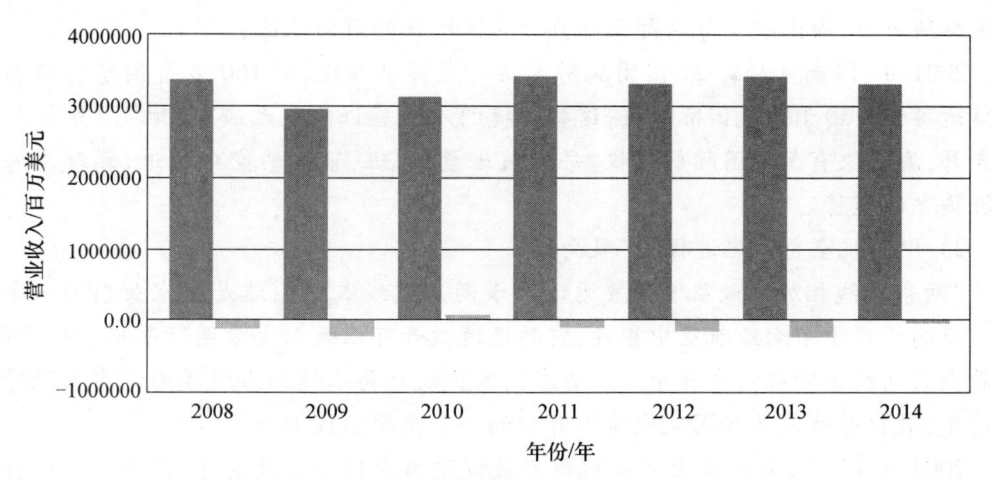

图 5-16　法航荷航集团历年营业收入

(数据来源 http://www.fortunechina.com/global500/240/2015)

■—收入；■—利润。

这次合并是欧洲历史上首次大航空公司跨境合并,两家航空公司相信,这项交易将使两家航空公司节省成本和提高收益,帮助两家航空公司提高运客量和迎接来自廉价航空公司日益强大的竞争。

荷航和法航两家公司的联合,组成了世界独一无二的航空网,围绕巴黎戴高乐枢纽机场及阿姆斯特丹史基浦机场连通世界各地。

【知识链接】

1. 海南省航权开放情况

2009年12月16日,新加坡捷星亚洲航空公司首次进入中国,开通每周4班的新加坡至海口航线。按照捷星航空的战略规划,海口是其在中国的转运中心,将成为国际游客或中国游客进出的集散地。北京好运通公司、印度翠鸟航空、印度捷特航空和南航也联手开通执飞三亚至印度的两条航线：广州—三亚—孟买和广州—三亚—加尔各答。吸引这些国内外航空公司不断进入海南的,缘起于7年前一场中国民航史上力度最大的开放。2003年3月,海南的天空悄悄发生了一场深刻的变革——经国家民航总局批准,海南成为首个开放第三、四、五航权的试点省份。从此,海南开辟了中国最开放的"天空特区",成为国际航空业关注的焦点。

1) 海南一直是航空国际化前沿地区

海南建省办经济特区,为海南民航的腾飞创造了历史性机遇。特别是1980年代后期,到海南投资、经商、求职、旅游的人日益增多,出现了"十万人才下海南"的热潮,新开的航线逐渐增多,航空客货运输量大幅增长。随着三亚凤凰、海口美兰两大国际机场相继建成,海南终于冲破与外界沟通的障碍。海南岛独特的国际地理区位一直为国际所关注,海南航空业实际上一直处在国际化的前沿地区。

2001年,海南开始对21国团队游客实行免签证入境,对160多个国家的游客实行落地签证。由于缺乏国际航线,这些便捷的入境签证政策无法"落地"。直至2003年3月,海南仅有5条国际航线权,每周航班量34班,不畅的空中通道,羁绊着海南经济腾飞的翅膀。

2) 中国航空自由化进程的"风向标"

"两条航线相加的效益潜力要远远大于两条航线本身",这是航空业内的一个定律。海南正处于东南亚航空中枢点,它的迅速放开可以吸引大量国际航班,继而可能发展成为新的国际航空中转中心。曾在国家民航总局工作的海航集团董事长陈峰非常清楚,航权开放将是我国航空市场开放的一个重要组成部分。

2002年11月,海航提出了以航权开放促进海南经济发展的建议,得到了时任海南省委书记王岐山、省长汪啸风和国家民航总局局长杨元元的肯定。十六大结束之后,陈峰安排了一场北京见面会,三位领导者就海南航权开放进行第一次高层对接。

2003年1月16日,在省委、省政府的支持和帮助下,海航完成了《关于海南开放航权的可行性研究报告》。

当年2月28日,省政府向国家民航总局递交了《关于商请将海南作为开放第五航权和第六航权试点地区的函》。在向国家民航总局申述的试点理由中,海南地缘上的劣势变成了天空开放的优势:首先,海南是个岛屿地区,地理位置相对独立,即使试点失败也不会对国内航空运输市场造成太大冲击;其次,海南是中国最大的经济特区;第三,海南大力发展国际休闲度假游,其自身开放度已具备了天空开放的软环境。

很快进入3月,国际民航组织的第五届全球航空运输大会在加拿大蒙特利尔召开。这次大会的主题是"自由化的挑战与机遇",从某种意义上加速了中国开放航权的进程——中国民航业只有在国际舞台上竞争,才能从航空大国走向航空强国。

作为"中国改革开放试验田"的海南,走进了中国民航业的视线。特区省的特殊身份和地位,使海南在对外开放的各个环节享受了许多独有的政策,这对与航空开放实现对接非常有利。3月24日,国家民航总局正式批复,建议将海南作为中国民航开放第三、四、五航权的试点地区。

国际民航业第三、四、五航权,是指民用航空器目的地上下旅客和货权以及经停第三国境内某点上下旅客和货物权。开放第三、四、五航权,意味着取消了长期以来国与国"航空对等"的限制,各国航空公司可以根据市场需求,确定是否开辟通往某国某机场的航线,而且承运人的数量、交通量、班次、运营规则和机型均不受限制。这意味着,海南将成为中国最自由的天空。2004年4月2日,国家民航总局又追发了《关于对营运海南航线的国外航空公司扩大经营权的复函》：允许国外航空公司经营的至海口和三亚的国际航线，逐步延伸到内地除了北京、上海、广州的所有对国际航班开放的城市；从海口和三亚延伸至上述城市以及这些城市延伸到海口和三亚的国际航线可享有中途分程权。中途分程权，意味着整个中国天空将以海南为跳板，间接地向国际开放。

时任海南省副省长的刘琦这样评价，"这两个必定要载入中国民航业开放史册的批复，令海南成为国际社会观察中国航空自由化进程的'风向标'。"

3）突破海南航权开放的政策瓶颈

在海南发展史上，这是继建省办特区后力度最大的一次开放，也是海南二次腾飞的机遇。

2003年12月24日，哈萨克斯坦航空公司执飞了海南航权开放试点后的第一个国际航班：阿拉木图—成都—三亚航班。当年，海南就新开和恢复了23条国际、地区航线，其中新开辟国际航线12条，新增国际航班306架次。

之后，海南制定了一系列吸引国际和境外地区航班的优惠政策，并连续几年在国际航空市场和国际旅游客源市场开发、增长幅度方面名列全国前茅。

然而，海南航权开放的"终极梦想"，是成为中国南部、接连中东欧与亚太地区的一个地区性国际航空枢纽。很快，航路问题摆在面前——往返东南亚的国际航班必须绕道香港或者南宁，往返日韩和欧洲的飞行也缺少便捷的国际航线，造成航线绕行大、航程长、耗时多、成本高。

对于海防前哨的海南，调整航路不但意味着对外航线增加，而且在空域监管、日常训练上给部队增加相当难度。2007年2月16日，国家批准海南新开辟和对外开放海南地区部分航段，实现了"南面开口，北面开放"，即从海南本岛上空开辟一条南下通道，对接南海上空的国际航路和北部湾上空的国际航路，并对境外航空公司开放北上部分航路，形成向南和向北两个完整的航空扇面。

这是海南航权开放政策瓶颈的历史性突破。以三亚—新加坡航线为例，过去来回航程6311千米，调整航路后来回航程只需4087千米，可节省航油6436千克，综合成本可以减少12.3万元。

当年8月30日起，新航路正式执飞。9月7日，新加坡丰欣虎航空公司的TR937航班首个执飞新航路，从海口美兰国际机场飞向新加坡樟宜机场仅需要3小时，比航路调整前缩减了整整1小时。

这标志着海南开放航权已跨上一个新的台阶，海南的"自由蓝天梦"终于得以实现。

作为中国民航业第一家经过规范化改造的股份制企业和国内第一家中外合资的航空公司，海航在这场政策和市场的博弈中，既是积极的推动者和参与者，无疑也是开放航权的最大赢家。

海南被辟为航权开放的试点，使海航国际化有了更加积极的外力推动，改变了当时只有一条飞汉城的国际航线的局面。海航相继开通了"三亚—汉城"首条国际航线、"海口—北京—布达佩斯""北京—西雅图"洲际航线等数十条国际定期、包机航线。海航有机会从国内航空公司价格战的泥潭中抽出一只脚来,拓宽国际化生存的通道。"

4) 天空开放加速海南旅游腾飞

国际航空实践表明,哪里开放航权,哪里的航运市场就发达,就能带动旅游业及相关产业的发展。航权开放直接改变了来琼旅游的客源结构,引来了大量国际游客。据统计,2002年海南接待的游客1256万人次,其中外国游客不到40万人次;2008年海南接待游客已达2060万人次,其中接待入境游客近100万人次,海南已成为日韩、东南亚、俄罗斯等国家和港、澳、台地区游客度假休闲旅游的重要目的地。海南的度假旅游资源非常丰富,缺的恰恰是知名度,开放航权等于帮助海南在国际上制造一个大热点,使海南度假旅游品牌有条件打出去。

"航权开放对海南的重大意义,在于对海南现有开放政策的深化和整合。"前省航权办主任王欣把航权试点比作串项链的丝线,颗颗珍珠就是海南已有的一些开放政策。

海南航权开放才刚起步,对航权政策运用仍存在不足。省航权办有关负责人说,包括中途分程权政策亟需与内地各城市形成配套制度、进口航材减税优惠问题、"南面开口、北面开放"部分航路航段调整的实施、国际航空客源市场促销等瓶颈,仍需要逐一突破。

尽管在实际运行中仍存在着这样或那样的问题,但不可否认,航权开放给海南带来了滚滚客源和无限商机。截至2008年8月,海南航权开放以来执飞海南国际、地区航线的航空公司已达36家,开辟固定航线15条、包机航线41条;飞机起飞架次累计28059架次,年均增长24%;出入境旅客累计287.75万人次,年均增长32.5%。

2. 宁夏面向阿拉伯筹建"天空特区"

2013年8月中旬,中国民航局与阿联酋民航局在银川举行双边航空会谈,双方达成一致意见:中国将对阿联酋开放银川河东机场的第三、四、五航权;同时同意阿联酋航空公司开通迪拜经停银川到达郑州的航线,每周4个航班。此外,还同意阿联酋开通到乌鲁木齐、西宁、喀什等城市的航线。

2001年加入世贸组织以后,作为我国落实对外开放政策的动作之一,海南在2003年成为我国开放第三、四、五航权的第一个试点;10年之后,宁夏成为继海南之后,获得第三、四、五航权开放政策的第二个试点。同时,宁夏由此也成为我国第九个获得第五航权的地区。

"获得第三、四、五航权,对宁夏面向阿拉伯开放开发意义重大,宁夏由此获得了建设内陆开放型经济试验区的重要支点。"宁夏回族自治区商务厅厅长何正荣在接受本报记者采访时表示,在自治区党委和政府推动下,宁夏将围绕航权开放做足文章,近期目标是开辟航线;中期目标是对标阿联酋的迪拜,将银川建设成为面向阿拉伯国家的航空门户;远期目标则是建立"天空特区",使银川成为通往阿拉伯世界的航空枢纽。

1) 开放第三、四、五航权

据了解,阿联酋航空公司于2002年开通了由迪拜至上海的每周两次的货运航班服务,此后又在2004年开通客运航班,成为第一家与中国大陆建立直飞关系的中东航空公司。

2012年是阿联酋航空公司开通中国航线10周年。2012年5月,宁夏开始与阿联酋方面进行航空谈判;2012年9月,时任国务院副总理的李克强在第三届中阿经贸论坛开幕式上宣布,同意在宁夏设立内陆开放型经济试验区,宁夏内陆开放型经济试验区的两大战略任务就是"向西开放"和"面向阿拉伯开放",航空谈判由此加速。

8月13日,由阿联酋民航总局局长赛义夫·默罕默德领衔的,包括阿联酋航空公司、阿拉伯航空公司、飞翔迪拜航空公司、阿提哈德航空公司代表在内的21人代表团抵达宁夏银川,经过几天谈判,中阿两国民航局代表双方政府签订了合作协议。

银川面向阿联酋开放第三、四、五航权,不仅意味着中国和阿联酋的客货班机可以对飞,而且意味着阿联酋的客货班机经停银川下人下货、上人上货,然后前往其他国家,相当于增加了银川到其他国家的国际航线。

此外,我国民航局还允许阿联酋每周4个客货班机经停银川然后飞往郑州,对宁夏来说,这相当于在初期阶段银川每周不仅有了4个直达迪拜的国际航班,而且增加了每周4个银川至郑州的往返航班。

2) "一石二鸟"的政策

迪拜未来将成为银川的对标城市,宁夏将以航空为支点,谋求更多开放政策,最终目标是将银川建设成迪拜那样的"天空开放城市"。

按照此前中国和阿联酋的航权协议,双方每周有56个对飞航班,阿联酋方面的航班早已安排满了,但我国每周前往阿联酋的航班只有20多个,所以阿联酋方面希望的是我国开放更多航线,而我国的对飞需求较少。

通过此次谈判,我国一是落实了对于宁夏内陆开放型经济试验区的政策支持,二是通过阿联酋经停银川到达郑州的航班安排,也落实了对于郑州航空港综合试验区的政策支持,可谓是"一石二鸟"之举。

"阿联酋甚至不想和宁夏谈判,但宁夏内陆开放型经济试验区是我国国家战略,国家支持宁夏面向阿拉伯开放航权。"知情人士表示,宁夏是人口规模、国土面积以及经济总量都比较小的省份,"对方在新增航线的时候也会考虑到人和货的状况",但既然是双方谈判,利益博弈就不可避免。

统计数据显示,自中国和阿联酋开通货运航班以来,双边贸易已经从2002年的31.2亿美元增加到2011年156亿美元(非石油贸易额),增长将近4倍;中国已经成为阿联酋的第二大贸易伙伴,中国出口阿联酋的主要是电子产品、录音设备、照相机、钢铁产品等,进口的主要是能源、钢铁及其制品。其中,中国年产值超过25亿美元的清真食品颇受阿拉伯市场欢迎。

"未来银川和迪拜之间是一个空中通道的概念。"中国国情与发展研究所所长贾文广表示,阿联酋是阿拉伯世界的主要国家之一,迪拜是阿拉伯世界的门户,宁夏是我国穆斯林聚集地区,银川是宁夏的门户,双方在航空上的对接有利于将银川建设成为面向阿拉伯世界的航空门户。

何正荣表示,宁夏党委和政府加大力度深化对外开放,未来将会利用航权开放这个重要支点,围绕贸易便利化、投资便利化、货币兑换便利化三个方面设计配套政策,利用好国家赋予宁夏的政策红利,真正把宁夏建设成面向阿拉伯的内陆开放政策高地。

迪拜未来将成为银川的对标城市,宁夏将以航空为支点,谋求更多开放政策,最终目标是将银川建设成迪拜那样的"天空开放城市"。

资料显示,阿联酋已经和全球159个国家签署航空协议,其中与119个国家签订的是天空开放或者完全自由协定。在全球的机场排名中,迪拜机场是仅次于伦敦希思罗机场、巴黎戴高乐机场、香港赤鱲角国际机场的全球第四大机场。目前,航空业对阿联酋来说是支柱产业之一,对国内生产总值的直接贡献率在15%~20%之间。

【本章小结】

世界航空运输随着全球经济的发展而发展,经济的全球化促进了国际航空运输自由化的推进。在国际航空运输自由化的过程中放松管制和天空开放贯穿始终,本章主要介绍世界航空运输的发展现状、航空运输自由化的进程、航空联盟的产生和发展、联盟成员之间的合作方式、航空公司兼并重组等方面的内容,使学生逐步了解"自由天空"下的航空运输发展现状。

【自我检测】

(1) 什么是天空开放?
(2) 什么是航权?
(3) 航权主要分为哪几类?
(4) 世界上主要的航空联盟有哪些?我国哪些航空公司加入了航空联盟?
(5) 航空联盟的合作方式有哪些?
(6) 航空公司兼并重组的主要形式有哪些?

附 录

附录一
中国民用航空旅客、行李国内运输规则(部分章节)

第一章 总 则

第一条 为了加强对旅客、行李国内航空运输的管理,保护承运人和旅客的合法权益,维护正常的航空运输秩序,根据《中华人民共和国民用航空法》制定本规则。

第二条 本规则适用于以民用航空器运送旅客、行李而收取报酬的国内航空运输及经承运人同意而办理的免费国内航空运输。

本规则所称"国内航空运输",是指根据旅客运输合同,其出发地、约定经停地和目的地均在中华人民共和国境内的航空运输。

第三条 本规则中下列用语,除具体条款中有其他要求或另有明确规定外,含义如下:

(一)"承运人"指包括填开客票的航空承运人和承运或约定承运该客票所列旅客及其行李的所有航空承运人。

(二)"销售代理人"指从事民用航空运输销售代理业的企业。

(三)"地面服务代理人"指从事民用航空运输地面服务代理业务的企业。

(四)"旅客"指经承运人同意在民用航空器上载运除机组成员以外的任何人。

(五)"团体旅客"指统一组织的人数在10人以上(含10人),航程、乘机日期和航班相同的旅客。

(六)"儿童"指年龄满两周岁但不满十二周岁的人。

(七)"婴儿"指年龄不满两周岁的人。

(八)"定座"指对旅客预定的座位、舱位等级或对行李的重量、体积的预留。

(九)"合同单位"指与承运人签订定座、购票合同的单位。

(十)"航班"指飞机按规定的航线、日期、时刻的定期飞行。

(十一)"旅客定座单"指旅客购票前必须填写的供承运人或其销售代理人据以

办理定座和填开客票的业务单据。

（十二）"有效身份证件"指旅客购票和乘机时必须出示的由政府主管部门规定的证明其身份的证件。如：居民身份证、按规定可使用的有效护照、军官证、警官证、士兵证、文职干部或离退休干部证明，16 周岁以下未成年人的学生证、户口簿等证件。

（十三）"客票"指由承运人或代表承运人所填开的被称为"客票及行李票"的凭证，包括运输合同条件、声明、通知以及乘机联和旅客联等内容。

（十四）"联程客票"指列明有两个（含）以上航班的客票。

（十五）"来回程客票"指从出发地至目的地并按原航程返回原出发地的客票。

（十六）"定期客票"指列明航班、乘机日期和定妥座位的客票。

（十七）"不定期客票"指未列明航班、乘机日期和未定妥座位的客票。

（十八）"乘机联"指客票中标明"适用于运输"的部分，表示该乘机联适用于指定的两个地点之间的运输。

（十九）"旅客联"指客票中标明"旅客联"的部分，始终由旅客持有。

（二十）"误机"指旅客未按规定时间办妥乘机手续或因旅行证件不符合规定而未能乘机。

（二十一）"漏乘"指旅客在航班始发站办理乘机手续后或在经停站过站时未搭乘上指定的航班。

（二十二）"错乘"指旅客乘坐了不是客票上列明的航班。

（二十三）"行李"指旅客在旅行中为了穿着、使用、舒适或方便的需要而携带的物品和其他个人财物。除另有规定者外，包括旅客的托运行李和自理行李。

（二十四）"托运行李"指旅客交由承运人负责照管和运输并填开行李票的行李。

（二十五）"自理行李"指经承运人同意由旅客自行负责照管的行李。

（二十六）"随身携带物品"指经承运人同意由旅客自行携带乘机的零星小件物品。

（二十七）"行李牌"指识别行李的标志和旅客领取托运行李的凭证。

（二十八）"离站时间"指航班旅客登机后，关机门的时间。

第四条 承运人的航班班期时刻应在实施前对外公布。承运人的航班班期时刻不得任意变更。但承运人为保证飞行安全、急救等特殊需要，可依照规定的程序进行调整。

第二章 定　　座

第五条 旅客在定妥座位后，凭该定妥座位的客票乘机。

承运人可规定航班开始和截止接受定座的时限，必要时可暂停接受某一航班的定座。

不定期客票应在向承运人定妥座位后才能使用。

合同单位应按合同的约定定座。

第六条 已经定妥的座位,旅客应在承运人规定或预先约定的时限内购买客票,承运人对所定座位在规定或预先约定的时限内应予以保留。

承运人应按旅客已经定妥的航班和舱位等级提供座位。

第七条 旅客持有定妥座位的联程或来回程客票,如在该联程或回程地点停留72小时以上,须在联程或回程航班离站前两天中午12点以前,办理座位再证实手续,否则原定座位不予保留。如旅客到达联程或回程地点的时间离航班离站时间不超过72小时,则不需办理座位再证实手续。

第三章 客 票

第八条 客票为记名式,只限客票上所列姓名的旅客本人使用,不得转让和涂改,否则客票无效,票款不退。

客票应当至少包括下列内容:

(一)承运人名称;

(二)出票人名称、时间和地点;

(三)旅客姓名;

(四)航班始发地点、经停地点和目的地点;

(五)航班号、舱位等级、日期和离站时间;

(六)票价和付款方式;

(七)票号;

(八)运输说明事项。

第九条 旅客应在客票有效期内,完成客票上列明的全部航程。

旅客使用客票时,应交验有效客票,包括乘机航段的乘机联和全部未使用并保留在客票上的其他乘机联和旅客联,缺少上述任何一联,客票即为无效。

国际和国内联程客票,其国内联程段的乘机联可在国内联程航段使用,不需换开成国内客票;旅客在我国境外购买的用国际客票填开的国内航空运输客票,应换开成我国国内客票后才能使用。

承运人及其销售代理人不得在我国境外使用国内航空运输客票进行销售。

定期客票只适用于客票上列明的乘机日期和航班。

第十条 客票的有效期为:

(一)客票自旅行开始之日起,一年内运输有效。如果客票全部未使用,则从填开客票之日起,一年内运输有效。

(二)有效期的计算,从旅行开始或填开客票之日的次日零时起至有效期满之日的次日零时止。

第十一条 承运人及其代理人售票时应该认真负责。

由于承运人的原因,造成旅客未能在客票有效期内旅行,其客票有效期将延长到承运人能够安排旅客乘机为止。

第四章 票　　价

第十二条　客票价指旅客由出发地机场至目的地机场的航空运输价格,不包括机场与市区之间的地面运输费用。

客票价为旅客开始乘机之日适用的票价。客票出售后,如票价调整,票款不作变动。

运价表中公布的票价,适用于直达航班运输。如旅客要求经停或转乘其他航班时,应按实际航段分段相加计算票价。

第十三条　旅客应按国家规定的货币和付款方式交付票款,除承运人与旅客另有协议外,票款一律现付。

第五章 购　　票

第十四条　旅客应在承运人或其销售代理人的售票处购票。

旅客购票凭本人有效身份证件或公安机关出具的其他身份证件,并填写《旅客定座单》。

购买儿童票、婴儿票,应提供儿童、婴儿出生年月的有效证明。

重病旅客购票,应持有医疗单位出具的适于乘机的证明,经承运人同意后方可购票。

每一旅客均应单独填开一本客票。

第十五条　革命残废军人凭《革命残废军人抚恤证》,按适用票价的80%购票。

儿童按适用成人票价的50%购买儿童票,提供座位。

婴儿按适用成人票价的10%购买婴儿票,不提供座位;如需要单独占用座位时,应购买儿童票。

每一成人旅客携带婴儿超过一名时,超过的人数应购儿童票。

第十六条　承运人或其销售代理人应根据旅客的要求,出售联程、来回程客票。

第十七条　售票场所应设置班期时刻表、航线图、航空运价表和旅客须知等必备资料。

第六章 客票变更

第十八条　旅客购票后,如要求改变航班、日期、舱位等级,承运人及其销售代理人应根据实际可能积极办理。

第十九条　航班取消、提前、延误、航程改变或不能提供原定座位时,承运人应优先安排旅客乘坐后续航班或签转其他承运人的航班。

因承运人的原因,旅客的舱位等级变更时,票款的差额多退少不补。

第二十条　旅客要求改变承运人,应征得原承运人或出票人的同意,并在新的承运人航班座位允许的条件下予以签转。

本规则第十九条第一款所列情况要求旅客变更承运人时,应征得旅客及被签转承运人的同意后,方可签转。

第十章 乘 机

第三十二条 旅客应当在承运人规定的时限内到达机场,凭客票及本人有效身份证件按时办理客票查验、托运行李、领取登机牌等乘机手续。

承运人规定的停止办理乘机手续的时间,应以适当方式告知旅客。

承运人应按时开放值机柜台,按规定接受旅客出具的客票,快速、准确地办理值机手续。

第三十三条 乘机前,旅客及其行李必须经过安全检查。

第三十四条 无成人陪伴儿童、病残旅客、孕妇、盲人、聋人或犯人等特殊旅客,只有在符合承运人规定的条件下经承运人预先同意并在必要时做出安排后方予载运。

传染病患者、精神病患者或健康情况可能危及自身或影响其他旅客安全的旅客,承运人不予承运。

根据国家有关规定不能乘机的旅客,承运人有权拒绝其乘机,已购客票按自愿退票处理。

第三十五条 旅客误机按下列规定处理:

(一)旅客如发生误机,应到乘机机场或原购票地点办理改乘航班、退票手续。

(二)旅客误机后,如要求改乘后续航班,在后续航班有空余座位的情况下,承运人应积极予以安排,不收误机费。

(三)旅客误机后,如要求退票,承运人可以收取适当的误机费。

旅客漏乘按下列规定处理:

(一)由于旅客原因发生漏乘,旅客要求退票,按本条第一款的有关规定办理。

(二)由于承运人原因旅客漏乘,承运人应尽早安排旅客乘坐后续航班成行。如旅客要求退票,按本规则第二十三条规定办理。

旅客错乘按下列规定处理:

(一)旅客错乘飞机,承运人应安排错乘旅客搭乘最早的航班飞往旅客客票上的目的地,票款不补不退。

(二)由于承运人原因旅客错乘,承运人应尽早安排旅客乘坐后续航班成行。如旅客要求退票,按本规则第二十三条规定办理。

第十一章 行李运输

第三十六条 承运人承运的行李,只限于符合本规则第三条第二十三项定义范围内的物品。

承运人承运的行李,按照运输责任分为托运行李、自理行李和随身携带物品。

重要文件和资料、外交信袋、证券、货币、汇票、贵重物品、易碎易腐物品,以及其他需要专人照管的物品,不得夹入行李内托运。承运人对托运行李内夹带上述物品的遗失或损坏按一般托运行李承担赔偿责任。

国家规定的禁运物品、限制运输物品、危险物品,以及具有异味或容易污损飞机的其他物品,不能作为行李或夹入行李内托运。承运人在收运行李前或在运输过程中,发现行李中装有不得作为行李或夹入行李内运输的任何物品,可以拒绝收运或随时终止运输。

旅客不得携带管制刀具乘机。管制刀具以外的利器或钝器应随托运行李托运,不能随身携带。

第三十七条 托运行李必须包装完善、锁扣完好、捆扎牢固,能承受一定的压力,能够在正常的操作条件下安全装卸和运输,并应符合下列条件,否则,承运人可以拒绝收运:

(一)旅行箱、旅行袋和手提包等必须加锁;

(二)两件以上的包件,不能捆为一件;

(三)行李上不能附插其他物品;

(四)竹篮、网兜、草绳、草袋等不能作为行李的外包装物;

(五)行李上应写明旅客的姓名、详细地址、电话号码。

托运行李的重量每件不能超过 50 公斤,体积不能超过 40×60×100 厘米,超过上述规定的行李,须事先征得承运人的同意才能托运。

自理行李的重量不能超过 10 公斤,体积每件不超过 20×40×55 厘米。

随身携带物品的重量,每位旅客以 5 公斤为限。持头等舱客票的旅客,每人可随身携带两件物品;持公务舱或经济舱客票的旅客,每人只能随身携带一件物品。每件随身携带物品的体积均不得超过 20×40×55 厘米。超过上述重量、件数或体积限制的随身携带物品,应作为托运行李托运。

第三十八条 每位旅客的免费行李额(包括托运和自理行李):持成人或儿童票的头等舱旅客为 40 公斤,公务舱旅客为 30 公斤,经济舱旅客为 20 公斤。持婴儿票的旅客,无免费行李额。

搭乘同一航班前往同一目的地的两个以上的同行旅客,如在同一时间、同一地点办理行李托运手续,其免费行李额可以按照各自的客票价等级标准合并计算。

构成国际运输的国内航段,每位旅客的免费行李额按适用的国际航线免费行李额计算。

第三十九条 旅客必须凭有效客票托运行李。承运人应在客票及行李票上注明托运行李的件数和重量。

承运人一般应在航班离站当日办理乘机手续时收运行李;如团体旅客的行李过多,或因其他原因需要提前托运时,可与旅客约定时间、地点收运。

承运人对旅客托运的每件行李应拴挂行李牌,并将其中的识别联交给旅客。经承运人同意的自理行李应与托运行李合并计重后,交由旅客带入客舱自行照管,并在行李上拴挂自理行李牌。

不属于行李的物品应按货物托运,不能作为行李托运。

第四十条 旅客的逾重行李在其所乘飞机载量允许的情况下,应与旅客同机运送。旅客应对逾重行李付逾重行李费,逾重行李费率以每公斤按经济舱票价的1.5%计算,金额以元为单位。

第四十一条 承运人为了运输安全,可以会同旅客对其行李进行检查;必要时,可会同有关部门进行检查。如果旅客拒绝接受检查,承运人对该行李有权拒绝运输。

第四十二条 旅客的托运行李,应与旅客同机运送,特殊情况下不能同机运送时,承运人应向旅客说明,并优先安排在后续的航班上运送。

第四十三条 旅客的托运行李,每公斤价值超过人民币50元时,可办理行李的声明价值。

承运人应按旅客声明的价值中超过本条第一款规定限额部分的价值的5‰收取声明价值附加费。金额以元为单位。

托运行李的声明价值不能超过行李本身的实际价值。每一旅客的行李声明价值最高限额为人民币8000元。如承运人对声明价值有异议而旅客又拒绝接受检查时,承运人有权拒绝收运。

第四十四条 小动物是指家庭饲养的猫、狗或其他小动物。小动物运输,应按下列规定办理:

旅客必须在定座或购票时提出,并提供动物检疫证明,经承运人同意后方可托运。

旅客应在乘机的当日,按承运人指定的时间,将小动物自行运到机场办理托运手续。

装运小动物的容器应符合下列要求:

(一)能防止小动物破坏、逃逸和伸出容器以外损伤旅客、行李或货物。

(二)保证空气流通,不致使小动物窒息。

(三)能防止粪便渗溢,以免污染飞机、机上设备及其他物品。

旅客携带的小动物,除经承运人特许外,一律不能放在客舱内运输。

小动物及其容器的重量应按逾重行李费的标准单独收费。

第四十五条 外交信袋应当由外交信使随身携带,自行照管。根据外交信使的要求,承运人也可以按照托运行李办理,但承运人只承担一般托运行李的责任。

外交信使携带的外交信袋和行李,可以合并计重或计件,超过免费行李额部分,按照逾重行李的规定办理。

外交信袋运输需要占用座位时,必须在定座时提出,并经承运人同意。

外交信袋占用每一座位的重量限额不得超过75公斤,每件体积和重量的限制与行李相同。占用座位的外交信袋没有免费行李额,运费按下列两种办法计算,取其高者：

（一）根据占用座位的外交信袋实际重量，按照逾重行李费率计算运费；

（二）根据占用座位的外交信袋占用的座位数，按照运输起讫地点之间，与该外交信使所持客票票价级别相同的票价计算运费。

第四十六条 旅客的托运行李、自理行李和随身携带物品中，凡夹带国家规定的禁运物品、限制携带物品或危险物品等，其整件行李称为违章行李。对违章行李的处理规定如下：

（一）在始发地发现违章行李，应拒绝收运；如已承运，应取消运输，或将违章夹带物品取出后运输，已收逾重行李费不退。

（二）在经停地发现违章行李，应立即停运，已收逾重行李费不退。

（三）对违章行李中夹带的国家规定的禁运物品、限制携带物品或危险物品，交有关部门处理。

第四十七条 由于承运人的原因，需要安排旅客改乘其他航班，行李运输应随旅客作相应的变更，已收逾重行李费多退少不补；已交付的声明价值附加费不退。

行李的退运按如下规定办理：

（一）旅客在始发地要求退运行李，必须在行李装机前提出。如旅客退票，已托运的行李也必须同时退运。以上退运，均应退还已收逾重行李费。

（二）旅客在经停地退运行李，该航班未使用航段的已收逾重行李费不退。

（三）办理声明价值的行李退运时，在始发地退还已交付的声明价值附加费，在经停地不退已交付的声明价值附加费。

第四十八条 旅客应在航班到达后立即在机场凭行李牌的识别联领取行李。必要时，应交验客票。

承运人凭行李牌的识别联交付行李，对于领取行李的人是否确系旅客本人，以及由此造成的损失及费用，不承担责任。

旅客行李延误到达后，承运人应立即通知旅客领取，也可直接送达旅客。

旅客在领取行李时，如果没有提出异议，即为托运行李已经完好交付。

旅客遗失行李牌的识别联，应立即向承运人挂失。旅客如要求领取行李，应向承运人提供足够的证明，并在领取行李时出具收据。如在声明挂失前行李已被冒领，承运人不承担责任。

第四十九条 无法交付的行李，自行李到达的次日起，超过 90 天仍无人领取，承运人可按照无法交付行李的有关规定处理。

第五十条 行李运输发生延误、丢失或损坏，该航班经停地或目的地的承运人或其代理人应会同旅客填写《行李运输事故记录》，尽快查明情况和原因，并将调查结果答复旅客和有关单位。如发生行李赔偿，在经停地或目的地办理。

因承运人原因使旅客的托运行李未能与旅客同机到达，造成旅客旅途生活的不便，在经停地或目的地应给予旅客适当的临时生活用品补偿费。

第五十一条 旅客的托运行李全部或部分损坏、丢失,赔偿金额每公斤不超过人民币 50 元。如行李的价值每公斤低于 50 元时,按实际价值赔偿。已收逾重行李费退还。

旅客丢失行李的重量按实际托运行李的重量计算,无法确定重量时,每一旅客的丢失行李最多只能按该旅客享受的免费行李额赔偿。

旅客的丢失行李如已办理行李声明价值,应按声明的价值赔偿,声明价值附加费不退。行李的声明价值高于实际价值时,应按实际价值赔偿。

行李损坏时,按照行李降低的价值赔偿或负担修理费用。

由于发生在上、下航空器期间或航空器上的事件造成旅客的自理行李和随身携带物品灭失,承运人承担的最高赔偿金额每位旅客不超过人民币 2000 元。

构成国际运输的国内航段,行李赔偿按适用的国际运输行李赔偿规定办理。

已赔偿的旅客丢失行李找到后,承运人应迅速通知旅客领取,旅客应将自己的行李领回,退回全部赔款。临时生活用品补偿费不退。发现旅客有明显的欺诈行为,承运人有权追回全部赔款。

第五十二条 旅客的托运行李丢失或损坏,应按法定时限向承运人或其代理人提出赔偿要求,并随附客票(或影印件)、行李牌的识别联、《行李运输事故记录》、证明行李内容和价格的凭证以及其他有关的证明。

第十二章 旅客服务

第一节 一般服务

第五十三条 承运人应当以保证飞行安全和航班正常,提供良好服务为准则,以文明礼貌、热情周到的服务态度,认真做好空中和地面的旅客运输的各项服务工作。

第五十四条 从事航空运输旅客服务的人员应当经过相应的培训,取得上岗合格证书。

未取得上岗合格证书的人员不得从事航空运输旅客服务工作。

第五十五条 在航空运输过程中,旅客发生疾病时,承运人应积极采取措施,尽力救护。

第五十六条 空中飞行过程中,承运人应根据飞行时间向旅客提供饮料或餐食。

第二节 不正常航班的服务

第五十七条 由于机务维护、航班调配、商务、机组等原因,造成航班在始发地延误或取消,承运人应当向旅客提供餐食或住宿等服务。

第五十八条 由于天气、突发事件、空中交通管制、安检以及旅客等非承运人原因,造成航班在始发地延误或取消,承运人应协助旅客安排餐食和住宿,费用可由旅客自理。

第五十九条 航班在经停地延误或取消,无论何种原因,承运人均应负责向经停旅客提供膳宿服务。

第六十条 航班延误或取消时,承运人应迅速及时将航班延误或取消等信息通知旅客,做好解释工作。

第六十一条 承运人和其他各保障部门应相互配合,各司其职,认真负责,共同保障航班正常,避免不必要的航班延误。

第六十二条 航班延误或取消时,承运人应根据旅客的要求,按本规则第十九条、第二十三条的规定认真做好后续航班安排或退票工作。

第十三章 附 则

第六十三条 本规则自1996年3月1日起施行。中国民用航空局1985年1月1日制定施行的《旅客、行李国内运输规则》同时废止。

附录二
中国航空运输协会章程

中国航空运输协会章程

第一章 总 则

第一条 本协会名称:中国航空运输协会,简称:中国航协。英文译名:CHINA AIR TRANSPORT ASSOCIATION, 缩写:CATA。

第二条 本协会是依据我国有关法律规定,以民用航空公司为主体,由企、事业法人和社团法人自愿参加结成的、行业性的、不以营利为目的、经中华人民共和国民政部核准登记注册的全国性社团法人。

第三条 本协会的宗旨是:遵守宪法、法律法规和国家的方针政策。按照社会主义市场经济体制要求,努力为航空运输企业服务,维护行业和航空运输企业的合法权利,为会员单位之间及会员单位与政府部门之间的沟通,发挥桥梁和纽带作用。

第四条 本协会的业务主管单位是中国民用航空总局。接受民航总局的业务指导和国家社会团体登记机关的监督管理。

第五条 本协会会址设在北京市。

第二章 业务范围

第六条 本协会的业务范围:(一)宣传、贯彻党和国家关于民航业的路线方针政策、法律法规、标准制度及有关文件精神。(二)研究国际国内民航市场发展形势、经济形势和世界动向,探讨航空运输企业建设、改革和发展中的理论与实践问题,在改革开放、发展战略、产业政策、科技进步、市场开拓、技术标准、行业立法等方面,为政府提供信息,并及时向政府有关部门反映会员单位的意见和建议。通过政策性建议,争取政府有关部门的指导和支持,为航空运输企业提供管理咨询等。(三)根据民航总局的授权、政府部门的委托及会员单位的要求,组织对有关专业人员进行培训和资质、资格认证。(四)传播国际国内航空运输企业先进文化,组织举办航展、会展。(五)编辑出版协会刊物,为会员单位及航空理论专家、学者、业内人士提供知识、经验、学术交流平台。(六)组织国内外培训考察活动,开展会员单位间的业务交流与合作,促进航空运输企业核心竞争力的提高和持续发展。(七)协调会员单位之间各方面的关系,建立起公平竞争、相互发展的经济关系。(八)为了祖国的统一,早日实现与台湾直航,积极协助政府主管部门,加强海峡两岸民航界的联系。(九)督导做好航空销售代理人的自律工作,监督并约束会员单位业务代理的行为规范,反对不正当竞争,维护航空运输企业的合法权益。(十)在飞机引进、市场准入、基地设置等资源配置方面,为业务主管单位和航空运输企业提供评估报告,作为其决策依据之一。(十一)中国民航总局委托承办的其他业务。

第三章 会 员

第七条 企、事业法人、社团法人均可成为本协会的单位会员。

第八条 申请加入本协会的条件:(一)拥护本协会的章程;(二)有加入本团体的意愿,提出书面申请;(三)在本协会的业务领域内具有一定的影响。

第九条 会员入会的程序:(一)提交入会申请书;(二)经理事会讨论通过;(三)协会履行有关手续;(四)协会秘书处发给会员证。

第十条 本协会会员享有以下权利:(一)行使表决权和选举权,有被选举权;(二)参加协会组织的活动;(三)优先获得协会提供的服务;(四)对协会工作进行批评和监督,提出意见和建议;(五)入会自愿,退会自由。

第十一条 本协会会员履行以下义务:(一)遵守章程,执行决议;(二)维护本协会的合法权益;(三)完成本协会委托和交办的各项工作;(四)按时交纳会费;(五)向协会提供有关信息和数据资料。

第十二条 会员退会应事先书面通知协会,并交回会员证。会员二年不缴纳会费,经催缴仍不缴纳的单位或已经依法注销的单位,视为自动退会。

第十三条 会员如有严重违反本协会章程的行为,经理事会决定予以除名。

第四章 组织机构和负责人的产生、罢免

第十四条 本协会的最高权力机构是会员大会。会员大会的职权是:(一)制定和修改章程;(二)选举和罢免理事;(三)审议和通过会徽;(四)审议理事会的工作报告和财务报告;(五)决定终止事项;(六)决定其他重大事宜。

第十五条 会员大会须有三分之二以上的会员出席方能召开,其决议须经到会会员半数以上表决通过方能生效。

第十六条 会员大会每届三年。因特殊情况需提前或延期换届的,须由理事会表决通过,报业务主管单位审查,并经社团登记管理机关批准同意。但延期换届最长不超过一年。

第十七条 理事会是会员大会的执行机构。在会员大会闭会期间,领导协会工作,对会员大会负责。

第十八条 理事会的职权是:(一)执行会员大会的决议;(二)选举和罢免理事长、副理事长、秘书长;(三)筹备召开会员大会;(四)向会员大会报告工作和财务状况;(五)决定会员的吸收和除名;(六)决定设立办事机构、分支机构(专业委员会)、代表机构和实体机构。(七)制定协会内部管理制度;(八)领导本协会各机构开展工作;(九)决定其他重大事项。

第十九条 理事会须有三分之二以上理事出席方能召开,其决议须经到会理事三分之二以上表决通过方能生效。

第二十条 理事会每年至少召开一次会议,必要时可提前或延期召开,情况特殊时可采用其他形式召开。

第二十一条 本协会设理事长、常务副理事长、副理事长。理事长、常务副理事长由理事长、副理事长单位依次轮流担任。(一)理事长或常务副理事长主持协会工作。(二)协会有必要设名誉理事长和顾问时,由理事会聘任。(三)遇有必要递补理事时,由理事会确定人选,会员代表大会予以确认。(四)理事已离退休或准备调离原工作单位,会员单位可推荐新的人选,报会员代表大会通过。(五)协会设秘书处,由秘书长和办事机构组成,负责处理协会的日常工作。

第二十二条 本协会理事长、副理事长、秘书长必须具备以下条件:(一)坚持党的路线、方针、政策,政治素质好;(二)在行业领域内,具有较大的影响和组织协调能力;(三)身体健康,能坚持正常工作;(四)理事长、副理事长、秘书长,最高任职年龄不超过70周岁,秘书长为专职。(五)未受过剥夺政治权利和刑事处罚;(六)具有完全民事行为能力。

第二十三条 本协会理事长、副理事长、秘书长,如超过最高任职年龄的,须经理事会表决通过,报业务主管单位和社团登记管理机关批准同意后,方可任职。

第二十四条 本协会理事长、副理事长、秘书长,每届任期3年。原则上不超过两届,须延长任期的,须经会员大会三分之二以上表决通过。报业务主管单位和社团登记管理机关批准同意后,方可任职。

第二十五条 秘书长为本协会的法定代表人。本协会法定代表人不兼任其他社团的法定代表人。

第二十六条 本协会理事长行使下列职权:(一)召开和主持理事会;(二)检查会员大会、理事会决议的落实情况;

第二十七条 协会秘书长行使下列职权:(一)代表协会签署重要文件;(二)主持办事机构开展日常工作,组织实施年度工作计划;(三)协调各分支机构、代表机构开展工作;(四)提名各办事机构、代表机构负责人,报理事会决定(必要时提名兼职副秘书长,报理事会决定);(五)决定办事机构、代表机构专职工作人员的聘用;(六)处理协会的其他日常工作。

第五章　资产管理、使用原则

第二十八条　本协会经费来源：（一）会费；（二）捐赠；（三）政府资助；（四）在核准的业务范围内，开展经营活动或其他服务收入；（五）利息；（六）其他合法收入。

第二十九条　本协会按照国家有关规章收取会员会费。

第三十条　本协会经费必须用于本章程规定的业务范围和事业的发展，不得在会员中分配。

第三十一条　本协会建立严格的财务管理制度，保证会计资料合法、真实、准确、完整。

第三十二条　本协会配备具有专业资格的会计人员。会计不得兼任出纳。会计人员必须进行会计核算，实行会计监督。会计人员调动工作或离职时，必须与接管人员办清交接手续。

第三十三条　本协会的资产管理必须执行国家规定的财务规章制度，接受会员大会和财政部门的监督。资产来源属于国家拨款或者社会捐赠、资助的，必须接受审计机关的监督，并将有关情况以适当方式向社会公布。

第三十四条　本协会换届或更换法定代表人之前必须接受社团登记管理机关和业务主管单位组织的财务审计。

第三十五条　本协会的资产，任何单位、个人不得侵占、私分和挪用。

第三十六条　本协会专职工作人员的工资和保险、福利待遇参照国家对事业单位的有关规定执行。

第六章　章程的修改程序

第三十七条　对本协会章程的修改，须经理事会表决通过后提交会员大会审议。

第三十八条　本协会修改的章程，须在会员大会通过后 15 个工作日内，经业务主管单位同意，并报社团登记管理机关核准后生效。

第七章　终止程序及终止后的财产处理

第三十九条　本协会完成宗旨或自行解散或由于分立、合并等原因需要注销的，经业务主管单位同意，由理事会或常务理事会提出终止动议。

第四十条　本协会终止动议须经会员大会表决通过。并报业务主管单位同意。

第四十一条　本协会终止前，须在有关部门指导下成立清算组织，清理债权债务，处理善后事宜。清算期间，不开展清算以外的活动。

第四十二条　本协会经社团登记管理机关办理注销登记手续后即为终止。

第四十三条　本协会终止后的剩余财产，在社团登记管理机关的监督下，按照国家有关规定，用于发展与本团体宗旨相关的事业。

第八章 附 则

第四十四条 本章程经 2005 年 9 月 9 日第一届会员大会表决通过。

第四十五条 本章程的解释权属本协会的理事会。

第四十六条 本章程自业务主管单位审查同意,社团登记管理机关核准之日起生效。

附录三

中华人民共和国政府和美利坚合众国政府民用航空运输协定

第一条 定义

本协定中：

（一）"航空当局"中华人民共和国方面指中国民用航空总局；美利坚合众国方面，根据职权范围分别指民用航空委员会或运输部；或双方均指受权执行上述当局目前行使的职能的其他任何当局或机构；

（二）"协定"，指本协定及其附件以及对协定和附件做出的任何修改；

（三）"公约"，指一九四四年十二月七日在芝加哥开放签字的《国际民用航空公约》，包括：

根据该公约第九十四条第一款业已生效、并且已经双方批准的任何修改；

根据该公约第九十条所通过的、对双方均有效的任何附件或其修改；

（四）"空运企业"，指提供或经营国际航班的任何航空运输企业；

（五）"指定空运企业"，指根据本协定第三条经指定并获准的空运企业；

（六）"航班"，指为取酬或出租以飞机从事旅客、行李、货物或邮件的公共运输的单项或混合定期航班；

（七）"国际航班"，指经过一个以上国家领土上空的航班；

（八）"非运输业务性经停"，指目的不在于上下旅客、行李、货物或邮件的降停。

第二条 权利的给予

一、各方给予另一方本协定规定的权利，以便其指定空运企业在本协定附件一规定的航线上建立和经营定期航班。此类航线和航班以下分别称为"规定航线"和"协议航班"。

二、在不违反本协定规定的情况下，各方指定空运企业在规定航线上经营协议航班时享有下列权利：

（一）在另一方领土内规定航线上的地点经停，以便上下国际旅客、行李、货物和邮件；

（二）经另一方航空当局同意，在另一方领土内规定航线上的地点作非运输业务性经停。

三、本条第二款(一)项的规定不应被认为是给予一方指定空运企业在另一方领土内一地点装上前往另一方领土内另一地点的旅客、行李、货物或邮件(分程业务和国内业务)的权利,但免费载运的该空运企业的人员及其家属、行李和家用物品,该空运企业代表机构所用物品和该空运企业经营协议航班所用的机上供应品和零备件,则不在此限。在双方之间交换允许任一方指定空运企业载运另一方领土内规定航线上各地点之间分程业务的权利,有待将来适当时间进行协商。

四、除非另有协议,指定空运企业在第三国境内的航路上经营协议航班,应使用双方空运企业均可使用的航路。

五、包机航空运输应按附件二的规定办理。

第三条　指定和许可

一、各方有权通过外交途径向另一方书面指定两家空运企业,在规定航线上经营协议航班,并有权撤销或更改所作的指定。在经营协议航班时,指定空运企业可经营混合航班或全货运航班,或同时经营这两类航班。

二、一方指定空运企业的主要所有权和有效管理权应属于该方或其国民。

三、另一方航空当局可要求一方指定空运企业向它证明,该空运企业有资格履行根据法律和规章所制定的条件。这些法律和规章是上述当局在国际航班的经营方面通常予以实施的。

四、在不违反本条第二和第三款以及第七条规定的情况下,缔约另一方在收到上述指定后,应给予该指定空运企业以适当的许可,在程序上尽量减少拖延。

五、业经指定并获准的空运企业可在有关许可上规定的日期或以后开始经营。

第四条　许可的撤销

一、在下列情况下,一方有权撤销和暂停业已给予另一方指定空运企业的有关许可,或对该项许可规定它认为必要的条件:

(一)如它对该空运企业的主要所有权和有效管理权是否属于指定该空运企业的一方或其国民的情况有疑义;或

(二)如该空运企业不遵守给予本协定第二条规定权利的一方的法律和规章;或

(三)如该另一方或该空运企业在其他方面不能遵守本协定规定的条件。

二、除非本条第一款所述的撤销、暂停或规定条件必须立即执行,以防止进一步违反本条第一款第(二)和(三)项的规定,上述权利只能在与另一方协商后方可行使。

第五条　法律的适用

一、一方关于从事国际航班飞行的飞机进出其领土和在其领土内运行的法律和规章,另一方指定空运企业在进出一方领土和在该领土内时应予遵守。

二、一方关于旅客、机组、行李、货物和邮件进出其领土和在其领土内停留的法律和规章,对另一方指定空运企业及其所载运的旅客、机组、行李、货物和邮件在进出一方领土和在该领土内停留时,均应适用。

三、一方在另一方提出要求时应迅即向其提供本条第一款和第二款所述的法律和规章的文本。

第六条 技术服务和费用

一、一方应在其领土内为另一方指定空运企业指定供飞行协议航班使用的主用机场和备用机场,并提供本协定附件三规定的飞行协议航班所需的通信、导航、气象和其他辅助服务。

二、一方指定空运企业使用另一方的机场、设备和技术服务,应按公平、合理的费率付费。任何一方不得要求另一方的指定空运企业以高于向任何其他经营国际航班的外国空运企业收取的费率付费。

三、向另一方指定空运企业收取的本条第二款所指的一切费用,可以反映提供有关设备或服务的全部经济成本的一个合理部分,但不应超过这一部分。收费的设备和服务,应在讲求效率和经济的基础上予以提供。费用如有变更应合理地提前通知。各方应鼓励其领土内的收费主管当局与使用服务和设备的空运企业之间进行磋商,并应鼓励收费主管当局和空运企业交换为准确地审议收费是否合理所需要的资料。

第七条 安全

一、各方应为经营协议航班提供双方均可接受的航空设备和服务。此类设备和服务应至少相当于根据公约可能制定的最低标准,如果这些最低标准适用的话。

二、为了经营协议航班,各方应承认另一方颁发或核准的仍然有效的适航证、合格证和执照,但颁发或核准这些证书和执照的条件,应至少相当于根据公约可能制定的最低标准。然而,一方对另一方为一方国民所颁发或核准的合格证和执照,可拒绝承认其在一方领土上空飞行的有效性。

三、各方可要求就另一方在航空设备和服务、机组、飞机和指定空运企业的经营方面所维持的安全和保安标准进行磋商。如在磋商后,一方认为另一方在上述各方面的安全和保安标准和要求,没有有效地维持和实行至少相当于根据公约可能制定的最低标准(如果这些最低标准适用的话),则应将此意见连同关于采取适当措施的建议通知另一方。一方保留本协定第四条规定的权利。

第八条 航空保安

双方重申对危害飞机安全的行为或威胁的严重关切,因为这些行为或威胁危及人员或财产的安全,影响航班的经营,损害公众对民用航空安全的信心。为了防止劫机和破坏飞机、机场、导航设备和对航空安全进行威胁,双方同意实行适当的航空保安措施,并互相提供必要的援助。当发生劫机或破坏飞机、机场或导航设备的事件或威胁时,双方应互相协助,为迅速而安全地结束这种事件提供联系的方便。如一方要求为其飞机或旅客采取特殊保安措施以便对付某一威胁时,另一方对此应给予同情的考虑。

第九条　代表机构

一、为了经营规定航线上的协议航班,一方指定空运企业有权在另一方领土内规定航线上的地点设立代表机构。本款所述的代表机构的人员应受驻在国的现行法律和规章的管辖。

二、一方应尽最大可能保障另一方指定空运企业代表机构及其工作人员的安全,并保护上述空运企业在其领土内经营协议航班所用的飞机、物品和其他财产的安全。

三、一方应向另一方指定空运企业的代表机构及其工作人员提供有效地经营协议航班所需要的协助和方便。

四、一方指定空运企业一俟提出要求,即有权将在当地的收支余款予以兑换并汇回其国内。兑换和汇款应按交易和汇款时实行的有效比价进行,不得加以限制,并在互惠基础上免征税收。如双方间订有支付办法的专门协定,则应按该协定办理。

第十条　人员

一、任何一方指定空运企业进入和离开另一方领土的航班上的机组成员,应为指定该空运企业一方的国民。任何一方指定空运企业如欲在进入和离开另一方领土的航班上雇用任何其他国籍的机组成员,应事先取得另一方的同意。

二、除非另有协议,一方指定空运企业驻在另一方领土内的代表机构的工作人员,应为任何一方的国民,其人数应经双方主管当局同意。各指定空运企业被准予派驻的上述人员的数目,应足以履行本协定所述的与提供协议航班有关的职责,无论如何,不应少于提供类似航班的任何外国空运企业所被准予派驻的人数。一方应将被视为负责执行本款规定的主管当局,以外交照会通知另一方。

第十一条　进入市场

一、有关经营协议航班的地面服务事项可由双方空运企业商定,但须经双方航空当局批准。

二、各方指定空运企业在另一方领土内出售其协议航班的航空运输应通过销售总代理实施。各方指定空运企业应作为另一方指定空运企业的销售总代理,除非一方指定空运企业拒绝了请其作为代理的要求。每一销售总代理协议的条件须经双方航空当局批准,如果任一方指定第二家空运企业提供协议航班,双方应确保给予两家指定空运企业按相同条件充当另一方指定空运企业的销售总代理的机会。

三、虽然有本条第二款的规定,各方指定空运企业可在其驻另一方领土的代表机构内,直接或通过自己指定的代理人出售协议航班及本企业其他一切航班的航空运输。任何人可用另一方的货币或根据适用的法律用外汇券或自由兑换货币,自由地购买此种运输。此外,该代表机构还可用于进行该指定空运企业的管理、问讯和业务活动。

四、根据本条第二款为指定空运企业指定的销售总代理应对旅行和货运界就空运企业的选择、服务等级和其他有关事项所表达的愿望作出响应。

第十二条　运力和业务运载

一、应准许双方指定空运企业在经营协议航班时,按双方的协议和本协定附件五的协定提供运力。在本协定规定的任何协议航班开航之后两年半内,双方应进行磋商,以便就提供运力问题达成新的协议。

二、根据本协定前言所规定的原则,各方应采取一切适当措施,确保双方指定空运企业在规定航线上经营协议航班时有公平相等的权利,以求得机会均等、合理平衡和相互有利。

三、双方指定空运企业经营的协议航班,其首要目的应是提供足够的运力,以满足双方领土间的业务需要。此种航班装卸前往或来自第三国地点的国际业务的权利,应根据运力与下列各点相关联的一般原则予以确定:

（一）来自和前往指定该空运企业一方的领土的业务需要与来自和前往另一方领土的业务需要;

（二）直达航班经营的需要;

（三）在考虑了当地和地区航班后,该航线通过地区的业务需要。

四、各方及其指定空运企业应照顾到另一方及其指定空运企业的利益,以免不适当地影响后者提供的航班。

五、如在经营了一段合理的时期后,任何一方认为另一方指定空运企业提供的航班与本条任何规定不符,则双方应本着友好合作和互相谅解的精神及时地协商解决这一问题。

六、如任何一方在任何时候认为业务量未能做到合理平衡,该方可要求同另一方磋商,以便本着友好合作和平等互利的精神来纠正此种不平衡局面。

第十三条　价格

一、一方可要求向其航空当局申报前往或来自其领土的旅客运输所收票价。此种申报应在该票价拟议实施之日六十天前提出。此外,双方航空当局同意对短期申报迅速地给予同情的考虑。一方主管当局如对某一票价不满意,应尽快通知另一方主管当局,在任何情况下至迟应在收到票价申报后三十天内通知。然后任何一方主管当局可要求进行磋商,此种磋商应尽快进行,在任何情况下至迟应在收到另一方主管当局要求后三十天内进行。如经磋商达成协议,各方主管当局应确保不实施与该协议不一致的票价。如经磋商未达成协议,该申报的票价不应生效,而原来实施的票价应继续有效,直至制定了新的票价。

二、如主管当局在收到根据上述第一款申报的票价后三十天内未表示异议,该票价应被认为已获得批准。

三、虽然有上述第一款的规定,各方应准许任何指定空运企业申报并迅速实施（必要时使用短期通知程序）中华人民共和国一点或多点与美利坚合众国一点或多点之间定期客运航班的票价,其条件是:

（一）该票价不违反本协定附件四中所协议的条件,并且不低于已批准任何指定空运企业销售的、在中华人民共和国境内相同的一个或多个地点与美利坚合众国境内相同的一个或多个地点间实行的最低普通经济票价的百分之七十；（或）

（二）该当局航线上的票价（以下称为"取齐票价"）是对批准票价的减收，但不低于在中华人民共和国与美利坚合众国之间提供的国际航班的任何已批准票价，或任何已经批准或未经批准的组合票价（以下称为"被取齐票价"），并且不违反被取齐票价的类似条件（但关于航线、衔接或机型的条件除外），只要：

（1）如果被取齐票价是对全部或部分由指定空运企业在规定航线上提供的航班所实行的票价，则应准许另一方指定空运企业在规定航线上实行取齐票价；

（2）如果被取齐票价是对全部或部分由指定空运企业在非规定航线上提供的航班所实行的票价，则应准许另一方指定空运企业在规定航线上实行取齐票价，但取齐票价不应低于可比的最低批准票价（不包括折扣票价）的百分之七十；

（3）如果被取齐票价仅仅是非指定空运企业在规定航线上提供的票价，则应准许指定空运企业在规定航线上实行取齐票价，但取齐票价不应低于可比的最低批准票价（不包括折扣票价）的百分之七十；

（4）如果被取齐票价仅仅是非指定空运企业在非规定航线上提供的票价，则应准许指定空运企业在规定航线上实施取齐票价，但取齐票价不应低于可比的最低批准票价（不包括折扣票价）的百分之八十。

在任何协议航班开航后三年终了前，双方应对这种票价取齐作法进行审议。

各方还同意第（二）项的规定作必要的修改后，适用于另一方指定空运企业在一方领土与第三国之间提供国际航班的票价。

如果根据第（二）项的规定，指定空运企业实行的一种普通经济票价，低于根据本条第一款实行的票价，则为确定第（一）项规定的百分之三十范围的价格灵活性所用的普通经济票价，在未经双方商定之前应保持不变。

第（一）或第（二）项的任何规定不应被解释为要求指定空运企业实行任何特定票价。

四、（一）一方可要求向其航空当局申报另一方指定空运企业为运输前往或来自一方领土的货物所收取的货运价。此种申报应在该货运价拟议实行之日四十五天前提出。此外，双方航空当局同意对指定空运企业的短期申报迅速地给予同情的考虑。

（二）各方主管当局有权不批准货运价。不批准的通知应于收到申报后二十五天之内发出。不批准的货运价不应生效，而原来实行的货运价应继续有效，直至制定新的货运价。

（三）一方不应要求另一方指定空运企业收取与一方批准自己的空运企业或其他国家空运企业收取的货运价不同的货运价。

五、虽然有本条各项规定，各方应准许任何指定空运企业申报并迅速实施（必要时使用短期通知程序）与任何其他指定空运企业根据本条规定为在相同地点之间进行运输而提供的相同票价或货运价，但此类票价或货运价应受可比的条件的约束。

六、各方应以外交照会将本条所述的主管当局通知另一方。

第十四条 关税和税收

一、任何一方指定空运企业从事协议航班飞行的飞机,以及留置在飞机上的正常设备、零备件、燃料、油料(包括液压油)、润滑油、机上供应品(包括在飞行中出售给旅客或供其使用的有限量的食品、饮料、酒类、烟草和其他物品)和专供飞机的运行或检修而使用的其他物品,在进出另一方领土时,应在互惠的基础上,豁免一切关税、检验费和其他国家费用。

二、除了提供服务的实际成本费外,下列物资也应在互惠的基础上豁免一切关税、检验费和其他国家费用:

(一)运入一方领土或在该领土内供应并装上飞机的、供另一方指定空运企业飞行协议航班的飞机使用的数量合理的机上供应品,即使这些供应品拟在装上飞机一方领土上空的部分航段上使用;

(二)为检修、维护或修理另一方指定空运企业飞行协议航班的飞机而运入一方领土的地面设备和包括发动机在内的零备件;

(三)运入一方领土或在该领土内供应的、供另一方指定空运企业飞行协议航班的飞机使用的燃料、润滑油和消耗性技术补给品,即使这些供应品拟在装上飞机一方领土上空的部分航段上使用。

三、本条第一款所述的留置在任何一方指定空运企业飞行协议航班的飞机上的机上供应品、设备和补给品,经另一方海关当局同意后,可在该方领土内卸下。这类卸下的机上供应品、设备和补给品以及本条第二款所述的运入另一方领土的机上供应品、设备和补给品,应受另一方海关当局监管,必要时应缴纳公平合理的保管费用,直至重新运出或根据该海关当局规定另作处理。

四、如一方指定空运企业和另一家同样享受另一方此种豁免的空运企业订有合同,据此在另一方领土内出借本条第一和第二款规定的物品,则本条规定的豁免应同样适用。一方对在其领土内出售任何此种物品的处理,应由双方协议确定。

五、对于州或省、地区和地方当局对本条第一和第二款规定的物品所征的税收、费用以及燃油通过费,一方应尽最大努力,为另一方指定空运企业在本条所述情况下,在互惠的基础上获得豁免待遇,但提供服务的实际成本费不在此列。

第十五条 统计资料的提供

双方航空当局将就与两国间的协议航班所载业务的统计资料随时进行协商,并按协议提供上述资料。

第十六条 协商

一、双方应本着密切合作和互相支持的精神,保证本协定各项规定得到正确的实施和满意的遵守。为此,双方航空当局应随时互相协商。

二、任何一方可随时要求就本协定进行协商。这种协商应尽早开始,除非另有协议,至迟应在另一方收到要求之日起六十天内进行。

三、如对本协定的解释或实施发生争端，双方应本着友好合作和互相谅解的精神，通过谈判解决；如双方同意，也可以通过斡旋、和解或仲裁予以解决。

第十七条　修改或补充

一、任何一方如认为需要修改或补充本协定或其附件的任何规定，可随时要求与另一方进行协商，此项协商应在另一方收到要求之日起九十天内开始，除非双方同意延长这一期限。

二、经过本条第一款所述协商而协议的对本协定或其附件的任何修改或补充，应在通过外交途径换文予以确认后生效。

第十八条　生效和终止

本协定自签字之日起生效，有效期为三年。此后应继续有效，但如任何一方将其终止本协定的意愿以书面通知另一方，本协定在通知十二个月后终止。

本协定于一九八〇年九月十七日在华盛顿签订，共两份，每份都用中文和英文写成，两种文本具有同等效力。

附件一　航　　线

一、第一条航线

（一）中华人民共和国方面

中华人民共和国指定的第一家空运企业有权在下列航线上经营往返协议航班：

北京—上海—东京或日本境内的另一地点—檀香山—洛杉矶—旧金山—纽约。安克雷季可用作往返此航线的技术经停地点。

（二）美利坚合众国方面

美利坚合众国指定的第一家空运企业有权在下列航线上经营往返协议航班：

纽约—旧金山—洛杉矶—檀香山—东京或日本境内的另一地点—上海—北京。

二、第二条航线

任何协议航班开航后两年内，双方应进行磋商，以决定供各方第二家指定空运企业经营的航线。如果双方未能在第二年结束前就第二条航线达成协议，各方第二家指定空运企业有权在第一条航线上开始经营往返协议航班，并自此一直经营到双方就第二条航线达成协议为止。在此种情况下，双方应继续磋商，为商定第二条航线做出最大努力，并谅解：建立第二条航线为双方共同的目标。同时，双方应对规定航线进行全面审议。

三、加班飞行

任何一方指定空运企业如欲在其规定航线上作加班飞行，应在飞行三天前向另一方航空当局提出申请，在取得许可后方可飞行。

说明：（一）在本协定生效之日或其后，各方有权指定一家空运企业经营协议航班。任何协议航班开航两年后，各方第二家指定空运企业亦可开始经营协议航班。

如果任何一方未指定第二家空运企业,或该方第二家指定空运企业未开始经营航班或停止经营该航班,该方可授权其第一家指定空运企业经营协议航班,在一切方面均如同其第二家指定空运企业一样。

(二)每一指定空运企业可自行决定在上述航线上的任一或所有单向或往返飞行中不经停任何一点或多点,但它经营的协议航班必须在指定该空运企业一方的领土内规定航线上的一点始发或中止。

(三)在飞行经过本附件第一款所列的日本境内另一地点的航班以前,该地点应经双方协议。任何一方指定空运企业如欲改变在日本的通航地点,应提前六个月通知另一方航空当局。此种改变应经另一方同意。

(四)在不违反附件五规定的情况下,各方指定空运企业可在另一方领土内或在规定航线上的一个或多个中间点更换机型,条件是:

(1)更换机型地点以远的飞行,就去程航班而言,应使用运力较到达的飞机为小的飞机;就回程的航班而言,应使用运力较到达的飞机为大的飞机;

(2)作此种飞行的飞机,班期安排应视情与去程的或回程的飞机相一致,并可用同一航班号;

(3)如果某次飞行因经营或机械问题而延误,其续航飞行可不受本款第(2)项条件的限制。

附件二　包机运输

一、除双方指定空运企业经营协议航班外,一方任何空运企业可要求准许其飞行双方领土间以及第三国与受理申请一方领土间的客运和/或货运(单独或混合)包机。一方可以外交照会向另一方提供根据一方法律有资格提供包机运输的空运企业清单。

二、应在包机预定飞行前至少十五天向另一方航空当局提出申请,在获得批准后方可飞行。应本着双方空运企业有均等机会经营国际包机运输、互利和友好合作的精神,批准上述申请,并避免不适当的延误。

三、各方航空当局应将适用于另一方包机人和空运企业的申请要求和行政手续减少到最低限度。为此,另一方要求一方包机人和空运企业提供的、用以说明准其进行一次或一系列包机飞行理由的资料,不应超过如下范围:

(一)飞行目的;

(二)飞机的登记国籍、所有人和经营人;

(三)机型;

(四)(1)飞机识别标志和呼号,或(2)航班号码;

(五)机长姓名和机组人数;

(六)拟议的飞行计划(航路、日期、时间和目的地);

（七）包机人身份；

（八）机上旅客人数和/或货物重量；

（九）空运企业向每一包机人收取的费用。

包机飞行申请中的上述（四）、（五）和（八）项资料，可予更改，但须在每次飞行前通知。所做更改应在飞行计划中列明。

四、如任何一方有理由不批准某一次或一系列包机飞行，在通常情况下，应及时告知理由。如合适，申请人可以再次提出申请，准其进行业已要求的一次或多次飞行。

五、任何一方不应要求另一方空运企业申报向公众收取的从另一方或第三国领土始发的包机运输的费用。

六、本协定第二条四款、第四、五、六、七、八条、第九条二、四款、第十条、第十一条一款、第十四条和附件三的规定，作必要的修改后，也适用于包机运输。

附件三　技术服务

一、定期航班使用的机场

（一）根据本协定第六条第一款的规定，在中国境内为美利坚合众国政府指定空运企业指定下列主用和备用机场：

主用机场：北京首都机场、上海虹桥机场；

备用机场：广州白云机场、杭州笕桥机场、天津张贵庄机场。

（二）根据本协定第六条第一款的规定，在美国境内为中华人民共和国政府指定空运企业指定下列主用和备用机场：

主用机场：纽约肯尼迪国际机场、洛杉矶国际机场、旧金山国际机场、檀香山国际机场、安克雷季国际机场；

备用机场：巴尔的摩华盛顿国际机场、波士顿洛根国际机场、纽华克国际机场、费城国际机场、大匹兹堡机场、莫塞斯湖/格兰特县机场、奥克兰市国际机场、安大略国际机场、斯托克顿市机场、夏威夷莱曼将军岛/希洛国际机场、西雅图塔科马国际机场、堪萨斯城国际机场、费尔班克斯国际机场、华盛顿杜勒斯国际机场。

二、包机运输使用的机场

一方空运企业用于经另一方航空当局批准的包机航空运输的飞机，可以使用另一方航行资料汇编中适当列明可供国际飞行使用的机场，并可使用该航空当局可能批准的其他机场。

三、航路

在另一方空域内的一方指定空运企业的飞机，均应在已建立的航路/指定的航路上或按有关空中交通管制部门的许可飞行。为了达到经济、效率和节油的目的，一方应作合理的努力，包括与毗邻空域的管制当局作出合适的安排，以确保进入和在其主权管辖下的空域内的航路尽可能取直。

四、航行资料

（一）双方航空当局应相互提供航行资料汇编。

（二）航行资料汇编的修改和补充，应立即发送另一方航空当局。

（三）在发送航行通告时，应使用国际航行通告简语，在没有合适的航行通告简语时，应使用英文明语。紧急航行通告应以可供利用的最快方式发送给另一方航空当局。

（四）航行资料和航行通告应提供英文本。

五、气象服务

应根据世界气象组织公约和国际民用航空组织制定的标准和建议，在适用范围内，提供双方可接受的气象服务。

六、无线电导航和通信

（一）为在规定航线上经营协议航班，双方确认需要建立两国间的平面航空通信。双方将另行商定建立此类通信的措施和程序。

（二）陆空通信和平面通信应使用英语和国际上承认的有效简语和程序。

附件四　折扣票价的条件

在本协定第十三条第三款所述运价机动范围内的折扣票价，应符合一般适用于其他国际航空运输市场上相同或类似票价的条件。此种折扣票价至少应符合以下条件中的四项：

来回程；

预先购票的要求；

规定停留最短/最长时间；

中途分程限制；

中途分程费用；

更换航班的限制；

退票罚款；

团体人数限制；

回程旅行的条件；

地面综合要求。

附件五　运力和业务运载

一、双方同意每家指定空运企业有权每周经营两个班次。如果一方未指定第二家空运企业，则该方第一家指定空运企业在另一方第二家指定空运企业开始经营航班时或在根据本协定任何协议航班开航后两年时(以早者为准),有权每周增加经营两个班次。本协定中,一个班次指:一架适航证上所注明的最大起飞全重不小于七十一万磅,但不大于八十万磅的飞机往返飞行一次;一架适航证上所注明的最大起飞全重等于或大于四十三万磅,但小于七十一万磅的飞机往返飞行一次半;以及一架适航证上所注明的最大起飞全重小于四十三万磅的飞机往返飞行二次。指定空运企业如仅使用适航证上所注明的最大起飞全重小于七十一万磅的飞机,则每飞两个班次即有权另以适航证上所注明的最大起飞全重小于四十三万磅的全货运飞机往返飞行一次。指定空运企业未使用的一切班次可予累计,并可自行决定在任何时候加以使用。在任何协议航班开航后的三年内,如欲飞行超过上述班次的航班,这些增加的班次须经双方事先协商和同意。

二、为了实现第十二条第二款规定的目标,双方同意,各自指定空运企业在规定航线上载运的业务,就在另一方领土内上下的旅客人数和货物吨数而言,应合理平衡。

第十二条　第六款所述的磋商应尽快进行,在任何情况下不得迟于一方收到要求之日起三十天。双方承允在三十天内就纠正不平衡局面的有效措施达成协议,并全部实施协议的措施。在考虑所采取的措施时,双方应考虑到一切有关因素,包括指定空运企业的商务决定、载运比率和第三方的措施。如所协议的措施实施后三个月内未能纠正不平衡局面,双方应进行会晤,以便研究此类措施无效的原因,并就纠正不平衡局面的进一步措施达成协议。双方如未能就有效纠正措施达成协议,应研究造成不平衡局面的原因,并考虑对本协议作可能必要的修改,以消除此类原因。

三、本附件第二款的规定,从根据本协定任何航班开航之日起有效三年。至迟在此三年期限结束六个月前,双方应进行磋商,以便就取得本附件第二款所述的业务合理平衡的方法达成协议。

附录四
中国国内航空运输企业名录

一、中国航空集团公司

中国国际航空股份有限公司的前身——民航北京管理局飞行总队于1955年1月1日正式成立。1988年民航北京管理局分设,成立中国国际航空公司。

根据国务院批准通过的《民航体制改革方案》,2002年10月,中国国际航空公司联合中国航空总公司和中国西南航空公司,成立了中国航空集团公司,并以联合三方的航空运输资源为基础,组建新的中国国际航空公司。2004年9月30日,作为中国航空集团公司控股的航空运输主业公司,中国国际航空股份有限公司在北京正式成立,继续保留原中国国际航空公司的名称,并使用中国国际航空公司的标志,继续被指定为唯一载国旗飞行的民用航空公司。2007年12月,中国国际航空公司正式加入世界上最大的航空联盟——星空联盟。

目前,中国航空集团公司辖有西南、浙江、重庆、内蒙古、天津、上海、湖北、贵州、西藏分公司,华南基地以及工程技术分公司、公务机分公司等,并全资拥有中国国际货运航空有限公司,控股北京飞机维修工程有限公司(Ameco)、澳门航空、深圳航空、大连航空、参股国泰航空等,是山东航空集团有限公司的最大股东。

中国航空集团公司经营范围:国际、国内定期和不定期航空客、货、邮和行李运输;国内、国际公务飞行业务;飞机执管业务,航空器维修;航空公司间的代理业务;与主营业务有关的地面服务和航空快递(信件和信件性质的物品除外);机上免税品等。

总部、主运营基地:北京首都国际机场

IATA/ICAO代码:CA/CCA

无线电呼号中文/英文:国航/AIR CHINA

三字结算码:999

飞行常客计划/里程奖励计划:国航知音

航徽标识:凤凰,同时又是英文VIP(尊贵客人)的艺术变形,颜色为中国传统的大红,具有吉祥、圆满、祥和、幸福的寓意

网站链接：http://www.airchina.com.cn/

机队组成：目前总数为343架，包括：

125架波音B737系列（21架波音B737-700、104架波音B737-800）

11架波音B747系列（4架波音B747-400、3架波音B747-400F、4架波音B747-8）

4架波音B757F

36架波音B777系列（10架波音B777-200、20架波音B777-300ER、6架波音B777F）

118架空客A320系列（31架空客A319、38架空客A320、49架空客A321）

49架空客A330/A340系列（30架空客A330-200、19架空客A330-300）

二、中国东方航空集团公司

中国东方航空公司成立于1988年6月25日，总部位于上海，是在原民航上海管理局基础上组建的一家以航空运输为主的国有骨干航空运输公司，1993年10月以中国东方航空公司为核心企业正式成立中国东方航空集团公司，经营业务包括公共航空运输、通用航空业务及与航空运输相关产品的生产和销售、航空器材及设备的维修、航空客货及地面代理、飞机租赁、航空培训与咨询等业务。1995年4月正式成立中国东方航空股份有限公司，1997年在香港、纽约、上海三地证券市场挂牌上市，是中国民航业内第一家上市公司。根据国务院《民航体制改革方案》，2002年10月，以中国东方航空公司为主体，兼并中国西北航空公司，联合中国云南航空公司，组建新的中国东方航空集团，作为集团控股的航空运输主业，继续使用中国东方航空公司的名称和标识。2011年6月21日，中国东方航空正式加入天合联盟。

目前，中国东方航空集团公司下辖西北、云南、山东、山西、安徽、江西、河北、浙江、甘肃、北京10个分公司，控股中国货运航空、长城航空、中国东方航空江苏公司、中国东方航空武汉公司等10余家公司。2010年2月，东方航空、上海航空联合重组工作完成，上海航空成为东方航空的全资子公司，并继续保留独立品牌，独立运营。2010年4月，中国东方航空与天合联盟签订入盟意向书。

总部、主运营基地：上海虹桥机场

IATA/ICAO代码：MU/CES

无线电呼号中文/英文：东航/CHINA EASTERN

三字结算码：781

飞行常客计划/里程奖励计划：东方万里行 官方网址

官方网站链接：http://www.ce-air.com/

机队组成：目前总数为378架，包括：

225架空客A320系列（31架空客A319、154架空客A320、40架空客A321）

42架空客A330/A340系列(26架空客A330-200、14架空客A330-300、2架空客A340-600)

106架波音B737系列(15架波音B737-300、47架波音B737-700、44架波音B737-800)

5架波音B777-300ER

三、中国南方航空集团公司

中国南方航空公司成立于1992年2月1日,总部位于广州,是在原民航广州管理局基础上组建的一家以航空运输为主的国有骨干航空运输公司,1993年10月以中国南方航空公司为核心企业正式成立中国南方航空集团公司,根据国务院《民航体制改革方案》,2002年10月,以中国南方航空公司为主体,联合北方航空公司和新疆航空公司组建,组建新的中国南方航空集团,作为集团控股的航空运输主业,继续使用中国南方航空公司的名称和标识。2007年11月15日,中国南方航空正式加入天合联盟。

目前,中国南方航空集团公司是中国运输飞机最多、航线网络最发达、年客运量最大的航空公司。下辖有新疆、北方、北京、深圳、海南、黑龙江、吉林、大连、河南、湖北、湖南、广西、西安、台湾、珠海直升机等15家分公司和厦门航空、汕头航空、贵州航空、珠海航空、重庆航空等5家控股子公司。

总部、主运营基地:广州白云国际机场

IATA/ICAO代码:CZ/CSN

无线电呼号中文/英文:南航/CHINA SOUTHERN

三字结算码:784

飞行常客计划/里程奖励计划:明珠俱乐部

网站链接:http://www.csair.com/

机队组成:目前总数为485架,包括:

154架波音B737系列(3架波音B737-300、31架波音B737-700、120架波音B737-800)

2架波音B747

13架波音B757

18架波音B777系列(4架波音B777-200、9架波音B777F、5架波音B777-300ER)

10架波音B787

231空客A320系列(39架空客A319、114架空客A320、78架空客A321)

32架空客A330/A340系列(16架空客A330-200、16架空客A330-300)

5架空客A380

20架E190

四、海南航空集团

海南航空集团前身为海南航空有限公司,于1993年1月由海南省航空公司经规范化股份制改造后建立,1993年5月2日正式开航运营,经过不断扩充发展,已形成跨行业的海南航空集团,集团下属航空运输产业有经营国内国际干线的大新华航空(合并运行海南航空、新华航空、长安航空、山西航空);有提供旅客运输、包机业务和为高端客户服务的首都航空(金鹿航空有限公司),有专门为支线旅客提供服务的天津航空(原大新华快运);还有专业提供货运服务的扬子江快运公司和提供高效、低成本服务的祥鹏航空、西部航空。

海南航空集团航空运输板块机队总数:438架,包括:

161架波音B737系列(17架波音B737-300F、3架波音B737-400F、17架波音B737-700、124架波音B737-800)

3架波音B767-300

3架波音B747-400F

8架波音B787-8

91架空客A320系列(29架空客A319、62架空客A320)

17架空客A330/A340系列(9架空客A330-200、8架空客A330-300)

72架ERJ系列(22架ERJ145、50架ERJ190)

五、上海航空有限公司

上海航空有限公司,前身为成立于1985年的上海航空公司,是中国国内第一家多元投资商业化运营的航空公司。2000年10月,经上海市政府和民航局批准,上海航空公司变更为上海航空股份有限公司。

上海航空立足于上海航空枢纽港,以经营国内干线客货运输为主,同时从事国际和地区航空客、货运输及代理,2006年7月投资成立上海国际货运航空公司,经营国际、国内航空货邮运输业务,2007年12月12日上海航空成为世界上最大航空联盟——星空联盟的正式成员。2009年6月,上海航空与中国东方航空开始联合重组,由中国东方航空通过换股吸收合并上海航空,2010年2月重组完成,上海航空正式成为中国东方航空全资子公司,更名为上海航空有限公司,并继续保留独立品牌,独立运营。同时,宣布退出星空联盟,2011年6月21日,上海航空随中国东方航空正式加入天合联盟。

总部、主运营基地:上海虹桥国际机场、上海浦东国际机场

IATA/ICAO 代码:FM/CSH

无线电呼号中文/英文:上航/SHANGHAI AIR

三字结算码:774

官方网站链接:http://www.shanghai-air.com/

机队组成:目前总数为71架,包括:

59架波音737系列(8架波音B737-700,51架波音B737-800)

6架波音767系列(4架波音B767-300,2架波音B767-300ER)

6架空客330系列(3架空客A330-200,3架空客A330-300)

六、深圳航空有限责任公司

深圳航空有限责任公司(简称深圳航空)于1992年11月成立,1993年9月17日正式开航,主要经营航空客、货、邮运输业务的股份制航空运输企业。2005年5月股权发生变化,由民营亿阳集团与深圳汇润控股,成为国内最大的民营控股航空公司。目前深圳航空旗下拥有主营支线业务的河南航空公司,控股常州机场、管理无锡机场,与德国汉莎合资成立并控股翡翠国际航空货运公司,与香港合资成立了亚联公务机管理公司。

2010年,深圳航空股权再次发生变化,中国国际航空增资并控制深圳航空51%的股权,深圳市政府旗下全程物流持有25%股权,原控股的深圳汇润公司涉及经济案件进入破产程序,股权已稀释至24%。2011年5月,深圳汇润24%股权被全程物流收购,至此,深圳市政府旗下全程物流持有深航股权增至49%。

总部、主运营基地:深圳宝安国际机场

IATA/ICAO代码:ZH/CSZ

三字结算码:479

网站链接:http://www.shenzhenair.com/

机队组成:目前总数为153架,包括:

83架波音B737系列(4架波音B737-700,74架波音B737-800,5架波音B737-900)

70架空客A320系列(65架空客A320-200,5架空客A319-100)

七、厦门航空有限公司

厦门航空有限公司全国第一家合资经营的按企业化运行的航空公司,1984年3月,由民航上海管理局(50%)代表民航方,福建投资公司(25%)、厦门建设发展公司(25%)代表福建方共同合资经营,于1984年7月25日在北京正式宣布成立,其后股权多次转让,1985年12月,民航局指定民航上海局所占股份转让给民航广州局,1992年1月1日起,福建国际信托投资公司(华福公司,原福建投资公司)和厦门建发公司各无偿转让5%股份给中国南方航空公司(民航广州局政企分开后成立的航空运输企业),1993年,福建航空公司划归厦门航空经营,1999年福建方股份全部转让给厦门建发集团(40%),剩余股份(60%)由中国南方航空股份有限公司持有。2010年12月,厦门航空增资扩股,引入河北航空投资集团,占15%股份,中国南方航空股份与厦门

建发股权分别降至51%和34%。2012年11月21日，厦门航空正式加入天合联盟。

厦门航空总部设在厦门，目前在福州、杭州、南昌、天津设有分公司，主营国内航空客货运输和福建省及其他经民航局批准的指定地区始发至邻近国家和地区的航空客货运输业务。

总部、主运营基地：厦门高崎国际机场

IATA/ICAO 代码：MF/CXA

无线电呼号中文/英文：白鹭/XIAMEN AIR

三字结算码：731

飞行常客计划/里程奖励计划：白鹭卡

网站链接：http://www.xiamenair.com.cn/

机队组成：目前总数为116架，包括：

107架波音B737系列

6架波音B757

3架波音B787

八、中国联合航空有限公司

经民航总局批准，上海航空公司（控股80%）、中国航空器材进出口集团公司重组原中国联合航空公司，并更名为中国联合航空有限公司。2005年10月20日正式开航运营。

中国联合航空公司其前身成立于1986年12月，是由空军与22个省、市以及大型企业联合组建，根据中央"部队不得从事经商活动"的政策精神，于2002年11月正式停航，退出中国民用航空市场。2012年11月，中国联合航空有限公司和原中国东方航空河北分公司完成联合重组，成为新的中国联合航空有限公司。

主运营基地：北京南苑机场

IATA/ICAO 代码：KN/CUA

三字结算码：822

网站链接：http://www.cu-air.com/

机队组成：目前30架波音B737（9架波音B737-800，21架波音B737-800）

九、四川航空股份有限公司

四川航空股份有限公司的前身是四川航空公司，该公司成立于1986年9月19日，1988年7月14日正式开航营运。2002年8月29日，由四川航空公司为主联合中国南方航空股份有限公司、上海航空股份有限公司、山东航空股份有限公司、成都银杏餐饮有限公司共同发起设立四川航空股份有限公司。

四川航空以航空运输为主业，投资航空公司和航空上下游产业，覆盖航空配餐、飞机维修工程、航空旅游、航空地产、航空文化传媒、航空教育培训等多元产业。四川

航空先后在2006年11月和2009年3月向民营鹰联航空注资,2009年11月参与重组鹰联航空,成为最大股东,并更名为成都航空;2007年,四川航空参与投资成立东北航空,在2010年,参与重组东北航空,成立河北航空。

总部、主运营基地:成都双流国际机场

IATA/ICAO 代码:3U/CSC

无线电呼号中文/英文:川航/SICHUAN AIR

三字结算码:876

飞行常客计划/里程奖励计划:金熊猫卡

网站链接:http://www.scal.com.cn/

机队组成:目前总数97架,均为空客飞机,包括:

90架空客A320系列

7架空客A330

十、首都航空股份有限公司

首都航空股份有限公司原名金鹿航空有限公司,前身是中国最早专业从事公务机业务的金鹿公务机有限公司,于1995年成立。2004年7月,开始试点经营商务和旅游包机业务;2006年8月,金鹿公务机公司取得公共航空运输企业经营许可证,并完成公司改制,更名为金鹿航空有限公司,主要经营国际国内客货运输业务及商务旅游包机业务。2010年2月,北京市政府与金鹿航空达成合作框架协议,由海航集团和首都旅游集团共同增资扩股组建首都航空股份有限公司,注册资本15亿元,其中海航集团占70%,首旅集团占30%,于2010年5月3日正式成立。

总部、运营基地:北京首都国际机场

IATA/ICAO 代码:JD/CBJ

无线电呼号中文/英文:首都/

三字结算码:898

网站链接:http://www.capitalairlines.com.cn/

机队组成:目前51架飞机,包括:

22架空客A319

29架空客A320

十一、天津航空有限责任公司

天津航空有限责任公司由海航集团(83.15%)、海南航空股份有限公司(1.47%)、天津保税区投资有限公司(15.38%)共同出资建立,注册资本人民币23亿元。于2009年6月8日在天津揭牌成立。

天津航空前身为大新华快运航空有限公司,于 2007 年 3 月 30 日成立,是海南航空集团着力打造的中国最大的支线航空公司。

总部、运营基地:天津滨海国际机场

IATA/ICAO 代码:GS/GCR

无线电呼号中文/英文:渤海/tianjin

三字结算码:826

网站链接:http://www.tianjin-air.com/

机队组成:目前 85 架,包括:

22 架 ERJ145

46 架 ERJ190

17 架空客 A320

十二、中国货运航空有限公司

中国货运航空有限公司是我国第一家专营货邮业务的航空公司。公司成立于 1998 年 8 月 18 日,最初由中国东方航空股份有限公司和中国远洋运输总公司共同投资成立,2010 年 12 月 20 日,中国货运航空有限公司、上海国际货运航空有限公司、长城航空有限公司的股东——中国东方航空集团、中国远洋运输集团、长荣航空和新加坡货运航空正式签署了成立新的中国货运航空的增资协议,其中东方航空占 51%、中国远洋运输集团占 17%、长荣航空占 16%、新加坡货运航空占 16%。以此整合现有货运资源,顺应国家振兴物流业规划和上海航运中心建设,做大做强我国航空货运业。新的中国货运航空于 2011 年 5 月 31 日正式挂牌成立。

总部、主运营基地:上海

IATA/ICAO 代码:CK/CHY

机队组成:目前总数为 10 架,包括:

2 架 B747-400F

2 架 B747-400ERF

6 架 B777F

十三、山东航空股份有限公司

山东航空公司于 1994 年 3 月 12 日成立。2002 年 3 月,由山东省经济开发投资公司等股东发起,整合山东省内航空资源组建山东航空集团,山东航空股份有限公司为集团下辖核心航空运输企业,2004 年起,中国国际航空通过股权转让开始持有山东航空股权,目前,已成为山东航空最大股东。

总部、主运营基地:济南遥墙国际机场

IATA/ICAO 代码:SC/CDG

三字结算码:324

飞行常客计划/里程奖励计划:国航知音

网站链接:http://www.shandongair.com.cn/

机队组成:目前总数78架,包括:

3 架波音 B737-700

72 架波音 B737-800

2 架 CRJ700

十四、中国邮政航空有限公司

中国邮政航空有限公司成立于1994年,1997年开航。于2002年6月由中国国家邮政局与中国南方航空公司重组并合资经营,由国家邮政局持股51%,南方航空公司持股49%。2008年9月由中国国家邮政局回购南方航空股份,改由中国邮政集团公司独资控股。主要从事国内航空货邮运输业务,及经批准的内地至香港、澳门特别行政区和周边国家的国际航空货邮运输业务。

总部、主运营基地:南京禄口机场

IATA/ICAO 代码:CF/CYZ

三字结算码:804

网站链接:http://www.cnpostair.com/

机队组成:目前总数为22架,包括:

14 架波音 B737-300F

8 架波音 B737-400F

十五、春秋航空股份有限公司

春秋航空股份有限公司是中国首家旅行社获民航总局批准筹建的民营航空公司。定位于低成本航空市场,依托母公司上海春秋国际旅行社的代理销售和服务网络以及旅游优势,为旅客提供"机票+酒店"等商务和旅游套票服务;以网上电子客票为主要销售手段,于2005年7月正式投入运营。

总部、主运营基地:上海虹桥国际机场

IATA/ICAO 代码:9C/CQH

三字结算码:089

网站链接:http://www.air-spring.com/

机队组成:目前50架空客 A320-200

十六、上海吉祥航空股份有限公司

上海吉祥航空股份有限公司(Juneyao Airlines)于2005年6月经国家民航总局和上海市政府批准筹建,是由上海均瑶(集团)有

限公司和上海均瑶航空投资有限公司共同投资筹建的民营航空公司。上海均瑶(集团)有限公司和上海均瑶航空投资有限公司均为均瑶集团的全资子公司,在筹备期间曾使用上海东部快线航空有限公司、凤凰航空有限公司等名称,定位于中高端商务旅客的航空市场,目前已批准从事国内航空客货运输业务。2006年9月25日开始运营。

总部、主运营基地:上海浦东国际机场

IATA/ICAO 代码:HO/DKH

三字结算码:018

网站链接:http://www.juneyaoairlines.com/

机队情况:目前41架飞机,包括:

34架空客 A320-200

7架空客 A321-200

附录五
世界民用飞机机型一览表

制造商	机型	主要型号	说明
美国波音	波音 B707 系列	波音 707-100/200 系列 波音 707-300/400 系列 波音 720(B707-020)	世界上第一种真正成功的喷气式飞机,商业航空飞机的典范。1958 年 10 月正式投入航线使用,民用型波音 707 在 1978 年停产
	波音 B717 (MD95)	B717-200 型	专为短程客运市场而设计的,适合日益发展的支线航空市场。1999 年 9 月 23 日交付启动用户美国 AirTran 航空公司使用
	波音 B727	B727-100 B727-100C(Convertible) B727-100QC(Quick Change) B727-200 B727-200Adv	中短程民航飞机,是世界上首款投入商业运营的三发喷气式航飞机,在被波音 737 取代以前,是世界上最受欢迎的民航飞机。1964 年 2 月 9 日开始交付美国东方航空公司使用,1984 年 9 月 18 日波音 727 生产线关闭
	波音 B737 系列	B737-100/200 系列 B737-300/400/500 系列 B737-600/700/800/900 系列	双发(动机)中短程运输机,被称为世界航空史上最成功的民航客机,也是民航业最大的飞机家族。截止 2012 年 5 月,波音 737 各型号总产量超过了 7000 架,订单总数超过 9000 架
	波音 B747 系列	B747-100 系列 B747-200 系列 B747-SP B747-300 系列 B747-400 系列 B747-8	四发(动机)远程宽机身运输机。自投入运营以来,一直垄断着大型运输机的市场,这种情况一直到 2006 年空中客车 380 的出现才有所改变
	波音 B757 系列	B757-200 系列 B757-300 型	双发(动机)窄体中远程运输机,1983 年 1 月投入航线运营,2004 年 10 月 28 日最后一架 B757 出厂,波音 757 正式停产
	波音 B767 系列	767-200 767-300 767-400	双发(动机)半宽体中远程运输机。1981 年 9 月投入航线运营

（续）

制造商	机型	主要型号	说明
波音公司	波音 B777 系列	B777-200 系列 B777-300 系列	双发宽体客机。1995 年 5 月 17 日首架交付用户美国联合航空
	波音 B787 梦想（Dreamliner）飞机	B787-8	2011 年 9 月 25 日正式交付启动用户全日空
	MD11		中/远程三发大型宽体客机,1990 年 12 月 7 日投入航线运营,2000 年停产
	MD80 系列		1980 年 9 月交付使用,现已停产
	MD90 系列		1995 年 2 月 24 日交付启动用户达美航空公司使用,现已停产
空客公司	空客 A300 系列	A300-100/200/600	双发宽体客机,1974 年 5 月交付使用
	空客 A310 系列	A310-200/300	200 座级中短程客机,1983 年 3 月 29 日开始交付使用
	空客 A320 系列	A320/A321/A319/A318	双发中短程 150 座级运输机,1988 年 3 月开始投入商业运营
	空客 A330/340 系列	A330-200/300 A340-200/300/500/600	双过道宽机身中远程客机,1993 年 2 月投入运营
	A 空客车 350	A350-800/900	尚未投入使用
	空客 A380		四发远程 600 座级超大型宽体客机,唯一采用全机身长度双层客舱、4 通道的民航客机。2007 年 10 月 25 日第一次商业飞行
苏联民用飞机	安 12/安 24 系列		安-12 是军民两用中型运输机。1958 年首次试飞,1959 年投产并付使用,1973 年停产。 安-24 是双发涡轮螺桨支线客机,1960 年开始批生产,1978 年停产
	安 124/安 225		安-124 是四发远程重型运输机,1986 年 1 月首次交付使用。1987 年投入批生产。 安-225 是世界上最大的六发涡轮风扇式重型运输机,至今只生产了 1 架飞机
	图 144		世界上最先飞行的超声速民航客机。早于协和超声速客机三个月进行首飞,总共生产了 16 架,由于技术上、经济性方面存在问题,只在极少的航线进行了少量的民用航班运营,到 1984 年后就彻底停止了商业飞行
	图 154		三发中程客机,1971 年 7 月开始投入客运飞行
	图 204		双发中程客机,1992 年初开始交付独联体国家的航空公司使用

(续)

制造商	机型	主要型号	说　明
苏联民用飞机	伊尔62		远程客机,1967年3月投入运营,1996年正式停产
	伊尔76		四发、中远程重型运输机,使用成本低,主要用于货物运输
	伊尔86/伊尔96		伊尔-86是四发宽机身客机,1980年12月26日首次投入航线使用,1994年停产。 伊尔-96是在伊尔-86基础上发展的四发远程宽体客机
庞巴迪民用飞机	CRJ系列	CRJ-100/200/440系列 CRJ-700系列 CRJ-900系列	民用支线喷气飞机,1992年10月开始交付使用
	DASH8系列	DASH8Q200/300/400	双发涡桨式支线飞机1984年初投入使用
	环球快车		远程高速公务运输机,1999年7月8日向日本丰田公司交付首架环球快车
	挑战者CL600系列		双发喷气式公务机,1978年11月首飞成功
中国民航飞机	ARJ21系列	ARJ21-700 ARJ21F ARJ21B ARJ21-900	ARJ21系列是由中国中航商用飞机有限公司(ACAC)正在研制中的70~100座级的双发中短程涡扇支线飞机

参考文献

[1] 孙继湖.航空运输概论[M].北京:中国民航出版社.2009年.
[2] 夏洪山.现代航空运输管理[M].北京:科学出版社.2012.
[3] 刘得一.民航概论(修订版)[M].北京:中国民航出版社.2009年.
[4] 胡玉敏、杜纲.美国民航放松管制的效应及其新问题[J].生产力研究.2008(10):108-110.
[5] 吴惠祥、张建国.论航空公司战略联盟对双边航空运输协定的影响[J].中国民航学院学报.2000(05):31-37.
[6] 刘志云.国际航空运输自由化实践对我国影响及应对[J].国际商务研究.2002(02):8-13.
[7] 郑兴无.WTO航空运输服务贸易自由化与中国民航的改革[J].中国民航学院学报.2003(02):11-16.
[8] 王立群.欧美航空自由化进程与中国民航应对策略[J].中国民航学院学报.2005(03):61-65.
[9] 付煜.我国民航市场化改革研究[D].对外经济贸易大学.2006:7-14.
[10] 陈晓宁.关于我国民航发展环境的战略思考.中国民用航空.2008(12):12-18.
[11] 肖永平、孙玉超.论美国推行航空运输自由化的本质[J];北京航空航天大学学报(社会科学版).2008(04):44-48.
[12] 黄涧秋."开放天空":欧盟航空运输管理体制的自由化[J].欧洲研究.2009(02):69-84.
[13] 邵凤茹,林泓.欧盟对外航空政策及其与主要国家的航空关系[J].中国民用航空.2015(05):25-27.